버츄얼 유튜버 모델링 제작 A to Z
LIVE2D 모델링 따라하기

| 만든 사람들 |

기획 IT·CG기획부 | **진행** 정우성 | **집필** 노아님 · 까마귀찹쌀떡 |
표지 디자인 원은영 · DJI books design studio | **편집 디자인** 이기숙 · 디자인숲

| 책 내용 문의 |

도서 내용에 대해 궁금한 사항이 있으시면
지지의 홈페이지나 디지털북스 홈페이지의 게시판을 통해서 해결하실 수 있습니다.
디지털북스 홈페이지 digitalbooks.co.kr
디지털북스 페이스북 facebook.com/ithinkbook
디지털북스 인스타그램 instagram.com/digitalbooks1999
디지털북스 유튜브 유튜브에서 [디지털북스] 검색
디지털북스 이메일 djibooks@naver.com

| 각종 문의 |

영업관련 dji_digitalbooks@naver.com
기획관련 djibooks@naver.com
전화번호 (02) 447-3157~8

※ 잘못된 책은 구입하신 서점에서 교환해 드립니다.
※ 이 책의 일부 혹은 전체 내용에 대한 무단 복사, 복제, 전재는 저작권법에 저촉됩니다.
※ 유튜브 [디지털북스] 채널에 오시면 저자 인터뷰 및 도서 소개 영상을 감상하실 수 있습니다.

버츄얼 유튜버 모델링 제작 A to Z

LIVE2D 파라하기

모델링

STEP 01. Live2D 일러스트

Live2D 일러스트

안녕하세요 까마귀챱쌀떡 입니다.

제가 처음 Live2D를 시작했을 때, 한국에서도 해외에서도 하는 분들이 드물었고 일러스트의 파츠를 설명해주는 책이나 영상은 더 찾기 힘들었던 것이 생각이 나네요.

일러스트 파츠를 어떻게 나누어야 하는지 알려주는 사람이 없어서 아무것도 모르는 상태로 그림을 그려나가다가 그림을 완성하고 리깅을 하는 단계에서 몇 십번 수정하고, 힘들어했던 것이 생각나 그때의 경험을 살려서 부족한 실력이지만 처음 Live2D를 시작하는 여러분들이 좀 더 쉽게 시작할 수 있도록, 파츠 나누기의 기본적인 부분이라도 설명 드리면 좋을 것 같아 책을 준비하게 되었습니다.

이 책에는 일러스트 파츠 같은 경우 기본 일러스트랑 다르게 안 보이는 부분까지 생각하고 그려야하고, 시간이 비교적 오래 걸리는 점만 제외한다면 크게 어려운 점은 없다고 생각합니다. 그래서 좀 더 자연스러운 일러스트 파츠를 작업하기 위해서는 알아두면 좋은 것을 설명하는데 초점을 두었습니다.

그렇다보니 이 책은 처음 리깅 파츠를 완전 처음 시작하시는 분들에게 추천드리며, 숙련자 분들은 이미 대부분 알고 있는 부분이 많을 것이라고 생각합니다.

처음 시작하시는 분들도 이 책의 내용이 전부라고 생각하지 마시고, 리깅 공부를 하시면서 자기에 맞는 스타일로 좀 더 자유로운 리깅을 해보시는 것을 추천 드립니다!

아무래도 반복적으로 작업하는 부분이 많다보니 같은 내용을 계속 작업한다면 작업 1~3개 완성하면 지루하고 재미없다는 생각이 드실 수 있다고 생각합니다. 그때마다 새로 생각한 부분이나 이렇게 움직이면 재미있겠다싶은 부분을 하나씩 찾아보고 시도해보는 것이 Live2D의 매력이라고 생각합니다.

긴 내용 읽어 주셔서 감사하고, 이번에 이렇게 같이 책을 준비해주신 노아님에게 감사인사 올리며

여러분들의 Live2D 작업을 응원합니다!

작가 까마귀챱쌀떡

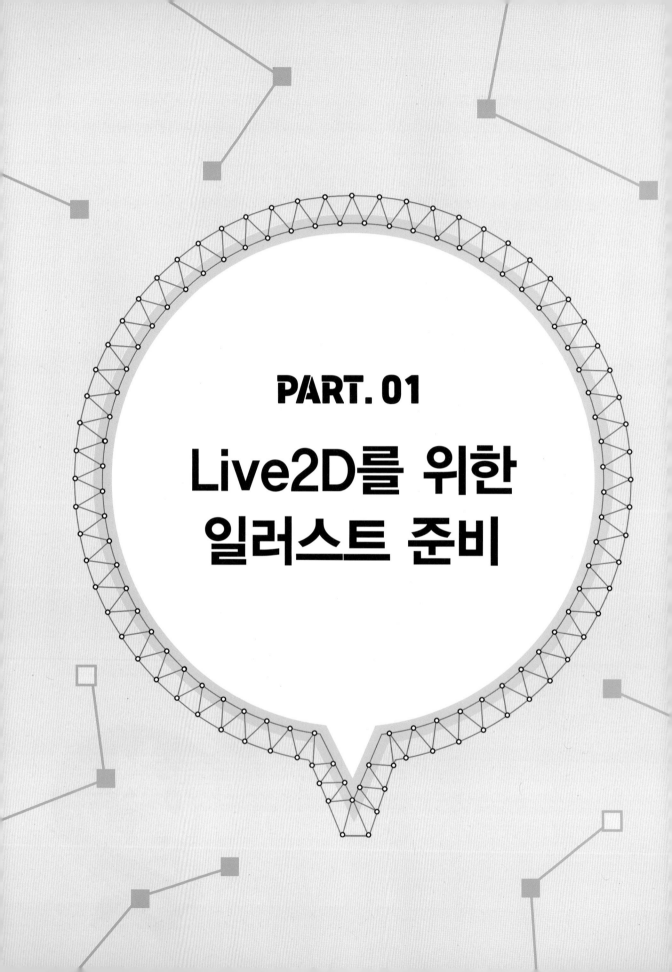

PART. 01

Live2D를 위한
일러스트 준비

Chapter 01

작업에 앞서 알아야 할 것들

1. Live2D 일러스트 준비물

01 Live2D 일러스트를 만들기 위해서는 드로잉 프로그램과 타블렛이 필요합니다. 드로잉 프로그램은 익숙한 것으로 사용하시면 됩니다. 하지만 이미지 파일은 반드시 포토샵 파일(PSD, Photoshop Document)로 저장할 수 있어야 합니다.

클립 스튜디오　　　　　**포토샵**

▲ Live2D Cubism 메인 화면

02 이 책의 작업물은 클립 스튜디오(Clip studio)로 제작되었습니다. 클립 스튜디오는 일러스트를 제작할 때 필요한 여러가지 브러쉬와 효과를 제공합니다.

03 다양한 에셋과 도구를 통해 좀 더 쉽게 창작을 할 수도 있습니다. 클립 스튜디오의 다양한 기능들은 뒤에 설명하도록 하겠습니다.

▲ 클립스튜디오 대칭자 도구(캡션)

꼭 알고 가자!

반드시 포토샵 파일(psd)로 저장해야 하는 이유

클립스튜디오 예

▲ 클립 스튜디오 에서 [파일] – [복제 저장] – psd(Photoshop Document)를 누르면 psd로 저장이 가능하다.

포토샵 파일(psd)로 저장해야 하는 이유는 프로그램인 'Live2D'가 포토샵 파일 경우에만 열리기 때문에 포토샵 파일로 저장해주셔야 합니다.

04 디지털 드로잉에서 타블렛은 필수입니다. 어떤 제품이든 상관 없이 사정에 맞게 준비하시면 됩니다.
저는 xp pen Artist22기종을 사용하고 있습니다.

2. 레이어 정리하기

01 레이어 이름을 명확하게 표기하는 일은 리깅 작업속도에도 큰 영향을 끼칩니다. 꼭 한 눈에 알아볼 수 있는 이름으로 표기합시다.

◀ 레이어 이름은 최대한 직관적으로 표기합니다.

02 오른쪽 왼쪽이 분리되어 있는 경우는 좌우의 명칭 또한 적어주면 좋습니다. 왼쪽 오른쪽 적어주면 좋은 파츠로는

1.눈
2.팔
3.다리

  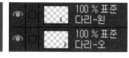 

가 있습니다.

03 파츠 관리를 수월하게 하기 위해서 파츠 별로 폴더에 묶어두는 것이 좋습니다. 각 레이어의 순서 또한 리깅 작업에 영향을 끼치니 레이어 창을 참고하여 잘 정리해줍니다.

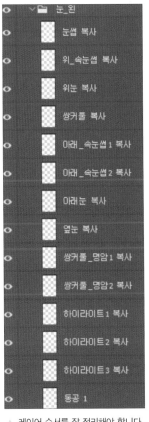

▲ 레이어 순서를 잘 정리해야 합니다.

꼭 알고 가자!

Live2D에 적용 가능한 레이어 효과

리깅할 때 사용하는 Live2D 같은 경우 [곱하기]와 [스크린] 레이어 이외에는 레이어 효과를 인식하지 못합니다. 일러스트를 작업할 때 반드시 알고 있어야 합니다.

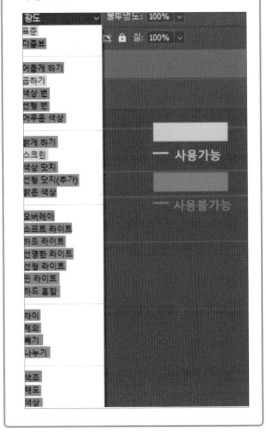

위의 내용이 기본적으로 숙지하시고 가야 할 내용입니다. 레이어의 이름과 정리는 추후 있을 리깅 작업에 큰 영향을 끼치니 반드시 정리하며 진행합니다.

Chapter 02

Live2D를 위한 일러스트 구도 잡는 방법

1. 기존 일러스트와 Live2D일러스트의 차이점

01 평범한 일러스트는 선화- 면-명암의 순으로 적은레이어로 작업합니다. Live2D 일러스트는 움직임이 들어가야 하기 때문에 평소 가려져 보이지 않는 부분을 생각해서움직임이 들어갈수 있는 부분들은 모두 파츠를 나누어 주여야 한다.

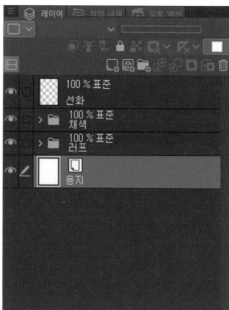

▲ 평범한 일러스트는 단순한 구성으로 이루어져 있다.

02 Live2D 일러스트는 움직임에 따라 옷의 뒷면도 보이기 때문에 [옷 뒤], [머리카락 뒤] 부분 등의 가려진 부분들 또한 모두 그려주어야 합니다.

03 모든 파트를 분리한 이미지입니다. 일러스트의 몸체 뿐만 아니라 명암이나 눈동자의 하이라이트, 옷의 무늬도 분리되어있습니다.

▲ Live2D 일러스트는 움직임이 들어가는 모든 파츠를 분리하고 보이지 않는 부분도 그려야 한다.

2. 얼굴의 각도

01 VTUBE에 사용되는 그림은 캠의 인식을 통해 움직이기 때문에 얼굴은 정면으로 그려야 합니다.

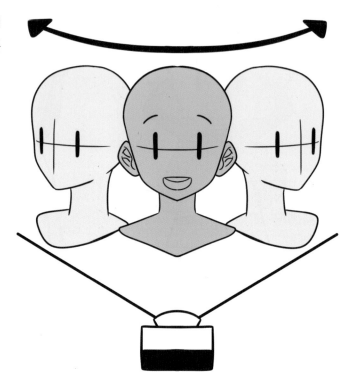

02 그림처럼 각도가 심하게 틀어져있는 경우 캠을 정면으로 쳐다보고 있어도 캐릭터는 정면을 보고 있지 않아, 원하는 얼굴 각도가 나오지 않습니다.

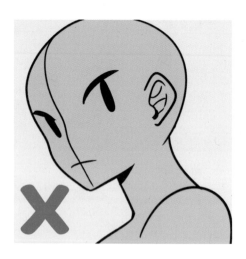

꼭 알고 가자!

측면의 얼굴을 기본값으로 설정되어 있는 모델

측면 얼굴이 기본값으로 설정되어 있는 모델을 희망할 경우 정면으로 제작한 다음 측면으로 이동해서 그걸 기본값으로 제작하는 것이 이후 정면을 바라보게 하는 포즈를 하더라도 어색하지 않습니다.

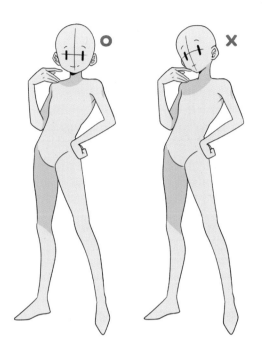

얼굴이 정면인 포즈라면 어떤 포즈라도 가능합니다.

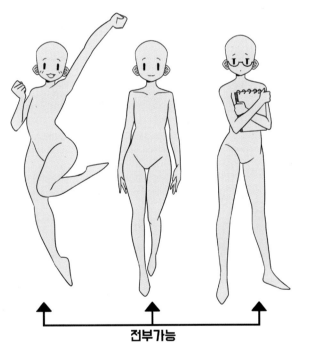

Chapter 03

러프를 잡는 방법

러프작업을 들어가기 전에 알아두어야 하는 파츠 분할 방법이 2가지가 있습니다.

1. 그림을 모두 완성한 후 분할하는 방법,
2. 선 작업을 할 때 파츠 분할을 동시에 하는 방법

이 책에서는 **2. 선 작업을 할 때 파츠 분할을 동시에 하는 방법**을 사용할 것입니다.

> TIP
>
> 2번 작업 방법은 그림을 완성한 후 분할하는 방법 보다 훨씬 빠르고 정확하게 Live2D모델을 완성할 수 있습니다.

1. 캐릭터 동세와 세세한 의상디자인 등 러프 잡기

01 선 작업과 파츠 분할을 같이 할 때는 러프의 역할이 정말 중요합니다.

02 우선 자신이 디자인하고자 하는 캐릭터의 성격을 문자로 구체화시키고, 요소들을 조합하여 디자인을 해봅시다.

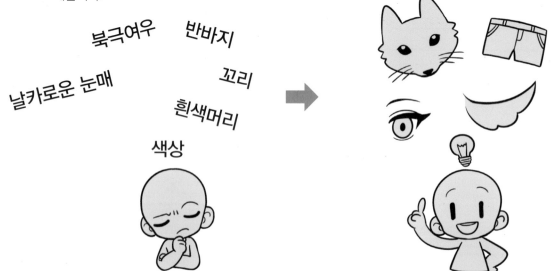

북극여우　　반바지
날카로운 눈매　　　　꼬리
흰색머리
색상

03 캐릭터 컨셉에 맞춰 디자인이 어느 정도 구체화되었다면 선과 색으로 캐릭터를 그려봅시다.

TIP

VTube 캐릭터는 완벽하게 좌우대칭일 필요는 없습니다. 하지만 반드시 대칭으로 이뤄져야 할 부분(얼굴, 몸)이 있습니다. 이 부분은 다음 단계인 대칭자 사용법에서 자세하게 다루도록 하겠습니다.

04 러프 단계에서 포즈와 의상 디자인을 정확하게 그려줍니다. 파츠를 분할한 상태로 채색을 할 것이기 때문에 전체적인 컬러도 미리 칠해주는 것이 좋습니다.

▲ 러프   ▲ 완성

그림체

어떤 그림체든 상관없이 파츠만 잘 나누어져있다면 리깅이 가능합니다!

자유롭게 자신만의 캐릭터를 만들어봅시다!

2. 좌우 대칭 맞추기 - 클립스튜디오 대칭자 사용법

01 Live2D 일러스트 작업은 좌우가 대칭되는 부분을 정확하게 작업하는 것이 중요합니다. 러프와 선화 작업을 할 때 클립스튜디오의 대칭 기능을 이용하여 정확하게 대칭을 이루도록 작업하는 과정을 알아봅시다.

TIP

Live2D 일러스트의 그림 사이즈는2000*4000이상, 해상도는300px이상으로 설정합니다. 방송 송출 화면이 1920*1080이기 때문에 사이즈는 위와 같이 설정하는 것이 좋습니다.

알아두자!

대칭자를 사용하면 좋은 파츠

1. **얼굴** - 화장에 따라 좌우 얼굴의 디자인이 조금 다를 수는 있습니다. 하지만 안와, 턱, 두상은 일반적으로 대칭을 이루기 때문에 대칭자를 사용해서 그려줍니다.
2. **눈(왼쪽,오른쪽)** - 얼굴과 마찬가지로 디자인에 따라 다를 수 있습니다. 하지만 얼굴에서 가장 중요한 요소이기에 대칭자를 이용해서 좌우의 눈을 정확하게 그려줍시다.
3. **몸** - 일반적인 경우 상 하체의 좌우는 동일하게 그려줍니다. 대칭자를 이용하면 훨씬 쉽게 그릴 수 있습니다.

02 클립 스튜디오의 도구 상자의 대칭자를 선택합니다.

03 레이어 설정 부분에 자 아이콘이 그려져 있는 레이어를 클릭한후 오른쪽 상단에 있는 자모양을 눌러주면 4가지 자 효과 가 뜨는데

04 주로 사용 하게 되는 레이어 효과는 '모든 레이어에서 표시'와'편집 대상일 때만 표시' 이렇게 두 가지가 있습니다.

05 '모든 레이어에서 표시' 같은 경우 '자' 아이콘이 그려져 있는 레이어가 켜져 있다면, 모든 레이어에 대칭 효과가 적용 된다.

06 '편집 대상일 때만 표시' 같은경우는 '자' 아이콘이 그려져 있는 레이어만 대칭 효과가 적용된다.

대칭자 효과를 끄고 키는 방법은, Shift 를 누른 상태로 해당레이어의 '자' 아이콘을 클릭해주면 된다. 대칭효과를 완전히 삭제하는 방법은 '자' 아이콘 우클릭 E 버튼을 눌러주면 삭제 가능하다.

07 쉬프트를 누른 채 드래그하면 수직으로 대칭자를 만들 수 있습니다(레이어 이동 도구를 통해 대칭자를 움직일 수 있습니다. 적당히 가운데로 조절해줍시다).

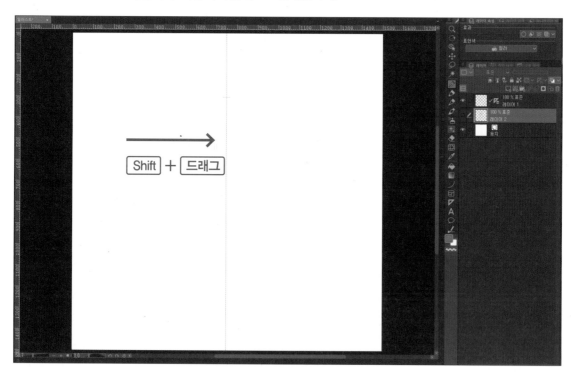

04 이전에 만들었던 러프를 대칭자 레이어 아래로 복사한 뒤, 대칭자를 러프의 중앙으로 맞춰줍니다.

05 대칭자를 중심으로 한 쪽에 그림을 그려주시면 다른 한 쪽도 동시에 그려집니다.

06 대칭자를 이용해 전체적
으로 완성시켜줍시다.

TIP

포토샵의 대칭자

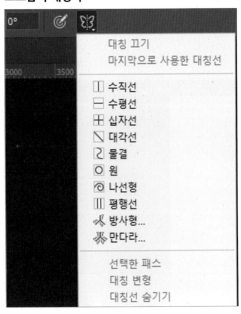

포토샵의 대칭자는 상단 바의 나비 모양 탭에서 수직선을
눌러 선택할 수 있습니다. 작업은 클립 스튜디오와 같은 방
법으로 진행하면 됩니다.

07 러프 단계에서 깔끔하게 작업해야 순조롭게 진행될 수 있습니다. 러프에서부터 신경써서 작업해 봅 시다.

3. Live2D 일러스트 제작 튜토리얼

01 선화 작업을 진행하면서 파츠를 분할하는 방법을 알아봅시다. 작업의 순서는 러프 → 선화, 파츠 분할 → 분할한 파츠를 채색 → 세부적인 부분 제작 입니다. 선화와 파츠 분할을 동시에 진행하면 일러스트 작업의 전체적인 진행도가 빠르게 올라갑니다.

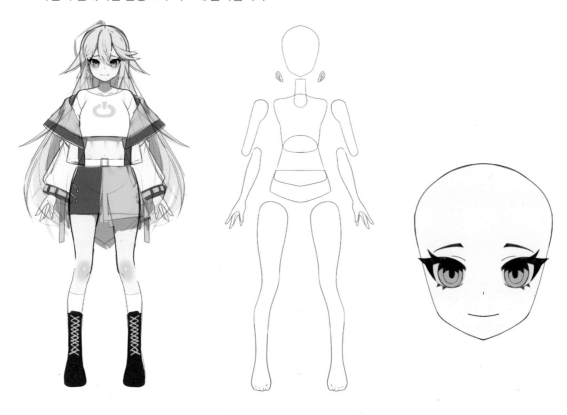

02 얼굴을 예시로 파츠 분할을 진행해보겠습니다. 얼굴에서 대칭이 되는 부분은 얼굴 윤곽, 귀, 눈, 입 입니다.

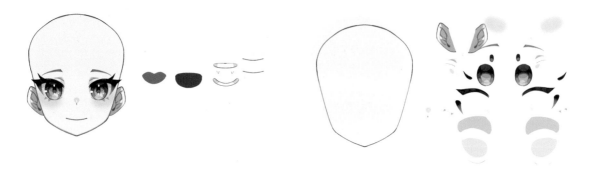

03 그려두었던 러프에 대칭자를 맞추고 얼굴 윤곽선을 그려줍시다. 일반적인 일러스트라면 머리 위쪽(두상)은 머리카락에 가려져 그리지 않겠지만, Live2D일러스트에서는 전부 그려주어야 합니다.

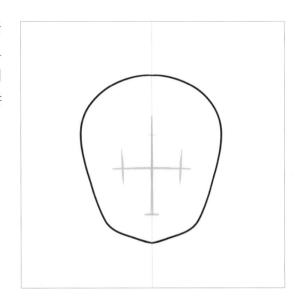

04 입, 귀, 눈도 대칭자를 이용해서 그려줍니다.이때 주의해야 할 부분은 각기 다른 레이어에 작업해주어야 합니다. 얼굴 뒷면에 가려 보이지 않는 파츠들은 가려진 부분도 생각해서 선화를 작업해주어야 합니다. 이 미지의 귀처럼 귀 안쪽도 그려주면 됩니다.

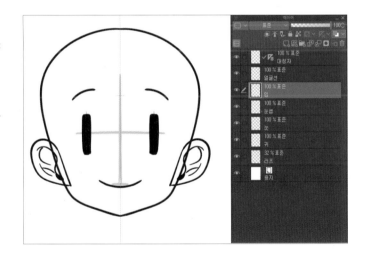

05 선화에 따라서 각 부분을 채색해주면 되지만 각 부분을 채색하면서 신경써야 할 부분들이 존재합니다. 다음 파트는 각 파츠를 제작하면서 신경써야 할 부분들을 알아보겠습니다.

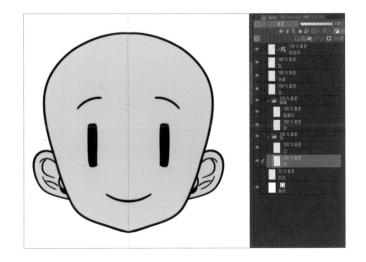

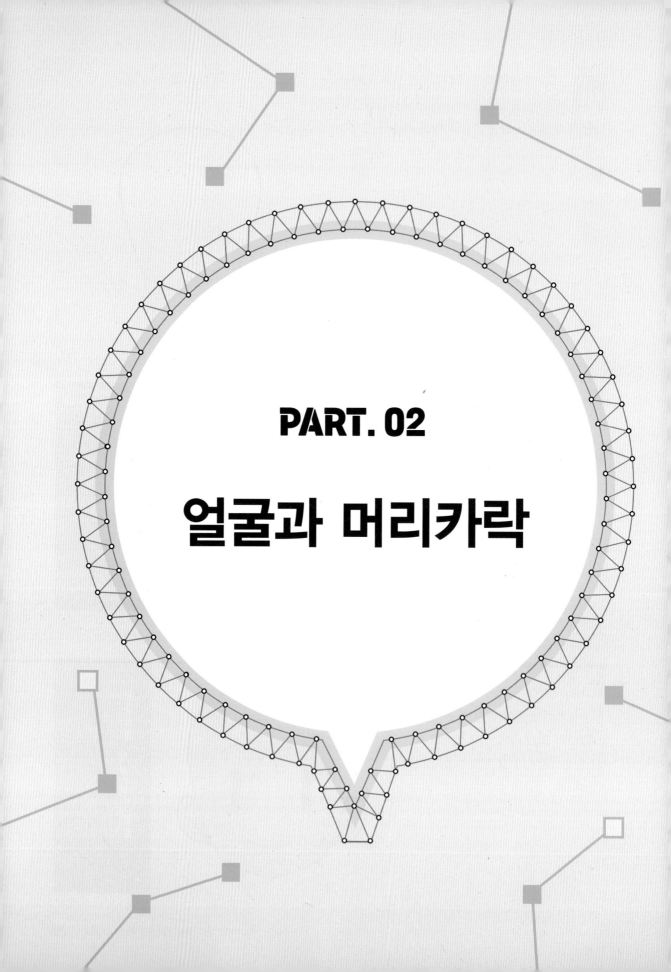

PART. 02

얼굴과 머리카락

Chapter 01

얼굴의 파츠 분리

앞서 Live2D일러스트의 전체적인 제작법을 배워보았습니다. 앞서 배운 내용을 활용하여 Live2D일러스트의 각 파츠별 제작법과 주의점을 알아보도록 하겠습니다.

1. 얼굴 : 틀(두상)

01 얼굴은 작은 면적이지만, 다양한 표정을 위해 가장 많은 파츠들이 들어가는 부분입니다.

▲ 전체적인 얼굴 파츠 구성 : 얼굴은 캐릭터의 핵심이니 만큼 많은 파츠가 들어간다.

02 얼굴 파츠는 [면]과 [선]을 나누어 줍니다. 얼굴의 면과 선은 얼굴에서 가장 큰 틀이 되는 부분입니다.

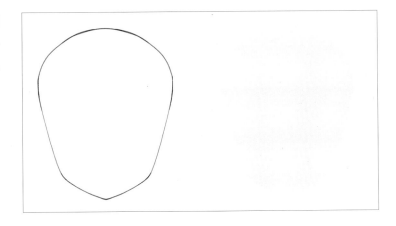

알아두자!

[얼굴 면]과 [얼굴 선]을 분할하는 이유

▲ 면과 선을 분리 ✕

▲ 면과 선을분리 ○

[얼굴 면]과 [얼굴 선]을 분리해 줌으로써 자연스럽게 [얼굴 면]이 넘어가는 것을 표현해 줄 수 있습니다. 예시 그림의 오른쪽과 같이 얼굴 선을 지우는 것은 Live2D 프로그램에서 설정할 수 있습니다.(xx p)

03 얼굴 면에 맞춰 턱 명암도 그림과 같이 만들어 줍시다. 자연스러운 면 넘김을 위해서 [턱 명암]도 분리 해서 넣어 주는 것이 좀 더 입체적으로 표현할 수 있습니다.

04 [머리카락 명암]은 [얼굴 면]과 겹쳐지는 머리카락의 덩어리에 맞게 각각 나눠주되, [얼굴 면]보다 조금 크게 작업하는 것이 좋습니다. [머리카락 명암]은 [얼굴 면]에 클리핑하여 사용됩니다.

▲ [머리카락 명암]은 [얼굴면]에 클리핑하여 사용됩니다.

05 머리카락의 움직임에 따라 그림자도 같이 움직여야 하기 때문에 [머리카락 명암]은 반드시 여유를 더 두고 만들어야 합니다

▲ 왼쪽. 얼굴 면 보다 크게 작업한 경우. 오른쪽. 얼굴 면에 딱 맞춰서 작업한 경우.

06 마지막으로 앞머리를 그리고 나면 나오는 빈공간이 이 있는데, 이 부분은 얼굴 파츠에서 기본 머리색 배이스 레이어를 추가해서 클리핑해 줍니다.

얼굴 : 틀(두상) 최종 작업물

2. 얼굴 : 눈

01 눈은 감정을 전달하는데 굉장히 큰 역할을 하는 만큼 많은 움직임을 주어야 하므로 파츠 또한 많습니다.

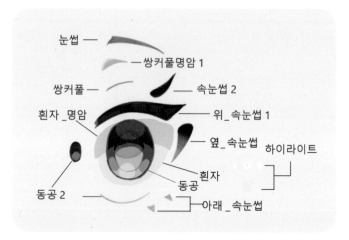

▲ 전체적인 눈 파츠 구성

02 [위_속눈썹]과 [속눈썹2], [옆_속눈썹]을 하나의 선으로 인지해서 파츠를 분리하지 않을 경우 감은 눈을 표현할 때, 눈이 찌그러지는 경우가 생기니 꼭 분리해서 그려주어야 합니다.

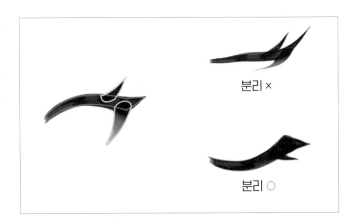

분리 ×

분리 ○

알아두자!

[위 속눈썹]이 길어질 경우 [윗면]과 [끝부분]을 분리시켜주면 더 자연스러운 눈 리깅이 가능하다.

03 [동공]과 [흰자 명암]은 흰자보다 크게 작업해 줍니다. 튀어나온 부분은 나중에 'Live2D 프로그램'에서 클리핑 작업을 해줍니다.(클리핑에 관한 설명은 N페이지)

04 눈의 하이라이트는 각각 분리해 주어야 합니다.

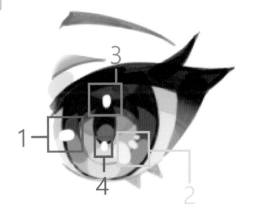

			100 % 표준 하이라이트1
			100 % 표준 하이라이트2
			100 % 표준 하이라이트3
			100 % 표준 동공 하이라이트

얼굴 : 눈 최종 작업물

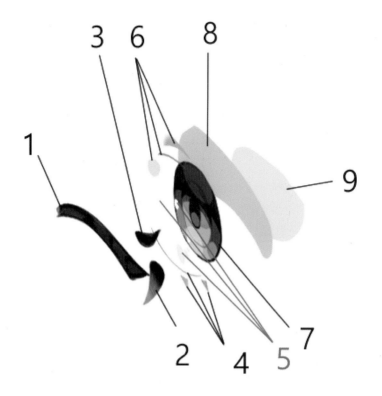

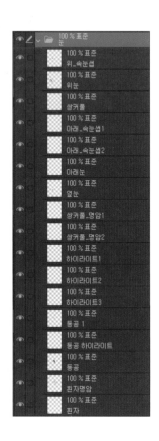

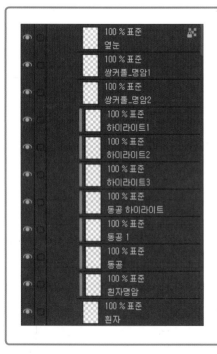

눈 영역에서 벗어난파츠 (EX. 하이라이트,동공, 흰자명암 등) 클리핑
설정을 해주어 삐져나가지 않게 해준다

알아두자!

눈 리깅과 그림체

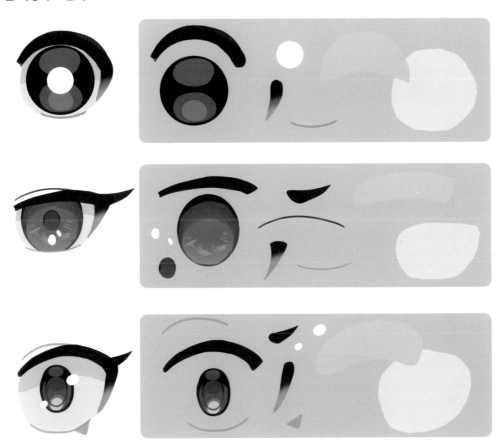

눈 파츠는 그림체에 따라 추가 되는 경우는 있지만 큰틀은 바뀌지 않는다

3. 얼굴 : 코

01 코 파츠는 그림체에 따라 다르지만 보통 1~4개로 마무리할 수 있습니다. 저는 중간 그림처럼 진행하려고 합니다.

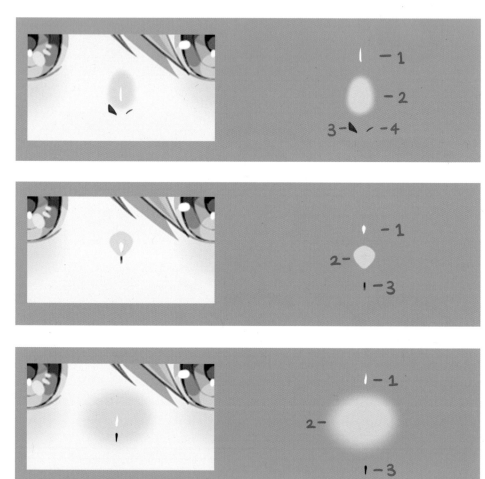

02 코 선을 찍은 뒤 완성본의 이미지와 비슷하게 명암과 하이라이트를 그려주면 완성입니다.

알고가자

1번 코처럼 작은 면적이라고 [코 명암]을 합칠경우 고개가 돌아갈 때 코가 같이 돌아가는 것을 표현하는데 어려움이 생기니 꼭 레이어를 분리해 주도록 하자

얼굴 : 코 최종 작업물

4. 얼굴 : 입

01 [입 파츠]는 [눈 파츠]만큼이나 움직임이 많은 파츠입니다. 그래서 다양한 파츠로 나눠서 제작해야 합니다.

▲ 전체적인 [입 파츠]의 구성

02 추후 제작할 Live2D 모델링 작업에서 다양한 변형이 이뤄지는 부분이니만큼 섬세하게 작업해야 하는 부분입니다.

▲ 입의 다양한 변형

03 [입] 파츠는 [위 입] [아래 입] [위 이빨] [아래 이빨] [혀]로 구성됩니다. 그림과 같이 나눠주시면 됩니다.

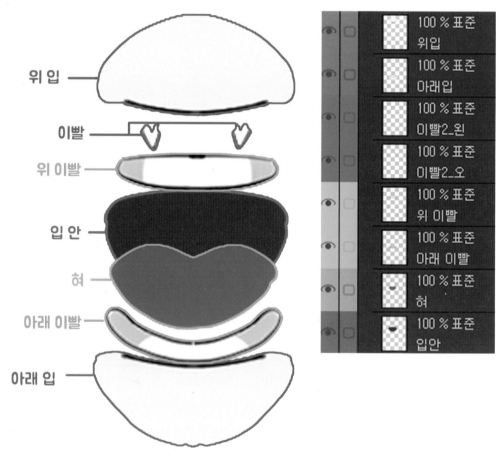

04 [입 파츠]에서 중요한 것은 [입]과 [입 안]의 크기를 설정하는 것입니다. 입 안의 크기는 캐릭터가 입을 제일 크게 벌렸을 때를 기준으로 조금 더 크게 작업을 해줍니다. 이빨의 길이도 입 크기에 맞게 작업해 주시면 됩니다.

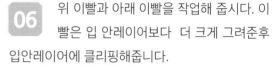

▲ 가장 입을 크게 벌렸을 때를 기준으로 입 안의 크기를 결정하자

05 먼저 [위 입] [아래 입]을 작업해 줍시다. [위 입]과 [아래 입]에 모두 선이 들어가야 합니다. 선을 기준으로 입 안 레이어를 모두 가릴수 있도록 입 안 레이어 보다 조금 더 크게 입의 피부 부분을 그려줍시다.

06 위 이빨과 아래 이빨을 작업해 줍시다. 이빨은 입 안레이어보다 더 크게 그려준후 입안레이어에 클리핑해줍니다.

07 송곳니는 얼굴이 돌아갈때 마다 송곳니 의 위치가 달라지기 때문에 나눠서 그려줍니다.

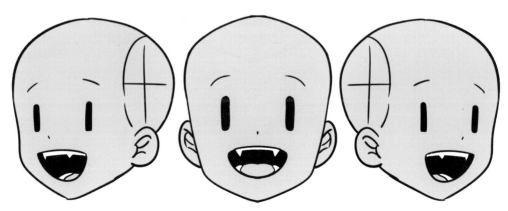

08 작업했던 요소들에 맞춰, [혀]를 그려줍니다.혀부분도 입
안 레이어보다 크게 작업후 클리핑 해줍니다.

---

*주의사항!

입 그릴 때 주의해야 할 부분

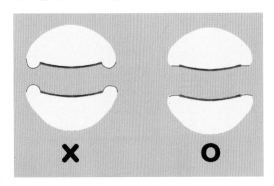

[입 끝]부분을 n자 형태로 그릴 경우 입을 벌렸을 때 튀어나올 수 있으니, [입 안]이 보이지 않게 [입 선]에 딱 맞는 면
을 채워준다.

숙련자 팁

이빨의 파츠와 잇몸 파츠를 분리
하면 좀 더 입체적인 입 리깅이 가
능합니다. 자세한 내용은 이 책에
서는 설명하지 않으나, 다음의 구
성으로 작업됩니다.

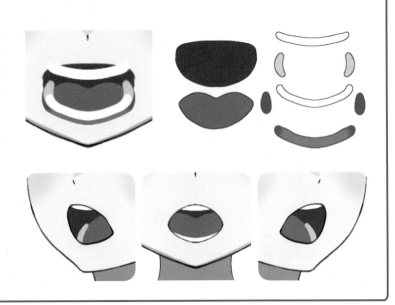

얼굴 : 입 최종 작업물

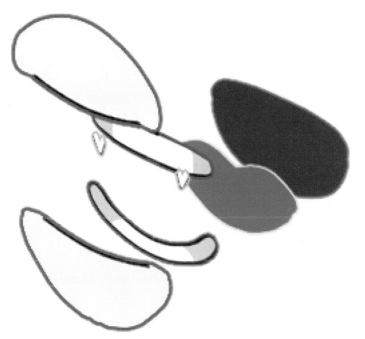

머리카락

[머리카락] 파츠는 그림체에 따라 굉장히 파츠가 많이 갈리게 됩니다. [머리카락] 파츠는 크게 [앞 머리], [옆 머리], [뒷 머리]로 나누어집니다. 일단 얼굴 앞면에 위치해 있는 앞머리 파츠부터 설명하도록 하겠습니다.

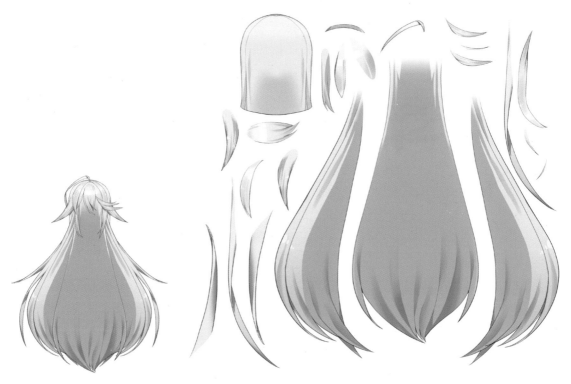

▲ 전체적인 머리카락 파츠 구성

1. 머리카락 : 앞머리

01 [머리 파츠] 같은 경우는 파츠가 많으면 많을 수록 부드럽고 자연스러운 리깅이 들어갈 수 있으나 큰 덩어리(입체)는 잡고 들어가야 합니다.

02 머리카락의 입체를 생각하지 않고 결만 있을 경우 머리 중간이 비어 보일 수 있기 때문에 꼭 덩어리를 잡고 작업을 들어가야 합니다!

TIP

잔머리는 큰 덩어리를 다 잡아준 후 추가해주는 것이 중요하다!

머리카락 : 앞머리 최종 작업물

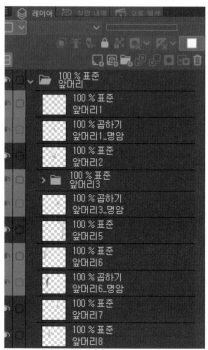

TIP

명암 같은 경우 곱하기 레이어로 분리해서 작업하는 것이 머리가 움직일 때 명암도 같이 움직이게 할 수 있습니다.

2. 머리카락 : 중간머리

01 [앞머리]만 생각하고 그릴 경우 고개를 옆으로 돌렸을 때 머리가 비는 공간이 생길 수 있다. 그래서 [옆머리] 파츠를 1~2개 추가해주는 것이 좋습니다.

02 머리카락은 다음 이미지처럼 구성되어 있습니다. 우리가 만들어야 하는 중간머리는 양 옆으로 만들어줄 것입니다. 명암 레이어는 표준레이어 클리핑하고 곱하기 효과를 사용하여 제작합니다.

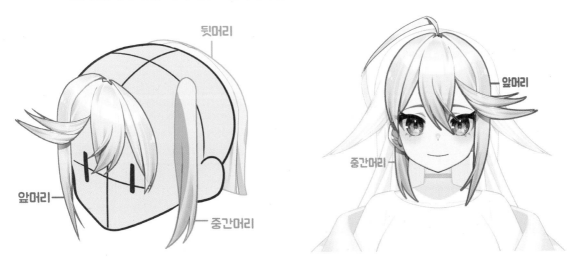

머리카락 : 중간머리 최종 작업물

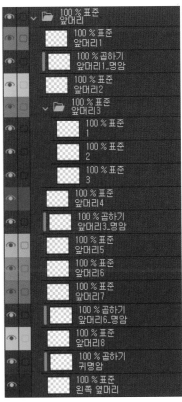

3. 머리카락 : 뒷머리

01 [뒷머리]파츠도 [앞머리]파츠와 동일한 방법으로 파츠를 나누면 됩니다.

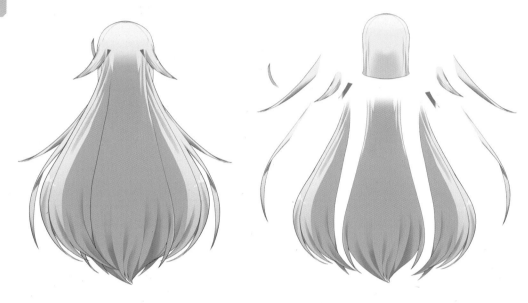

주의할 점

가려지는 부분을 대충 그리게 된다면 머리가 흔들릴 경우 이상해질 수 있으니, 안 보이는 부분 모두 확실하게 묘사해
주자.

02 겹치는 부분을 똑같이 그리는 것이아닌 새로운
사물이 있다고 생각하고 묘사해주는 것이 중요
하다.

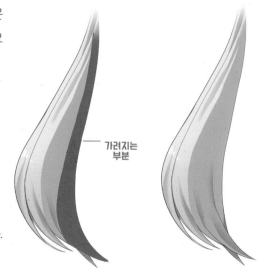

가려지는
부분

▶ 가려진 부분도 잘 나눠서 그려주어야 합니다.

머리카락 : 뒷머리 최종 작업물

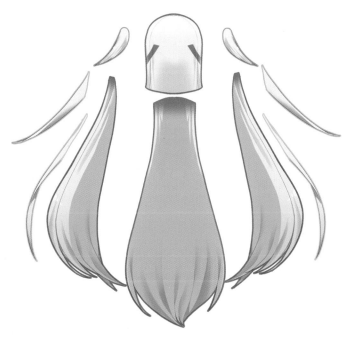

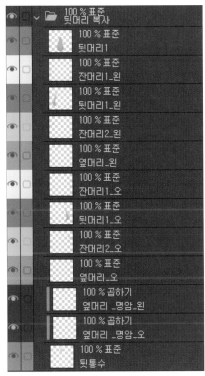

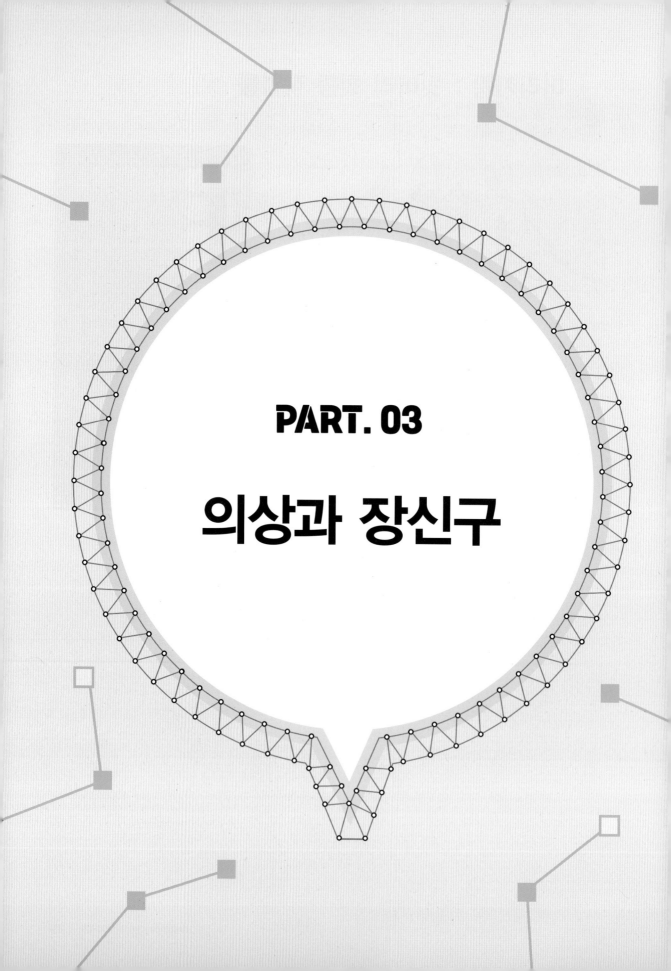

PART. 03

의상과 장신구

몸통과 의상

[몸통] 파츠는 크게 [목], [상체], [하체]로 나누어집니다.

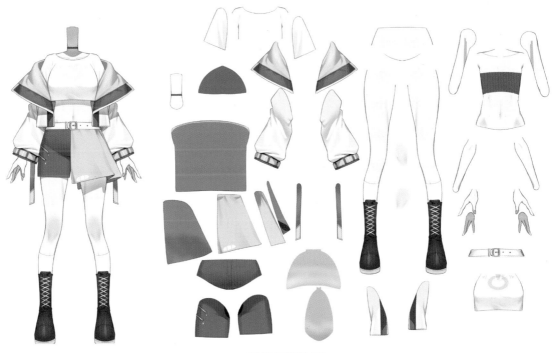

▲ 의상의 대략적인 분류

1.목

01   [목]파츠는 [목]과 [명암]으로 제작됩니다.

02 [목]파츠가 짧을 경우 얼굴이 돌아가서나 고개를 위로 돌렸을 때 목이 잘려서 보일 수 있기 때문에 최소 눈 까지의 높이로 작업해주는 것이 좋습니다.

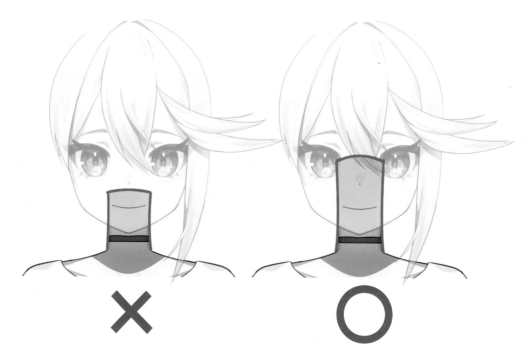

03 [목 명암]은 얼굴이 돌아갈 때 함께 움직여야 하기 때문에 곱하기 레이어로 분리 시켜주는 것이 좋습니다.

▲ 얼굴 명암과 목 명암이 같이 움직인다.

04 [목 명암]은 얼굴 작업할 때 칠해주었던 [턱 명암]과 비슷한 색감으로 맞춰주면 얼굴이 움직일 때 좀 더 자연스럽게 얼굴 면이 넘어가는 것을 표현할 수 있다!

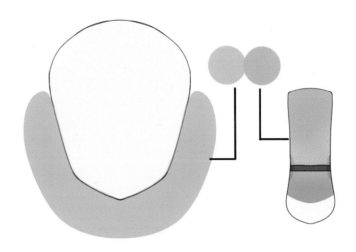

목 최종 작업물

2. 몸통

[몸통]을 작업해줄 때는 옷 입히기 형식으로 [몸통]을 먼저 그리고 그 위에 의상을 그려주는 것이 좋다.

01 [몸통]파츠 분할은 [목] [어깨] [팔꿈치] [손목] 등 관절을 기준으로 분할해줍니다.

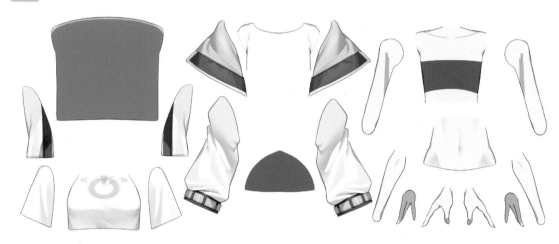

▲ 대략적인 몸통 파츠의 분할

02 몸통도 하나로 묶어두는 것보다. 갈비뼈 기준으로 [가슴라인]과 [허리라인]을 분리해 주는 것이 좀 더 부드러운 움직임을 줄 수 있습니다.

TIP

몸통의 파츠가 분리되어있어야 오른쪽 그림처럼 자연스럽게 움직여집니다.

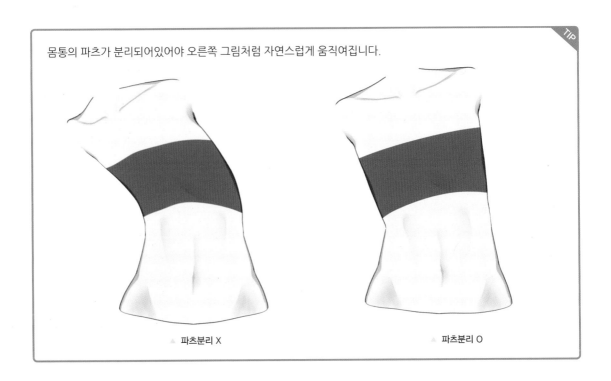

▲ 파츠분리 X   ▲ 파츠분리 O

몸통 최종 작업물

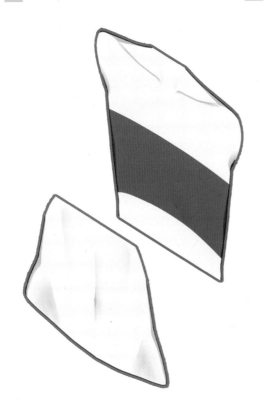

3. 팔 - 가슴 - 상의

[몸통]을 작업해줄 때는 옷 입히기 형식으로 [몸통]을 먼저 그리고 그 위에 의상을 그려주는 것이 좋다.

01 [팔]은 손가락 부분을 제외한 [어깨] [팔꿈치] [손목] 기준으로 분리시켜주는 것이 좋습니다. [팔] 파츠를 분리할 때 주의해야 할 점은 파츠와 파츠가 맞물리는 부분을 애매하게 블러처리하면 안 됩니다.

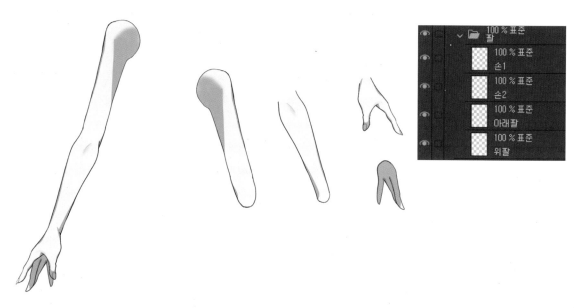

TIP

[팔] 파츠를 분리할 때 연결 부위를 자연스럽게 넘기기 위해 끝을 흐리게 하는 것은 좋지만 흐린 부분이 넓거나, 맞물리는 부분을 전부 블러처리하는 것은 좋지 않습니다.

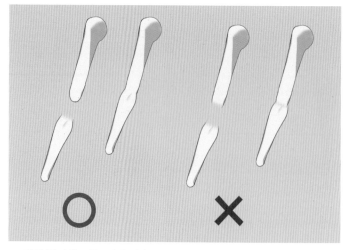

▲ 연결부의 자연스러운 모습을 위해 블러 처리하는 것은 괜찮다. 하지만 블러의 범위가 넓으면 문제가 될 수 있다.

02 상의 의상을 추가할 경우 가슴이 있는 캐릭터의 의상 파츠는 가슴이 없는 캐릭터보다 파츠가 하나 더
많습니다.

▲ 가슴이 없는 경우

03 가슴이 흔들리는 부분을 표현해주기 위해 [가슴]파츠와 [어깨]파츠 부분을 분리해주는 것이 중요합
니다.

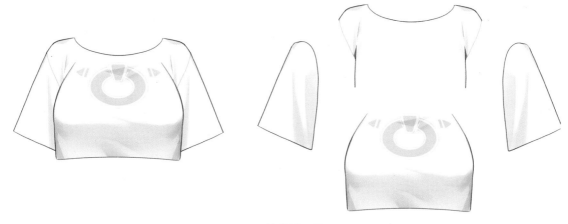

▲ 가슴이 있는 경우

04 가슴이 있는 의상을 그릴때 주의해줘야 할 부분은 [어깨]파츠와 [가슴]파츠가 겹치는 라인에 동일한 묘사와 무늬를 한번 더 그리는 일이 없게 주의하자.

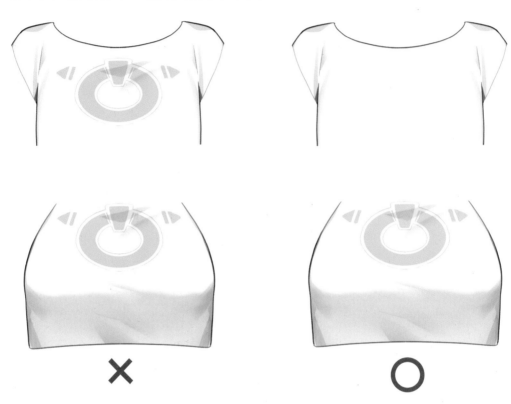

05 의상이 움직일 때 뒷면이 보이기 때문에 가슴이 있는 캐릭터든 없는 캐릭터든 의상의 뒷면을 그려주는 것도 잊지 말자!

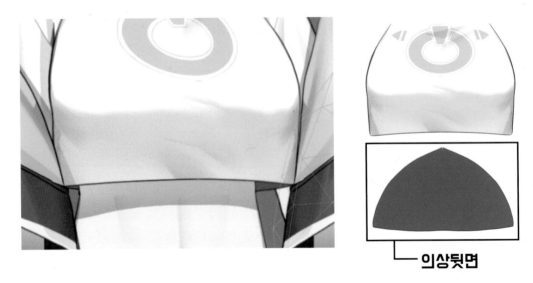

의상뒷면

06 반팔을 그릴 때는 반드시 팔과 상의를
나누어주어야 합니다.

팔 —
상의

07 반팔을 그릴 때 의상과 팔을 분리하지
않고 같이 그리면 리깅할 때 의상과 팔
이 같이 움직이기 때문에 팔과 의상을 꼭 분리시
켜준다.

▲ 파츠를 분할하지 않고 리깅할 경우 움직일 때 일어난다.

08 의상이 겹치는 부분을 묘사하지 않으면 움직임을 넣었을 때 비어보일 수 있으니 꼭 보이지 않는 부분
까지 묘사하도록 하자.

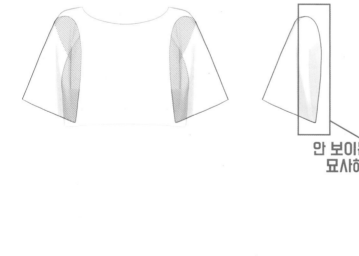

안 보이는 곳까지
묘사해 줄 것

09 겉옷은 위에 설명한 반팔과 비슷하게, 흔들림이 들어가는 부분은 다 나누어 주는 것이 좋습니다.

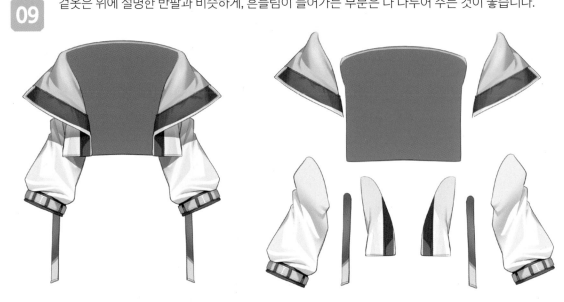

10 명암 같은 경우 한 레이어에 작업하는 것이 아닌 곱하기 레이어로 분리해주어야 옷들과 함께 명암들도 움직임을 넣어줄 수 있습니다.

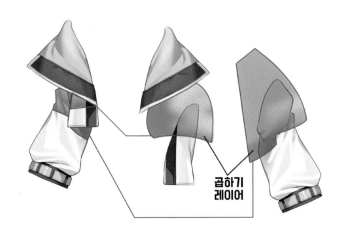

곱하기 레이어

11 겉옷 또한 다른 가려진 부분을 확실하게 묘사해주어야 빈 공간 없이 자연스러운 리깅이 가능합니다.

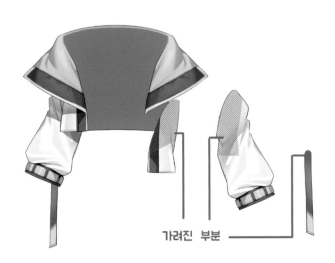

가려진 부분

상의 최종 작업물

👁	☐	▨	100 % 표준 겉옷카라_왼
👁	☐	▨	100 % 곱하기 카라명암_왼
👁	☐	▨	100 % 표준 겉옷 _왼
👁	☐	▨	100 % 표준 겉옷카라_오
👁	☐	▨	100 % 곱하기 카라명암_오
👁	☐	▨	100 % 표준 겉옷_오
👁	☐	▨	100 % 스크린 가슴_추가파츠
👁	☐	▨	100 % 표준 가슴
👁	☐	▨	100 % 표준 반팔
👁	☐	▨	100 % 곱하기 반팔_명암_왼
👁	☐	▨	100 % 표준 반팔_팔_왼
👁	☐	▨	100 % 곱하기 반팔_명암_오
👁	☐	▨	100 % 표준 반팔_팔_오
👁	☐	▨	100 % 곱하기 팔_명암_오
👁	☐	▨	100 % 표준 겉옷팔_오
👁	☐	▨	100 % 표준 줄_오
👁	☐	▨	100 % 곱하기 팔_명암_왼
👁	☐	▨	100 % 표준 겉옷팔_왼
👁	☐	▨	100 % 표준 줄_왼
👁	☐	▨	100 % 표준 겉옷_뒷면

꼭 알고 가자!

뒷면처럼 하나가 된 면이 아닌 팔과 옷깃 처럼 좌우로 나누어져 있는 경우 꼭 왼쪽 오른쪽으로 파츠를 구별해서 나눠
주어야 합니다.

4. 다리 – 바지

[몸통]을 작업해줄 때는 옷 입히기 형식으로 [몸통]을 먼저 그리고 그 위에 의상을 그려주는 것이 좋다.

01 다리 같은 경우 움직임이 적은 파트다 보니, 상체와 얼굴에 비해 비교적 파츠가 굉장히 적은 부분입니다.

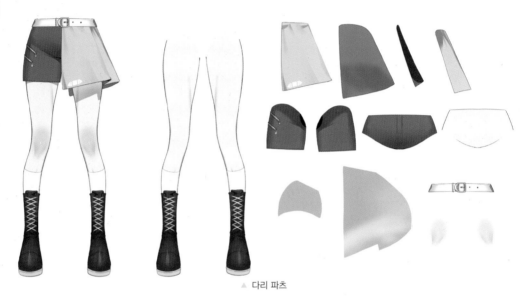

▲ 다리 파츠

02 하반신 [뼈대]파츠 같은 경우 [골반]과 [다리]로만 나누어 주면 됩니다.

03 이 책에서는 [무릎] 파츠는 나누지 않았지만, 나눌 경우 [팔] 파츠와 동일하게 관절을 기준으로 분할합니다.

TIP

[무릎]같은 경우 합쳐도 괜찮지만 곱하기 레이어로 분리하면 더욱 좋습니다. 두 부분을 나눠준다면 [몸통]을 돌릴 때 [무릎]도 돌아가는 움직임을 만들 수 있습니다.

04 딱 달라붙는 신발 같은 경우는 [다리]파츠와 함께 작업해도 괜찮지만 통이 넓거나 장신구가 많은 파츠들은 부가적인 파츠를 나누어 주는 것이 좋다.

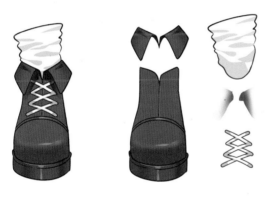

05 [바지]는 [다리]파츠와 동일하게 [골반]과 [다리]부분으로 분할해주면 됩니다.

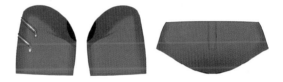

06 골반 부분보다 다리의 움직임이 더 많기 때문에 골반을 다리 레이어 위에 올려주는 것이 좋다.

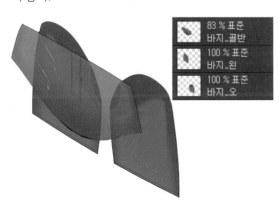

	83 % 표준 바지_골반
	100 % 표준 바지_왼
	100 % 표준 바지_오

TIP

장신구 파츠는 자잘한 파츠까지 나누면 나눌수록 자연스럽고 풍부한 움직임을 넣을수 있습니다.

최종 결과물

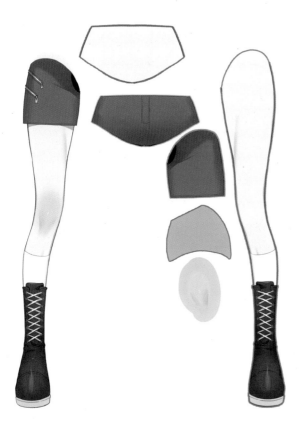

👁	☐		100 % 표준	바지_골반
👁	☐		100 % 표준	바지_왼
👁	☐		100 % 표준	바지_오
👁	☐		100 % 표준	골반
👁	☐		70 % 곱하기	무릎-왼
👁	☐		100 % 곱하기	왼쪽다리_명암
👁	☐		100 % 표준	다리-왼
👁	☐		70 % 표준	무릎_오
👁	☐		100 % 표준	오른쪽다리_명암
👁	☐		100 % 표준	다리-오

5. 다리 - 치마

01 치마같은경우 앞면과 뒷면만 그려주면 됩니다.

02 단순하게 앞면과 뒷면만 그려준다면 고무처럼 늘어지는 움직임이 만들어질 수 있기 때문에 옷이 꺾이는 느낌이 드는 부분은 분리 시켜주는 것이 좋습니다.

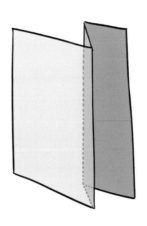 

03 치마의 펄럭거리는 느낌을 살려주기 위해 치마의 뒤쪽 면도 꼭 그려주어야 합니다.

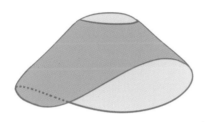 

최종 결과물

 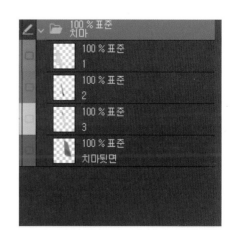

Chapter 02

추가 파츠

1. 동물 귀

01 [동물 귀] 파츠 같은 경우 사람과 달리 고개가 돌아갈 때 안쪽 면이 보이기 때문에 파츠를 앞면과 뒷면으로 나누어주는 것이 좋다.

02 귀는 이미지처럼 제작해주시면 됩니다.

  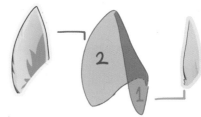

▲ 귀는 두 부분으로 나누어서 제작합니다.

03 곰 캐릭터처럼 둥근 귀를 가진 캐릭터도 앞선 방법과 동일하게 작업해줍니다.

쥐   토끼   곰

 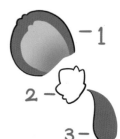

최종 결과물

  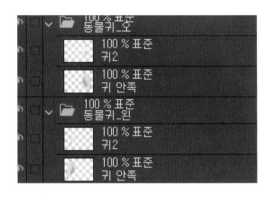

2. 꼬리

꼬리 같은 경우는 2가지 방법으로 파츠 작업이 가능하다.

(1) 움직임이 고정된 일러스트 형태의 꼬리 파츠

(2) 리깅 단계에서 자연스러운 움직임을 추가하는 1자형 파츠

01 움직임이 고정된 일러스트 형태
의 꼬리 파츠는 꼬리의 살랑살랑
거림을 표현해 줄 수 없지만 일러스트 같은
느낌을 줄 수 있다

02 1자형 꼬리 파츠는 리깅 단계에서 자연스러운 움직임을 추가해 줍니다. 1자형 파츠로 제작하면 살랑
살랑 흔들리는 꼬리 표현이 가능합니다.

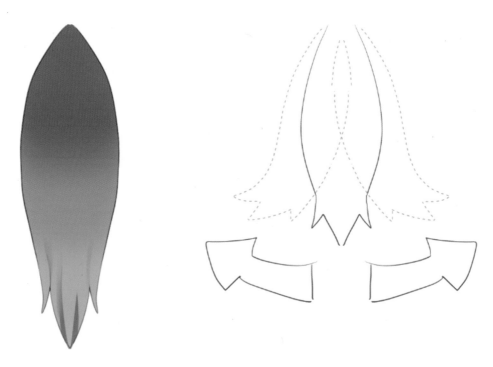

알아두자!

일러스트 형식의 꼬리에서 좌우로 움직이는 작업을 할 경우 형태가 깨지고 자연스러운 움직임을 넣을 수 없습니다.

3. 안경

금속이나 안경처럼 빛을 받아 반짝이는 면을 넣어야 하는 경우 하나의 레이어가 얼굴을 그린방법과 동일하게 선,면,하이라이트,명암으로 빛의 움직임을 표현해 줄수 있습니다.

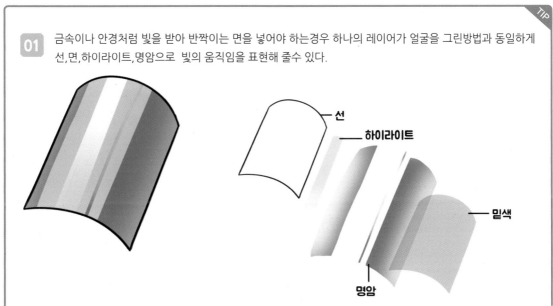

01 금속이나 안경처럼 빛을 받아 반짝이는 면을 넣어야 하는경우 하나의 레이어가 얼굴을 그린방법과 동일하게 선,면,하이라이트,명암으로 빛의 움직임을 표현해 줄수 있다.

선

하이라이트

밑색

명암

02 안경과 금속같은 파츠를 나눠 줄때 주의해야할점은 캐릭터가 움직일때마가 같이 움직여야 하기 때문에 하이라이트와 명암을 밑색보다 크게 그린 후, 클리핑 해주는 것이 좋습니다.

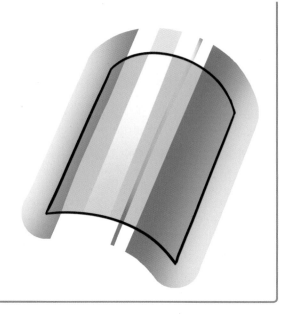

4. 표정 파츠

01 캐릭터들의 표정을 좀더 풍부하게 하기 위해서 표정 파츠를 추가할 수 있습니다.

02 동공 파츠 위 레이어에 파
츠를 작업해주면 됩니다.

03 동일한 방법을 이용하면
다양한 눈표정 파츠를 추
가할 수 있으니, 캐릭터에 맞는 다양
한 파츠를 추가 해보자!

최종 결과물

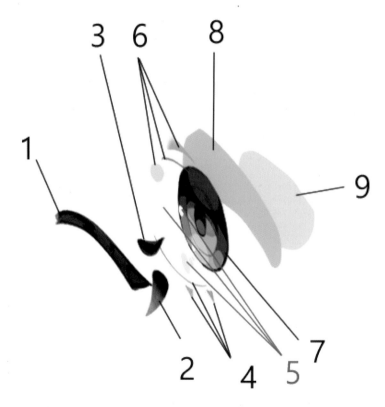

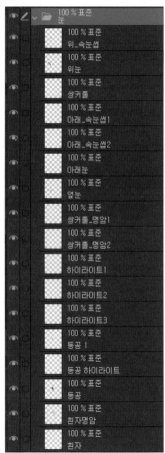

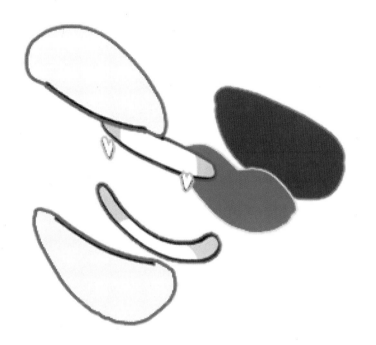

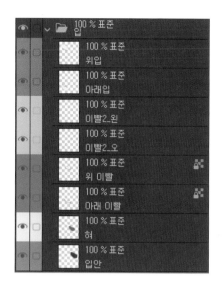

		100 % 표준 입
👁		100 % 표준 위입
👁		100 % 표준 아래입
👁		100 % 표준 이빨2_왼
👁		100 % 표준 이빨2_오
👁		100 % 표준 위 이빨
👁		100 % 표준 아래 이빨
👁		100 % 표준 혀
👁		100 % 표준 입안

		100 % 표준 코 복사
👁		100 % 표준 코선
👁		100 % 표준 코 하이라이트
👁		100 % 표준 코면

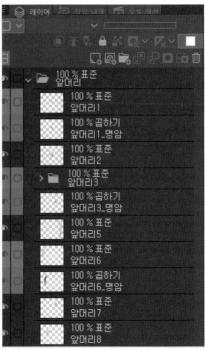

레이어 | 자연 내역 | 오토 액션

> 📁 100 % 표준
  앞머리

100 % 표준
앞머리1

100 % 곱하기
앞머리1_명암

100 % 표준
앞머리2

> 📁 100 % 표준
  앞머리3

100 % 곱하기
앞머리3_명암

100 % 표준
앞머리5

100 % 표준
앞머리6

100 % 곱하기
앞머리6_명암

100 % 표준
앞머리7

100 % 표준
앞머리8

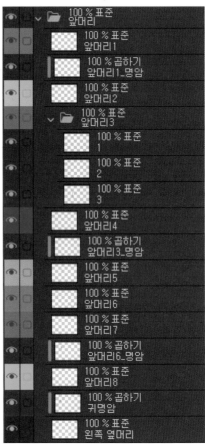

> 📁 100 % 표준
  앞머리

100 % 표준
앞머리1

100 % 곱하기
앞머리1_명암

100 % 표준
앞머리2

∨ 📁 100 % 표준
  앞머리3

100 % 표준
1

100 % 표준
2

100 % 표준
3

100 % 표준
앞머리4

100 % 곱하기
앞머리3_명암

100 % 표준
앞머리5

100 % 표준
앞머리6

100 % 표준
앞머리7

100 % 곱하기
앞머리6_명암

100 % 표준
앞머리8

100 % 곱하기
귀명암

100 % 표준
왼쪽 옆머리

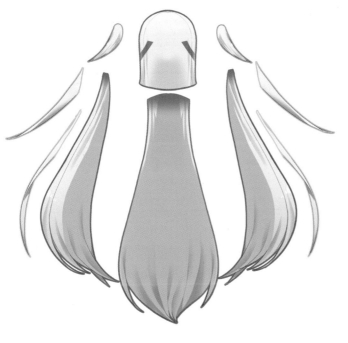

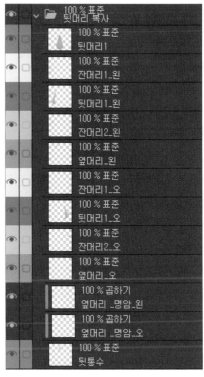

		100 % 표준	
		뒷머리 복사	
		100 % 표준	뒷머리1
		100 % 표준	잔머리1_왼
		100 % 표준	뒷머리1_왼
		100 % 표준	잔머리2_왼
		100 % 표준	옆머리_왼
		100 % 표준	잔머리1_오
		100 % 표준	뒷머리1_오
		100 % 표준	잔머리2_오
		100 % 표준	옆머리_오
		100 % 곱하기	옆머리 _명암_왼
		100 % 곱하기	옆머리 _명암_오
		100 % 표준	뒷통수

		100 % 표준	얼굴
		100 % 곱하기	목_명암
		100 % 표준	목

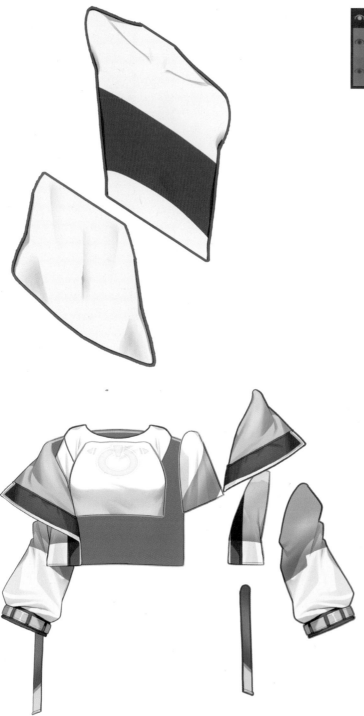

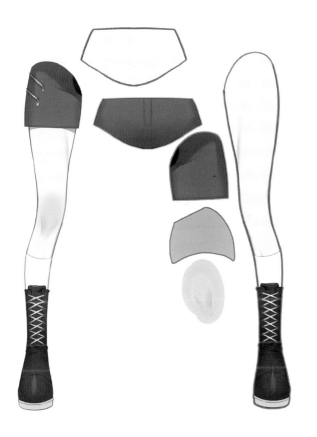

			100 % 표준
👁	⬜		바지_골반
👁	⬜		100 % 표준
			바지_왼
👁	⬜		100 % 표준
			바지_오
👁	⬜		100 % 표준
			골반
👁	⬜		70 % 곱하기
			무릎-왼
👁	⬜		100 % 곱하기
			왼쪽다리_명암
👁	⬜		100 % 표준
			다리-왼
👁	⬜		70 % 표준
			무릎_오
👁	⬜		100 % 표준
			오른쪽다리_명암
👁	⬜		100 % 표준
			다리-오

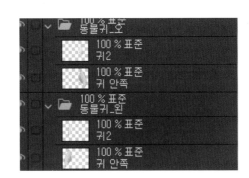

	100 % 표준
> 📁	동물귀_오
	100 % 표준
	귀2
	100 % 표준
	귀 안쪽
> 📁	100 % 표준
	동물귀_왼
	100 % 표준
	귀2
	100 % 표준
	귀 안쪽

STEP 02

Live2D 리깅

안녕하세요. 노아님입니다.

Live2D 리깅을 공부하기 시작했을 때에는 국내에 Live2D를 다루는 작업자분이 극히 드물었고 배움의 길조차 국내에는 몇개의 자료밖에 없고 태반 해외 자료를 찾아보는 방법 뿐이었는데 어느새 이렇게 강의 도서까지 출판하게 되니 정말 감개무량합니다. 이런 자리를 함께 만들어주신 담당자님과 일러스트 작가님께 감사의 인사를 전합니다. 리깅 교육 도서를 기획할 때 많은 고민이 있었습니다.

VOD강의, 온라인클래스도 진행해보았지만 동적인 작업을 이미지에 담아 책으로 설명드린다는 점에서 독자분들이 제대로 이해할 수 있을까? 라는 부분이 걱정이었습니다. 그래서 최대한 이해를 돕기위해 세밀하게 설명을 적다보니 책이 분량이 상당해졌더라구요..하하

제가 Live2D 리깅을 했을 초기에 가장 어려움을 겪었던 부분은 작업 스타일이 고착되지 않아 완성도가 높아졌을 쯤, 해당 모델에 들어가있는 기믹들이 서로 충돌하여 엉망처럼 변해갔을 때가 정말 힘들었습니다. 수채화도 밝은 색부터 어두운 색까지 층층히 쌓아가며 작업해야 그림이 탁해 보이지 않고 이뻐보이듯이 Live2D 리깅 작업 또한 작업 프로세스가 상당히 중요하단 것을 깨달았습니다. 그래서 이 책에서는 근사한 테크닉을 보여드리기 보다 기본기에 충실하도록 작업 프로세스 정립과 테크니컬한 부분들을 하나씩 쌓아가는 방법에 대해 설명을 드리려 합니다.

Live2D 리깅의 기술이란 어떤 한 가지 방식으로 정형화되어 있는 것이 아닙니다. 기본기를 터득한 이후부터는 작업자마다 본인이 추구하는 방식에 맞춰서 스타일이 갈리기 시작하지요. 그렇기 때문에 Live2D 리깅을 접하지 않은 분들께서도 입문용으로 진입할 수 있도록 난이도를 쉽게 맞추되, 나중에 중급자가 되기 위해 필요한 기술적인 부분들을 기입해두었으니 책을 다 정독하신 이후부터는 트위터나 유튜브같은 사이트를 활용해서 다른 리깅 작업자들의 완성본을 보며 "저 기술은 어떻게 작업했을까? 어떤 기믹을 활용했지?"같은 분석하는 눈썰미를 키우시는 것을 권장드립니다.

모델을 제작해보며 깨달음을 얻는 것도 좋지만, 다른 사람이 만든 모델을 보며 고민하고 분석하는 것이 더욱 큰 도움이 되기 때문입니다. 이제 입문하는 분들께는 정말 드릴 말씀이 많지만 위 내용이 제일 중요한 부분이라 생각해서 꼭 잊지 않아주셨으면 좋겠습니다.

마지막으로, 처음 접하신 분들께 한 말씀 드리고 싶습니다. 리깅의 첫 작업인 메쉬 작업이 제일 지루한 부분인건 사실입니다. 하지만 그 작업만 끝나면 내 모델이 살아 움직이는 모습을 볼 수 있으니 조금만 참고 끝까지 작업해보시면 좋겠습니다.

그럼 앞으로의 리깅 작업 응원하겠습니다!

작가 노아님

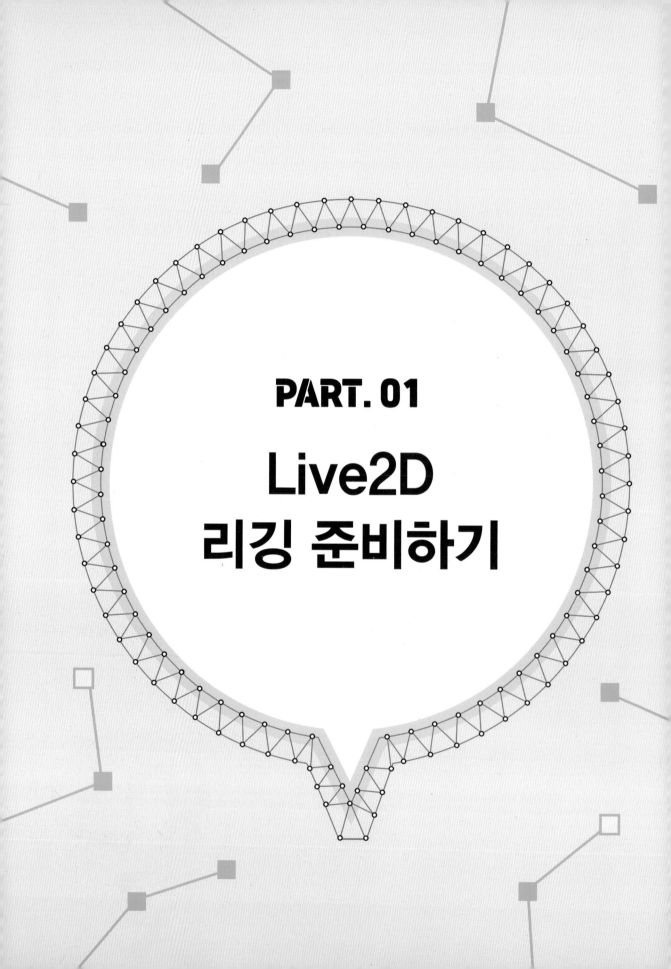

PART. 01

Live2D
리깅 준비하기

사용 프로그램

Live2D 리깅을 하기 위해서는 Live2D Cubism을 사용해야 합니다. Live2D Cubism의 설치 방법을 알아봅시다.

1. Live2D Cubism 설치

01 Live2D Cubism공식 사이트(https://www.live2d.com/)에서 다운로드하실 수 있습니다. 공식 사이트에서 ① 평가판 버전 다운로드 클릭합니다.

▲ Live2D Cubism 메인 화면

02 ①, ②번을 클릭하고 ③번 텍스트박스에 이메일 주소를 입력한 후, PC OS에 맞춰서 최신버전을 다운로드 해 주세요.

▲ 다운로드 화면

03 다운로드한 Live2D Cubism 설치 파일을 더블클릭합니다.

▶ 설치 파일

Live2D_Cubism_
Setup_4.2.00
(2).exe

팁 평가판 사용기한은 42일이며, 기한이 지나면 무료버전으로 전환됩니다.
평가판은 프로버전과 동일하지만, 무료버전은 여러 기능이 불가능하거나 제한적으로 변경되니 주의하세요.

04 설치 프로그램의 내용을 확인 후 설치를 진행합니다.

05 설치된 Live2D Cubism Editor 4.2 를 더블클릭해 실행합니다.

△ Live2D 프로그램

06 실행하면 다음과 같은 메인 화면이 보이게 됩니다.

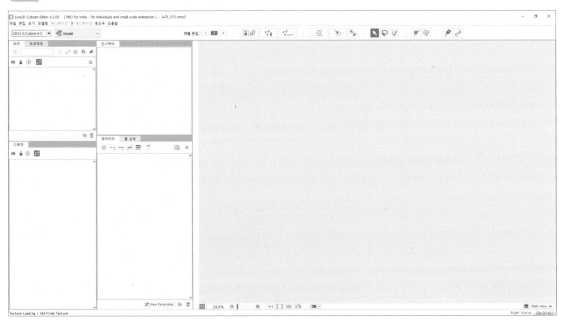

△ Live2D Cubism Editor 메인 화면

2. 시스템 사양 환경

Live2D Cubism Editor 운영 환경

	Windows	Mac
OS	Windows10, 11 (64비트 버전, 데스크톱 모드 전용)	macOS v10.15 (Catalina) (※1), macOS v11.6 (Big Sur) (※1), macOS v12.4 (Monterey) (※1)
CPU	Intel® Core™ i5-6600 상당 또는 그 이상의 성능(AMD제 포함) 권장: i5-8600, i7-7700, 쿼드 코어 이상	Intel® Core™ i5-6600 상당 또는 그 이상의 성능 권장: i5-8600, i7-7700, 쿼드 코어 이상 (※2)
메모리	4GB 이상 권장: 8GB 이상	4GB 이상 권장: 8GB 이상
하드디스크	여유 공간 약 1GB 정도 필요	여유 공간 약 1GB 정도 필요
GPU	OpenGL3.3 이상 (※3) 권장: NVIDIA GeForce GTX 950 이상 그래픽 카드	OpenGL3.3 이상 (※3)
디스플레이	1440×900픽셀 이상, 32bit 컬러 이상 추천:1920×1080픽셀	1440×900픽셀 이상, 32bit 컬러 이상 추천:1920×1080픽셀
입력 대응 포맷	이미지 데이터: PSD (※4), PNG 음성 데이터: WAV	이미지 데이터: PSD (※4), PNG 음성 데이터: WAV
출력 대응 포맷	이미지 데이터: PNG, JPEG, GIF 동영상 데이터: MP4, MOV	이미지 데이터: PNG, JPEG, GIF 동영상 데이터: MP4, MOV (※5)
인터넷 연결 환경	정품 인증이 필요하기 때문에 필수	정품 인증이 필요하기 때문에 필수

▲ Live2D Cubism Editor 메인 화면

프로그램 살펴보기

Live2D Cubism 프로그램은 큰 범위로 보면 3가지의 워크스페이스가 있습니다. 그 중, 우리는 버츄얼 캐릭터 모델링을 위주로 진행할 것이기에 Model워크스페이스를 살펴보겠습니다.

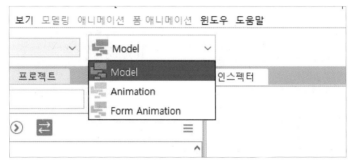

▲ Model 워크스페이스 (기본값)

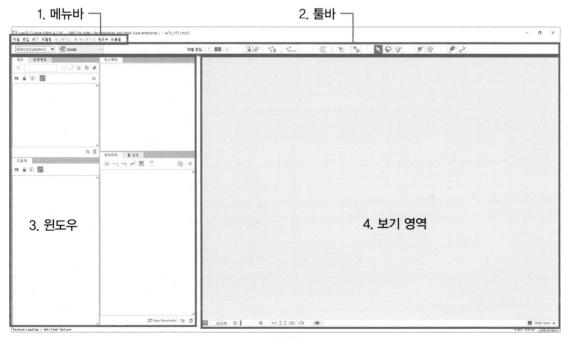

▲ 메인화면 UI

1. 메뉴바

프로그램의 전반적인 기능을 포함하고 있습니다.

파일 편집 보기 모델링 애니메이션 폼 애니메이션 윈도우 도움말
① ② ③ ④ ⑤ ⑥ ⑦

① **파일**: 파일과 관련된 메뉴로, 파일을 불러오거나 내보내는 기능이 있고 Live2D 프로그램 변경에 대한 설정이 있습니다.

② **편집**: 모델링 작업에 대한 메뉴로, 오브젝트의 작업로그를 되돌리거나 다시 실행하고 잘라내기, 복사, 선택 등이 가능합니다.

③ **보기**: 보기 영역에 대한 메뉴로, 그리드 표시나 모델의 표시 방식 등을 변경할 수 있습니다.

④ **모델링**: 모델링 관련된 메뉴로, 모델링 작업을 이루는 다양한 기능이 있습니다.

⑤ **애니메이션/ 폼 애니메이션**: 모델링 작업을 위한 기초편으로 애니메이션 관련은 설명하고 있지 않습니다.

⑥ **윈도우**: 프로그램 UI와 관련된 메뉴로, 창 표시 설정 및 워크스페이스 변경 등이 있습니다.

⑦ **도움말**: Live2D에서 지원하는 메뉴로, 사용 메뉴얼이나 동영상 튜토리얼을 지원하고 바로가기 기능이 있습니다.

* **메쉬 편집 모드**: 메쉬 편집 상태에서만 보입니다. 메쉬의 반전이나 스트로크에 의한 메쉬 분할 관련 설정이 있습니다.

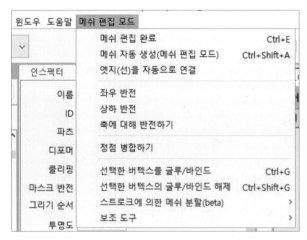

▲ 메쉬 편집 모드

2. 툴바

모델링 작업하기에 앞서 필요한 기능이 나열되어 있습니다.

① **타깃 버전 선택**: 모델의 SDK 버전을 설정합니다. 모델의 용도에 따라서 사용할 버전을 선택해야 하지만, 방송용으로 사용하거나 영상 제작이 목적이라면 모든 기능을 사용할 수 있는 SDK 4.0을 추천합니다.

② **워크스페이스 변경**: 모델링, 애니메이션, 폼 애니메이션 을 변경합니다.

③ **편집 레벨 변경**: 3단계의 방법으로 전환할 수 있습니다.

　레벨 1: 자세한 부분 편집 가능

　레벨 2: 일반적인 편집 가능

　레벨 3: 큰 범위에서 편집 가능

④ **텍스쳐 아틀라스 편집**: SDK용으로 구현용 파일(cmo3) 파일을 내보낼 때 텍스쳐 위치 및 크기를 조정할 수 있습니다.

⑤ **메쉬 수동 편집**: 메쉬의 형태를 편집할 수 있습니다.

⑥ **메쉬 자동 생성**: 자동으로 메쉬를 생성할 수 있습니다. 설정의 숫자 영역을 드래그해 메쉬를 형성할 수 있습니다.

⑦ **워프/ 회전 디포머 생성**: 해당 디포머를 생성할 수 있습니다. 추가하고 싶은 아트메쉬를 선택해 디포머를 생성하고, 연속 생성으로 부모 관계를 구축할 수 있습니다.

⑧ **회전 디포머 생성 툴**: 보기 영역에서 드래그를 통해 회전 디포머를 연속적으로 만들 수 있습니다.

⑨ **화살표 툴**: 오브젝트 선택 및 편집할 수 있습니다.

⑩ **올가미 선택 툴**: 오브젝트를 드래그로 둘러싸는 것으로 선택할 수 있습니다.

⑪ **브러쉬 선택 툴**: 브러쉬로 그리듯이 영향 범위를 선택할 수 있습니다.

⑫ **변형 패스 툴**: 아트메쉬에 포인트를 지정해 정점을 변형할 수 있습니다.

⑬ **변형 브러쉬 툴**: 브러쉬로 그리듯이 정점을 변형할 수 있습니다.

⑭ **글루 툴**: 아트메쉬 2개의 정점을 붙일 수 있습니다 / 3개의 아트메쉬를 동시에 사용할 수 없습니다.

⑮ **아트 패스 툴**: 아트패스 만들기 및 편집할 수 있습니다. / SDK4.0이상에서만 사용 가능합니다.

3. 윈도우

모델링 작업을 위한 UI구성을 할 수 있습니다.

▲ 윈도우 창

▲ 윈도우 메뉴바

① 파츠
파츠, 아트 메쉬, 디포머 등을 관리하는 창입니다.

② 프로젝트
프로젝트를 폴더링하거나 관리하는 창입니다.

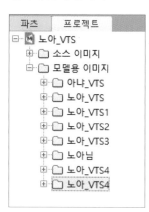

③ 디포머
파츠와 디포머가 표기되며 상속 관계를 관리하는 창입니다.

④ 인스펙터
선택 중인 아트 메쉬와 디포머 등의 설정을 변경할 수 있는 창입니다.

⑤ **파라미터**

파츠와 디포머의 변형 정도를 수치로 관리하는 창입니다.

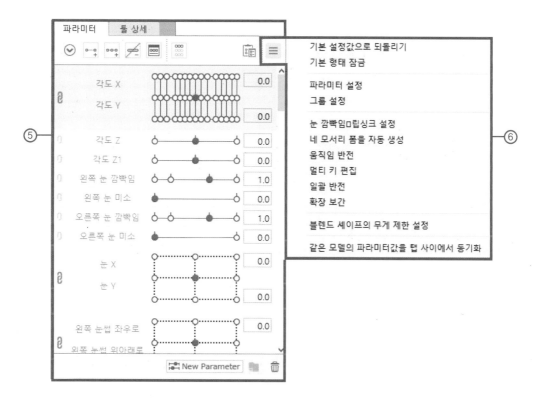

⑥ **메뉴 항목**

- **기본 설정값으로 되돌리기**: 파라미터를 기본값으로 되돌립니다. (Ctrl + 1)
- **기본 형태 잠금**: 기본 키 상태를 잠그고 편집할 수 없는 상태로 만듭니다.
- **파라미터 설정**: 파라미터 목록 확인, 이름과 ID, 파라미터 변경값, 설명 등을 설정할 수 있습니다.
- **그룹 설정**: 파라미터 글루 목록 확인 및 설정을 변경할 수 있습니다.
- **눈 깜빡임 립싱크 설정**: 애니메이션 뷰 기능으로, 윙크나 립싱크에 파라미터를 선택할 수 있습니다.
- **네 모서리 폼을 자동 생성**: 2개의 파라미터를 결합했을 때의 4 구석의 형상을 자동으로 생성합니다.
- **움직임 반전**: 디포머의 중심을 축으로 하여 상하 좌우 반전의 움직임을 만들 수 있습니다.
- **멀티 키 편집**: 여러 파라미터의 키 양식을 정리하고 수정할 수 있습니다.
- **일괄 반전**: 여러 파라미터의 키값을 선택하여 일괄 반전할 수 있습니다.
- **확장 보간**: 파라미터 키 사이의 궤도를 곡선으로 보간할 수 있습니다.
- **블렌드 셰이프의 무게 제한 설정**: 블렌드 셰이프 가중치 제한 설정 대화상자를 엽니다
- **같은 모델의 파라미터값을 탭 사이에서 동기화**: 뷰 영역의 동일한 모델을 표시하는 탭 사이 파라미터를 동기화합니다.

⑦ **툴 상세**

선택한 툴마다 상세 항목이 표시되어 여러 설정을
할 수 있습니다.

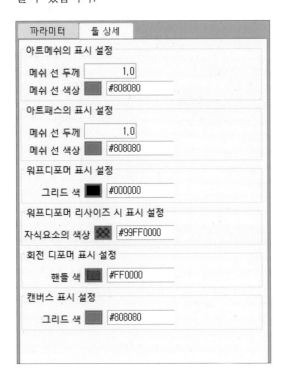

⑧ **로그**

프로그램에서 발생한 처리 로그가 표시됩니다.

4. 보기 영역

보기 영역은 모델, 애니메이션 및 폼 애니메이션 작성에 특화된 작업 UI가 있습니다.

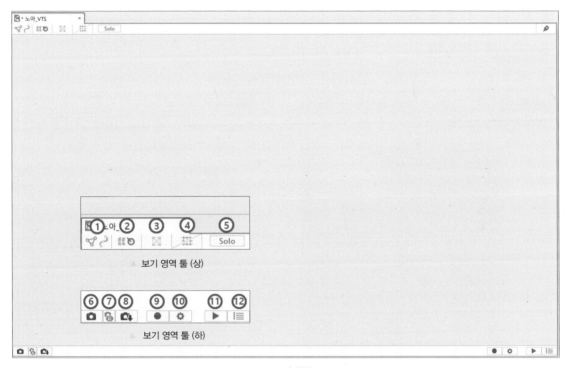

▲ 보기 영역

① **아트메쉬 잠금**: 아트메쉬, 아트패스의 표기/ 숨기기를 할 수 있습니다.

② **디포머 잠금**: 디포머만 표기/ 숨기기를 할 수 있습니다.

③ **오브젝트 표시/ 숨기기**: 오브젝트를 표시/ 숨기기 할 수 있습니다.

④ **그리드 표시/ 숨기기**: 그리드를 표시/ 숨기기를 전환할 수 있습니다.

⑤ **솔로**: 선택한 개체를 단독으로 표시할 수 있습니다.

⑥ **스냅샷**: 현재 파라미터 값 상태의 이미지를 반투명으로 기억합니다.

⑦ **스냅샷 표시/ 숨기기**: 기억된 스냅샷을 표시/ 숨기기합니다.

⑧ **스냅샷 저장**: 기억된 스냅샷을 별도의 이미지로 저장합니다.

⑨ **녹화 버튼**: 해당 버튼을 클릭하면 우측 하단 "Recording…"이 표시되고 녹화 중에 움직인 파마리터 값을 키프레임으로 저장합니다.

⑩ **녹화 설정**: 녹화의 저장 관련 위치를 선택할 수 있습니다.

⑪ **랜덤 포즈**: 활성화되어있는 파라미터를 랜덤으로 움직이게 합니다.

⑫ **랜덤 포즈 메뉴**: ⑪ 랜덤 포즈에 대한 움직임 패턴을 설정합니다.

Chapter 03

용어별 소개

이후 리깅 작업에서 사용될 용어에 대해서 설명드립니다.

(1) **메쉬**: 정점과 선으로 구성된 삼각형의 집합을 "메쉬"라고 합니다.

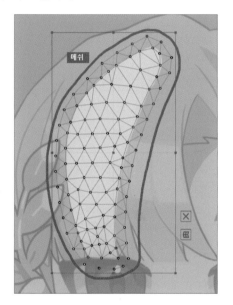

(2) **정점, 에지, 폴리곤**: 메쉬의 반점을 "정점" / 메쉬의 선을 "에지" / 정점과 선으로 구성된 삼각형을 "폴리곤"이라고 합니다.

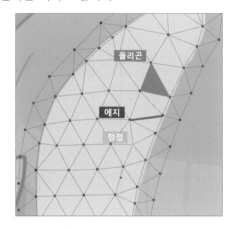

(3) **아트메쉬**: 메시가 할당된 상태의 이미지를 "아트메쉬"라고 합니다. PSD파일에서 분할되어 있던 레이어가 아트메쉬가 됨

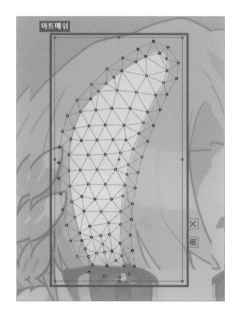

(4) 블렌드 방식

- **일반**: 블렌드 효과가 적용되어 있지 않음
- **스크린**: 파츠를 밝게 만들고, 불투명해져 뒤 레이어에 영향을 끼침
- **곱하기(가산)**: 파츠를 어둡게 만들고, 불투명해져 뒤 레이어에 영향을 끼침

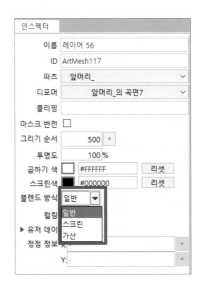

(5) **컬링**: 컬링: 파츠의 뒷면을 표기하지 않는 기능입니다.

- 컬링 기능에 대해서 설명드리겠습니다. 메쉬가 기본적으로 설정된 상태에서

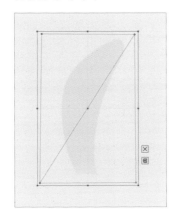

- **컬링 OFF인 경우**: 꺾인 뒷 부분의 영역이 고스란히 보입니다.

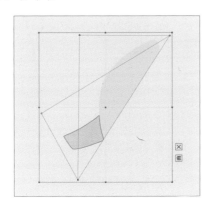

- **컬링 ON인 경우**: 꺾인 뒷 부분의 영역이 안보이게 됩니다.

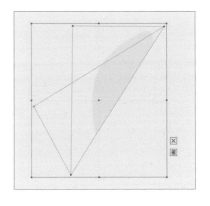

(6) **디포머**: 아트메쉬를 변형 이동이 가능한 폴더 개념을 "디포머"라고 함

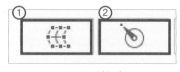

▲ 디포머 (툴바)

① **워프 디포머**: 아트메쉬를 워프 디포머에 넣고 변형을 하면 아트메쉬도 변형함 / 크기, 투명도 조절 가능

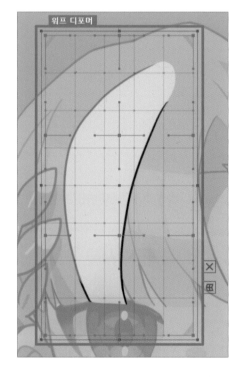

② **회전 디포머**: 아트메쉬를 회전 디포머에 넣고 각도에 따라 회전을 시킬 수 있음 / 크기, 투명도 조절 가능

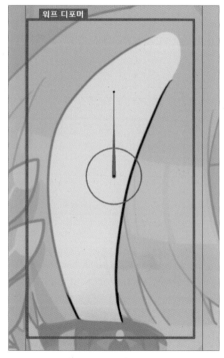

Chapter 04

밑작업

1. 준비하기

01 Live2D Cubism Editor 를 실행해서 완성된 psd파일을 보기영역에 드래그하여 모델을 불러옵니다.

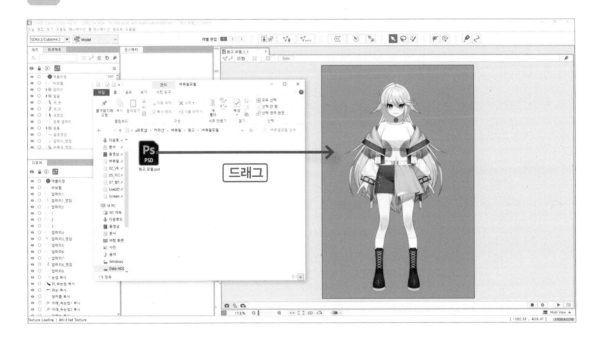

02 모델링 밑작업은 **'아트메쉬의 메쉬 편집 - 그리기 순서 - 폴더링'** 단계로 구성되어 있습니다.

03 첫 번째로 모델 편집을 진행하기에 앞서 메쉬를 유동적으로 움직일 수 있도록 수정해두어야 합니다.

기본적으로 모든 파츠는 위와 같이 정사각형의 메쉬로 형성되어 있고 그 안에 모든 영역이 포함되어 있는 것을 보실 수 있습니다.

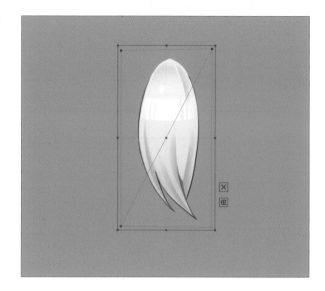

04 하나의 정점을 드래그하면 해당 정점과 연관된 폴리곤 영역에 담겨있는 파츠의 영역이 영향을 받게 됩니다.

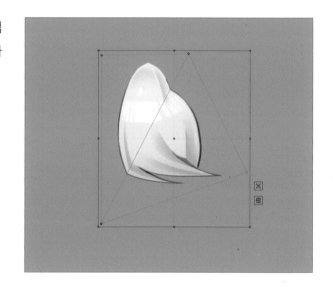

05 이것으로 메쉬의 기본에 대해서 이해하셨으리라 생각합니다. 하지만 기본으로 적용된 정사각형의 형태로는 머리카락의 흔들림을 표현할 수 없습니다. 다음에는 움직임을 표현할 수 있도록 메쉬를 수정해보겠습니다.

꼭 알고 가자! _ 메쉬 생성하기

01 먼저 메쉬를 생성해봅시다. 메쉬 수동 편집 (Ctrl + E) 을 클릭합니다.

02 메쉬 편집 모드에서는 툴 상세 팔레트가 과정에 맞게 변경됩니다.

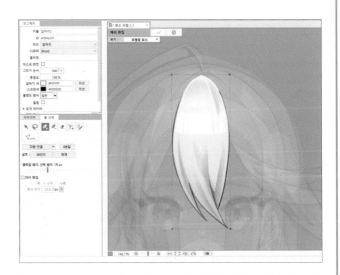

꼭 알고 가자! _ 툴 상세 팔레트

메쉬 편집에 앞서 툴 상세 팔레트에 대해서 알아봅시다.

① **선택/ 편집 툴**: 메쉬의 정점을 선택하거나 이동시킵니다.
② **올가미 선택 툴**: 메쉬의 정점을 올가미로 묶어 선택합니다.
③ **지우개 툴**: 드래그하면서 정점과 에지(선)을 삭제합니다.
　　* B + 드래그를 통해 지우개 범위를 변경할 수 있습니다.
④ **점 늘리기**: 드래그를 통해 메쉬 내부에 있는 정점의 갯수를 늘립니다.
⑤ **메쉬 자동 생성**: 메쉬 자동 생성 대화상자를 엽니다.
⑥ **자동 연결**: 끊어져 있는 정점과 정점을 자동으로 연결합니다.
⑦ **자동연결 방법 선택**

　• **메쉬의 재구성**: 활성화 상태. 예비 상태를 무시하고 꼭짓점만을 고려하여 에지를 구성합니다. / 비활성화 상태. 예비 상태의 에지를 자동 연결합니다.
　• **모서리 바깥을 유지**: 활성화하면 모서리를 유지하면서 자동생성합니다.
⑧ **4분할**: 현재의 메쉬를 유지한 상태로 4분할하여 정점이 추가로 생성됩니다.
⑨ **글루 바인드**: 두 파츠의 정점을 바인드 합니다.
⑩ **글루 바인드 해제**: 바인드 상태의 두 정점을 클릭하여 해제합니다.
⑪ **클릭할 때의 선택 범위**: 정점을 클릭하기 어려운 상황에서 범위를 키워 클릭하기 용이하게 합니다.

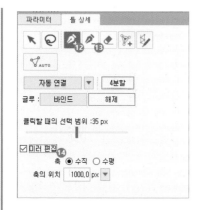

⑫ **포인트 추가**: 메쉬 정점을 추가합니다.

⑬ **포인트와 에지 제거 툴**: 메쉬의 정점과 에지를 제거합니다.

⑭ **미러 편집**: 활성화 시, 미러 편집을 할 수 있습니다.

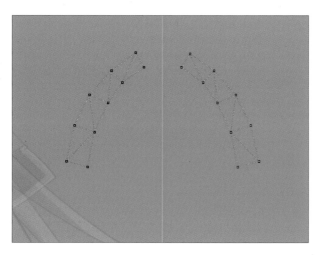

미러 편집 활성화 시, 초록선을 기준으로 양 옆에 정점이 같이 생성됩니다. 축 수직, 수평에 따라 초록선의 축을 변경할 수 있습니다. 축의 위치를 조절하여 초록선의 위치를 변경할 수 있습니다.

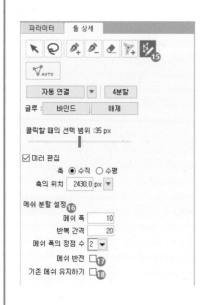

⑮ **스트로크에 의한 메쉬 분할**: 드래그로 작성된 패스를 가지고 메쉬를 생성합니다.

- 클릭 또는 드래그하여 패스의 제어점을 추가하거나 편집
- Ctrl + 클릭 도는 드래그로 폭 핸들러를 추가하거나 편집

⑯ **메쉬 분할 설정**

- **메쉬 폭**: 패스를 기준으로 생성된 메쉬의 정점 생성 폭을 조절합니다.
- **반복 간격**: 페스의 길이를 기준으로 메쉬의 정점 간격을 조절합니다.
- **메쉬 폭의 정점 수**: 3종류의 메쉬를 분할하는 방법을 선택할 수 있습니다.

⑰ **메쉬 반전**: 메쉬 폭의 정점 수가 2일 때 처음과 마지막 메쉬의 가장자리 방향을 반전합니다.

⑱ **기존 메쉬 유지하기**: 비활성화인 경우, 겹친 부분의 에지와 정점은 삭제됩니다. / 활성화인 경우, 삭제되지 않고 유지됩니다.

TIP

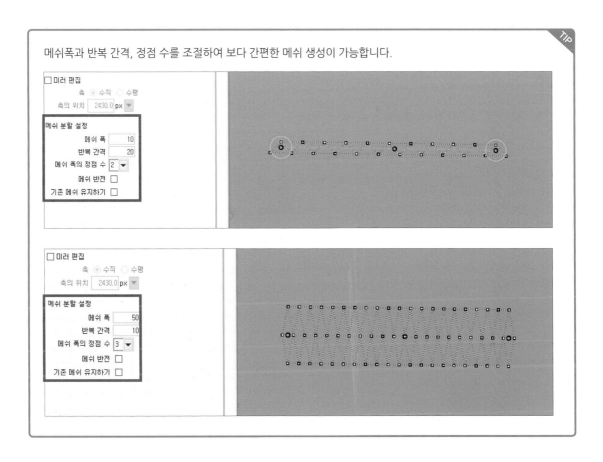

메쉬폭과 반복 간격, 정점 수를 조절하여 보다 간편한 메쉬 생성이 가능합니다.

06 메쉬 생성 방법으로는 아래의 3가지 방법을 사용합니다. 메쉬 생성 방법으로는 "정점을 수동 생성하거나 자동 생성, 스트로크에 의한 메쉬 분할" 이렇게 3가지 방법이 있는데 각 방법마다 장점이 있어 사용처에 따라 사용하게 됩니다.

1. **수동 생성**: 파츠의 형태에 따라 디테일하게 정점을 사용해야 하는 경우
   ex) 금속, 특정 머리카락, 변형되는 정도를 조절해야할 때 등

2. **자동 생성**: 큰 영역을 차지하는 파츠일 경우, 세밀하게 컨트롤하지 않을 경우
   ex) 머리카락, 의상, 팔, 다리 등

3. **스트로크에 의한 메쉬 분할**: 라인 형식의 길다란 요소일 경우, 세밀하게 정점을 찍어야 하는 경우
   ex) 눈코입, 눈썹, 줄 등

3가지 방법 모두 장단점이 달라 사용처에 따라 사용하게 됩니다. 이제 모델에 적용해 보면서 배워가 보도록 하겠습니다.

2. 메쉬화 준비

01   메쉬화를 진행히기 전에 얼굴의 중앙이 컨버스 창 중앙에 오도록 정렬하는 방법을 배워봅시다.

02   Ctrl + A를 눌러 모든 아트메쉬를 선택해 줍니다.

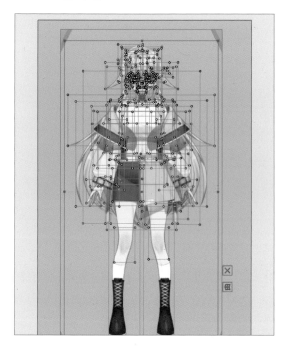

04   워프 디포머에 넣게 된다면, 위와 같이 보이실텐데 작업 화면 좌측 상단의 가이드라인 표시를 on 해 줍니다.

03   모든 아트메쉬를 하나의 워프 디포머에 넣어줍니다.

05 가이드 라인을 활성화 하시고 얼굴 쪽으로 줌인을 하시면 5개의 작은 격자선의 간격마다 큰 선이 있는데 [얼굴]과 가장 근접한 큰 선에 [코]나 [턱 끝]을 맞춰줍니다.

06 워프 디포머를 클릭한 상태에서 키보드의 방향키를 사용하면 더욱 쉽게 맞출 수 있습니다.

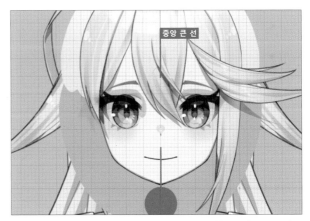

▲ 키보드의 방향키로 더욱 세밀하게 조정할 수 있다.

얼굴의 중앙을 큰 격자선에 맞추면 이후 좌우 대칭을 맞출 때의 더욱 수월하게 작업할 수 있습니다. 이제 각 부위별 메쉬조절 작업을 진행하겠습니다.

3. 머리카락 메쉬화

01 편집할 머리카락을 선택해 줍니다.

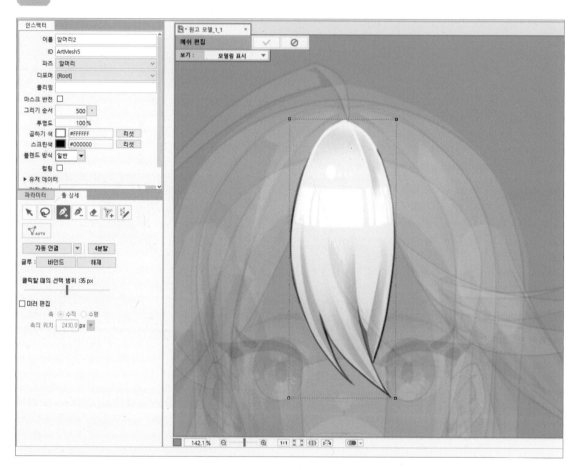

메쉬 생성 팁

머리카락은 영역이 큰 부위인 만큼 메쉬가 전체적으로 세밀할 필요는 없어서 '자동 생성과 부분별 수동 생성'을 활용하시면 됩니다.

[자동 연결]을 사용해서 [점의 간격(픽셀)]을 조절합니다.

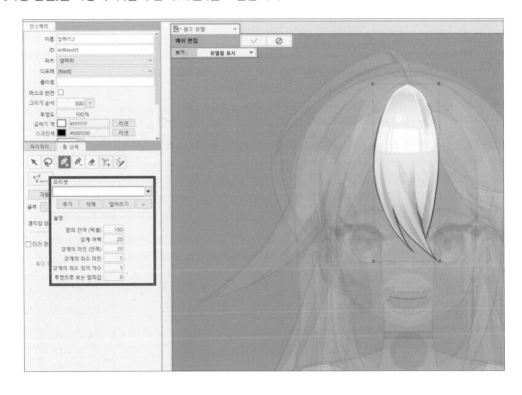

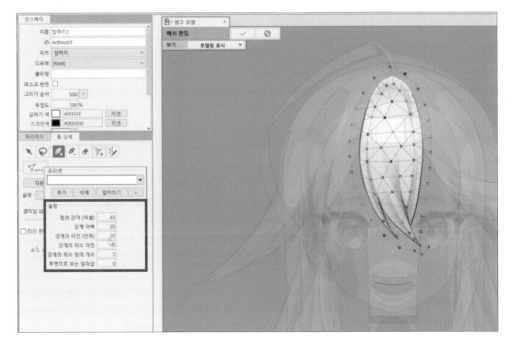 [점의 간격(픽셀)]을 조절하면 그림과 같이 정점이 널널하게 표기됩니다. 파츠의 테두리 영역에 정점
이 위치하도록 [경계의 마진 (안쪽)]을 조절합니다.

04 [경계의 마진 (안쪽)]의 값이 높으면 파츠 테두리 영역으로부터 멀어지면서 정점의 라인이 형성되고, 값이 낮으면 파츠의 테두리 영역에 근접하게 정점의 라인이 형성됩니다. 머리카락은 설명한 방법으로 모든 머리카락에 메쉬화를 적용시켜주시면 됩니다.

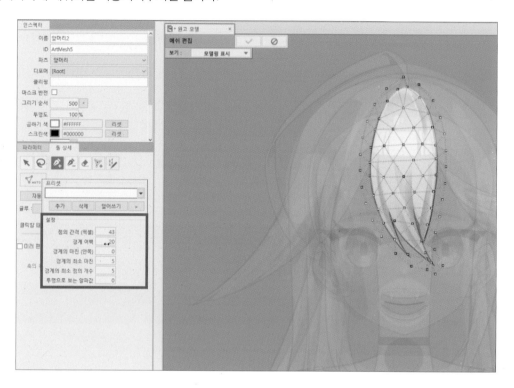

TIP

대부분의 자동 연결은 [경계의 마진 (안쪽)] 옵션을 0으로 두고 경계 여백은 외곽 형태와 비슷하게, 점의 간격은 20~40 선에서 사용합니다.

꼭 알고 가자!

01 머리카락의 흔들림은 정점을 기준으로 내부에 속하는 폴리곤 영역에 변형을 가하여 만들어집니다. 그래서 참고 이미지1처럼 정점 간격이 넓을 경우 정점의 위치마다 굴곡이 지는 것을 확인할 수 있습니다. 그래서 정점의 개수는 과하지 않은 선에서 설정해주는 것이 좋습니다.

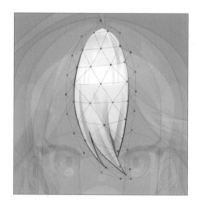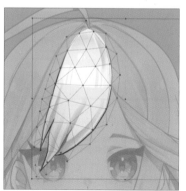

▲ 참고 이미지1

02 정점이 과하다면 최종 결과물이 느려질 수 있습니다. 변형이 일어나지 않는 선에서 작업하면 충분합니다.

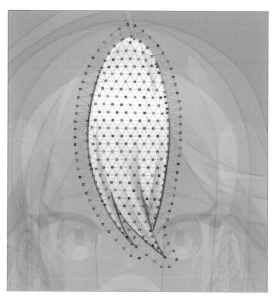

▲ 과한 예시

03 하나의 정점에 과하게 몰리는 경우, 흔들림을 적용할 때 하나의 정점에 다수의 폴리곤이 영향을 받게 되어 일그러지게 됩니다. 그러므로 정점은 지그재그 방식으로 하나의 정점에 몰리는 부분을 최대한 없애가며 진행하는 것이 좋습니다.

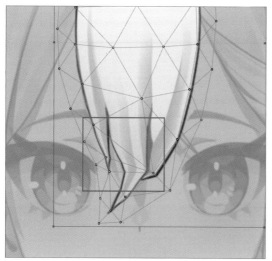

▲ 폴리곤이 일그러져있다.

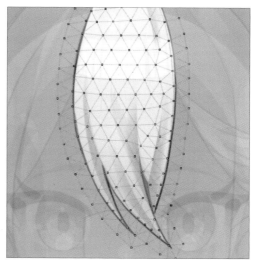

▲ 깔끔하게 정리되었다.

숙련자 팁!

다음의 이미지는 알려드린 내용보다 상위단계의 메쉬
구성방법입니다. 해당 메쉬 구성도 과한 면이 있지만 해당 메쉬 구성에서는 파츠의 채색 결을 살릴 수 있고 그림자 부분이 늘어나지 않아 더욱 다채로운 각도로 움직이게 할 수 있습니다.

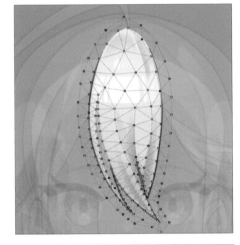

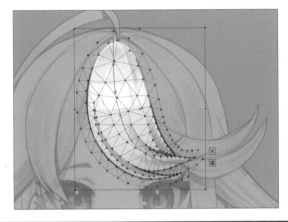

05 위 방식으로 모든 머리카락의 메쉬를 수정해 줍니다.

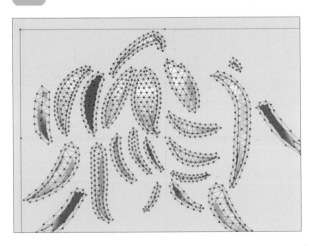

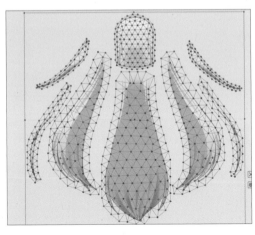

4. 눈과 눈썹 메쉬화

01 [눈]은 좌우가 대칭되므로 한쪽만 진행하고 반대편에 붙여넣을 예정입니다.

02 먼저 [눈썹]부터 진행하겠습니다. [눈썹] 아트메쉬를 클릭한 후, [메쉬 수동 편집(Ctrl + E)]을 클릭합니다. 기존의 직사각형 메쉬를 지우개 툴로 삭제합니다.

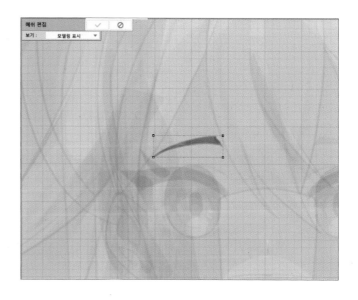

03 이미지 형태가 길쭉하고 두께감이 일정하며 형태적으로 변환이 많이 되는 요소는 [스트로크에 의한 메쉬 분할(beta)]를 사용해 줍니다.

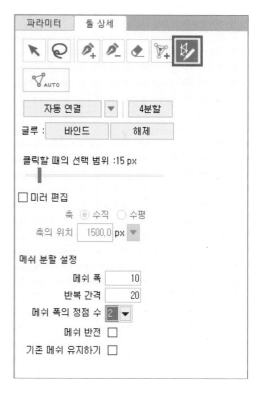

04 [눈썹]의 형태대로 드래그하고 초록 점선을 [눈썹]의 가운데에 위치하도록 조정해 줍니다

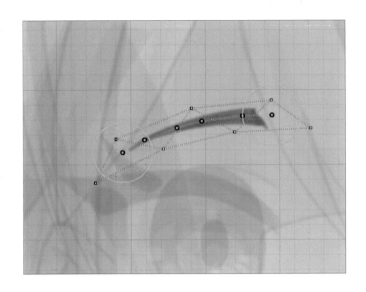

05 그 후 [반복 간격]과 [메쉬 폭의 정점 수]를 조절하여 [눈썹]이 움직이더라도 일그러짐이 없도록 세밀하게 구성해 줍니다.

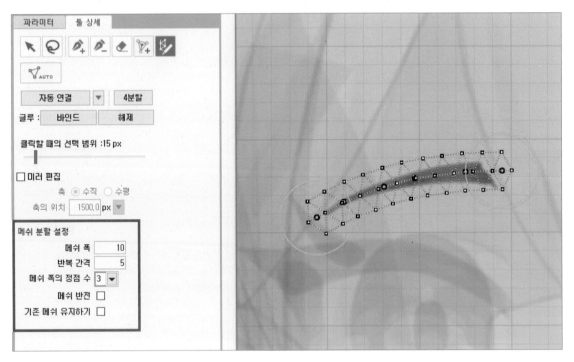

06 노란색 원형에 [Ctrl] + 좌클릭]을 이용해 크기를 조절하여 [눈썹]의 양끝 메쉬 크기를 조절해 줍니다.

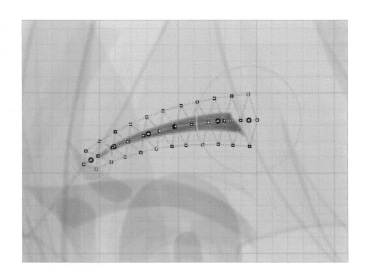

07 모든 메쉬 조정이 끝나면 [편집 중인 스트로크 확정(여기를 클릭 [Shift] + [E])]을 클릭합니다. 확정되면 메쉬 편집을 완료합니다. 위 방식대로 반대편 눈썹도 마무리합니다.

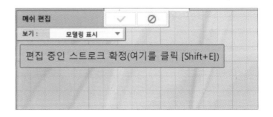

08 다음은 [눈]관련 아트메쉬의 메쉬조정을 진행하겠습니다. [눈]의 레이어는 전체적으로 길게 형성되어 있어 [스트로크에 의한 메쉬 분할(beta)]로 메쉬를 진행합니다.

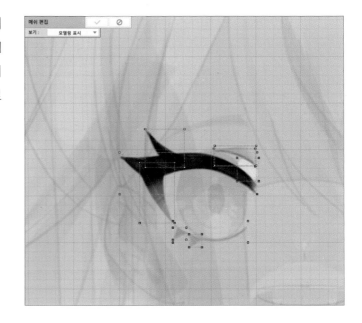

09 [눈 테두리]는 예시와 같이 만들
어 줍니다.

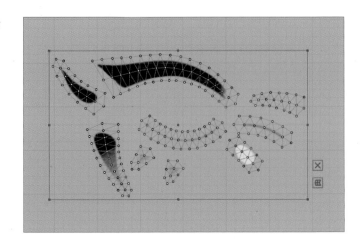

10 [눈] 안의 요소는 흰자에 클리
핑합니다.

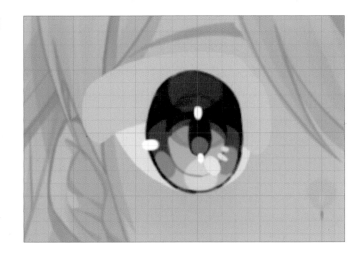

꼭 알고 가자! _ 클리핑하는 방법

01 [흰자] 아트메쉬의 ID(ArtMesh30)을 복사합니다.

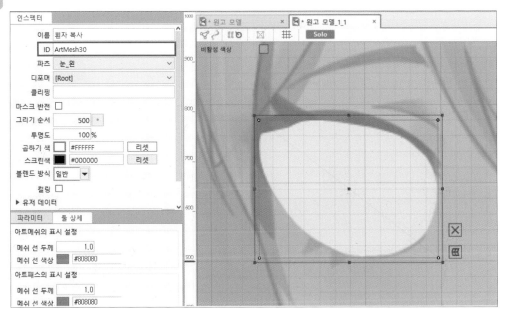

01 클리핑할 아트메쉬들의 클리핑란에 [흰자] 아트메쉬 ID값을 입력합니다.

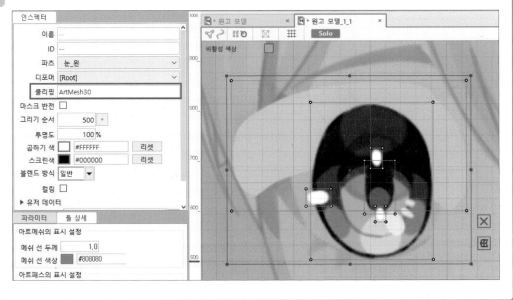

꼭 알고 가자! _ 클리핑 TMI!

01 클리핑이란? A레이어가 B레이어 안에서만 보이는 기능입니다. 드로잉 프로그램에서 클리핑에 대해 알고 계신 분도 있으리라 생각합니다. 하지만 Live2D 프로그램의 클리핑 개념은 조금 다릅니다.

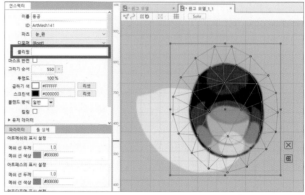

▷ 클리핑 안 한 상태

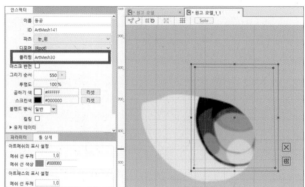

▷ 클리핑 한 상태

02 **레이어의 나열순서가 멀어도 클리핑이 가능합니다.** 그림과 같이 레이어 나열순에서 거리가 있어도 클리핑할 수 있습니다.

* 주체 레이어가 위에 있고 아래에 있는 레이어를 클리핑하는 것은 불가능합니다.

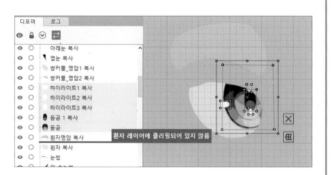

03 **클리핑의 주체 레이어(B레이어)의 투명도가 낮아져도 A는 그 영향을 받지 않습니다.** 포토샵같은 드로잉 프로그램에서는 클리핑의 주체가 되는 레이어의 투명도가 낮아지면 그곳에 클리핑이 되어있는 레이어들도 동일하게 투명도가 낮아졌습니다.

* 주체 레이어가 위에 있고 아래에 있는 레이어를 클리핑하는 것은 불가능합니다.

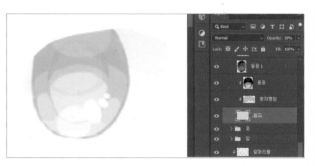

04 하지만 Live2D 프로그램에서는 주체 레이어의 투명도가 낮아져도 그에 대한 영향을 받지 않습니다. 이 방법을 활용하면 안경 알의 빛반사 표현, 철제 장식이 움직일 때의 빛반사 표현, 원래는 안보이던 레이어를 특정 조건 때 보여지게 설정하는 등 다양한 표현이 가능합니다.

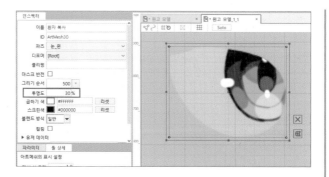

05 [마스크 반전]을 통해 역클리핑이 가능합니다. 위에서 클리핑에 대한건 배웠는데 역클리핑은 그에 반대되는 성격입니다. 역클리핑은 주체 레이어의 영역 안으로 겹쳐지는 요소들을 보여지지 않게 설정하는 기능입니다. 레이어가 서순 상 밑에 있어도 앞에 위치해보이도록 활용할 수 있습니다.

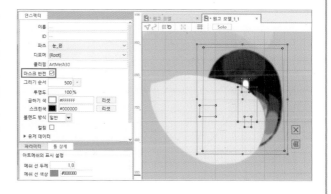

06 필요에 따라 2번 특징을 활용해 보이던 것을 안 보이게 가리는 방법으로도 활용할 수 있습니다.

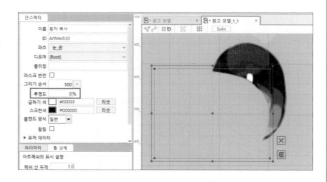

버츄얼 모델은 2D를 기반으로 사람(3D)처럼 움직여야 합니다. 그래서 클리핑과 역클리핑을 이용해 최대한 입체적으로 만들어 3D처럼 보여야 하기에 Live2D에서 클리핑과 역클리핑의 역할은 매우 크다고 할 수 있습니다.

11 흰자 레이어에 전부 클리핑을 완료하
셨으면 다음과 같이 메쉬를 조정해
주세요.

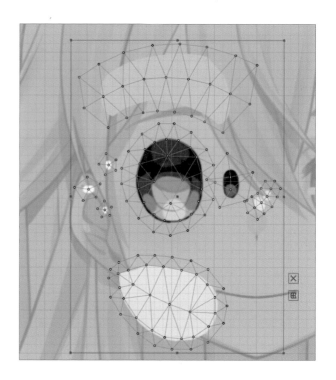

동공의 경우, 눈알이 구체이다 보니 고개 돌아감이나 바라보는 시선에 따라 구체처럼 보여야 합니다. 해당 강의에서
는 입문용이다 보니 심화적인 메쉬구성을 하지 않았으나 위 이미지와 같이 방향감을 표현하기 용이한 구성으로 제작
해 주는 것이 좋습니다.

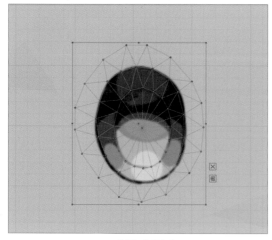

▲ 정면을 바라볼 때

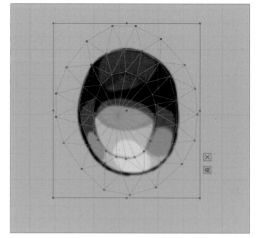

▲ 오른쪽(모델링 기준)을 바라볼 때.

5. 코 메쉬화

01 [코]의 경우 얼굴의 움직임에 따라 움직임이 발생합니다. [스트로크에 의한 메쉬 분할(beta)]로 메쉬를 조절해 줍니다.

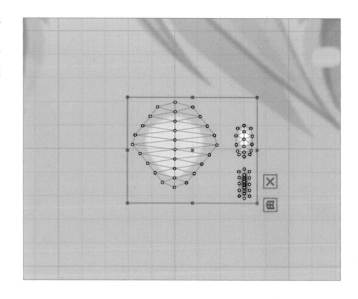

6. 입 메쉬화

01 [입]의 경우 [입안] 레이어에 입안 관련 레이어([이빨], [혀] 등)를 클리핑한 후, [입술 상하] 레이어가 가리개 역할로 입안 구성 요소를 가리고 있는 방식입니다.

02 [입술] 레이어의 선은 [입] 움직임을 구현해야 하기에 [스트로크에 의한 메쉬 분할(beta)]을 활용하여 선을 둘러싸고 덮개 영역은 보여질 수 있도록 메쉬 안에 포함한다는 식으로만 구성해 주시면 됩니다.

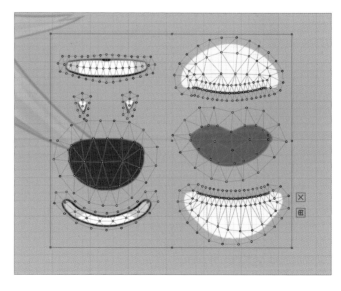

03 메쉬를 구성하고 [입안] 레이어에 [입안]관련 레이어를 클리핑하면 메쉬 작업 끝입니다.

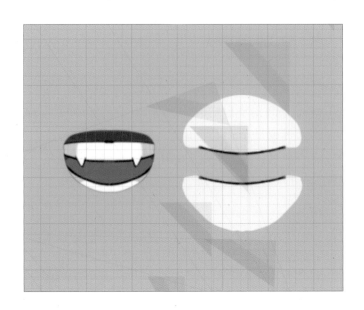

7. 얼굴 메쉬화

01 [얼굴]은 [면]과 [선]이 분할되어 있어야 합니다. [얼굴 면]과 [얼굴 선] 사이에는 [머리카락 흔들림], [홍조], [턱 명암] 등의 요소가 포함되어 있고, 해당 아트메쉬는 [얼굴 면]에 클리핑해서 사용합니다.

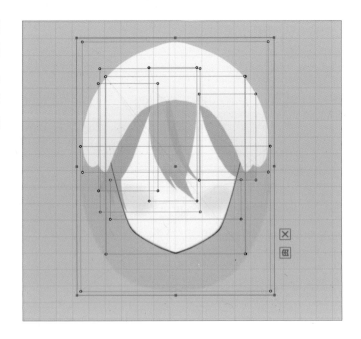

02 [얼굴 면]과 [얼굴 선] 사이에 얼굴의 아트 메쉬를 클리핑하는 이유는 [머리카락 그림자]를 사이에 끼워넣기 위함입니다. [머리카락 그림자]는 이목구비보다 앞에 배치하게 될 경우 멀티플라이 블렌드 효과를 사용할 수밖에 없습니다. 이런 경우 그림자 사이 교차 부분에 짙은 영역이 생겨 지저분해 보일 수 있습니다.

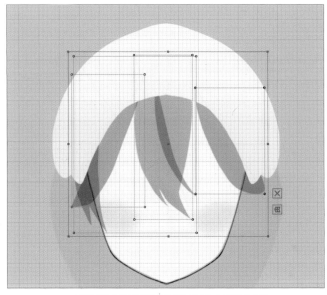

▲ 머리카락 그림자의 멀티플라이 블렌드 효과 적용 예시

03 그래서 블렌드 효과를 사용하지 않고 [머리카락 그림자] 레이어를 사용하려면 [얼굴 면]과 [얼굴 선] 사이에 배치하여야만 합니다.

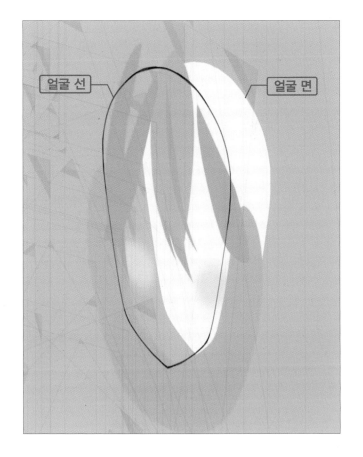

04 그럼 이제 [얼굴] 구성 레이어의 메쉬 작업을 진행하겠습니다. [얼굴 면]의 기존 사각형 메쉬를 지우개툴로 지워주세요.

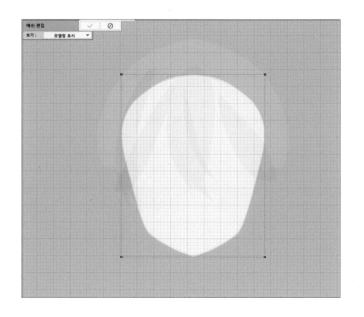

05 [스트로크에 의한 메쉬 분할 (beta)]을 적용한 뒤, [미러 편집]을 체크해 줍니다.

06 이전에 맞춰두었던 얼굴 가운데의 큰 격자선을 기준으로 축의 위치를 맞춰줍니다.

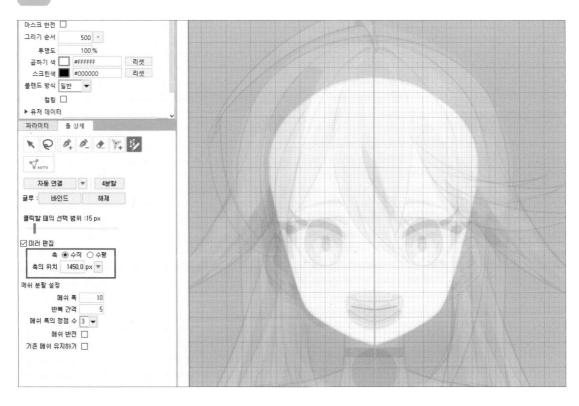

07 미러 편집을 활용해 한 방향에만 [스트로크 선]을 그어줍니다.

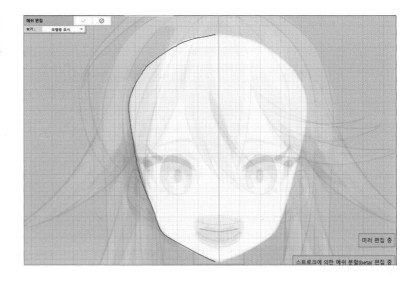

08 스트로크 선을 그을 때는 턱 외곽선에 맞춰서 따라가야 하며, 미러 축에 끝부분이 닿도록 해야합니다. 선을 다 그은 이후에는 [반복 간격]을 조절하여 정점 간격을 세밀하게 구성해 주세요. 완료되면 [편집 중인 스트로크 확정(여기를 클릭 [Shift] + [E])]를 클릭해 주세요.

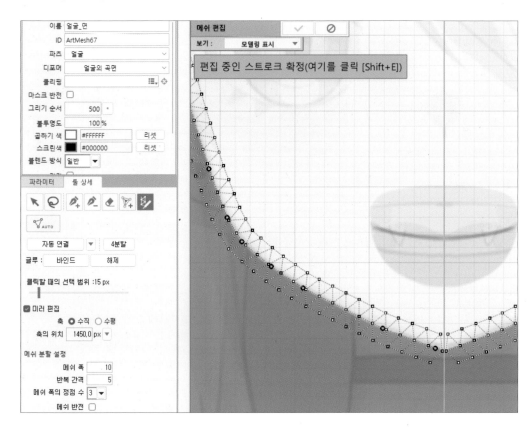

09 완료되면 이제 양 끝부분의 정점을 병합해 줍니다.

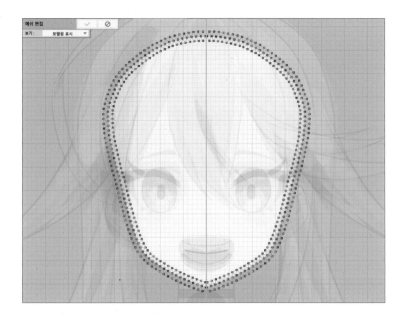

10 위쪽과 아래쪽 줄은 서로 이어줍니다. 가운데 두 개의 정점을 같이 선택하고 우클릭하면 [정점 병합하기]가 있습니다. 위 이미지와 같이 머리 위쪽도 진행해 줍니다.

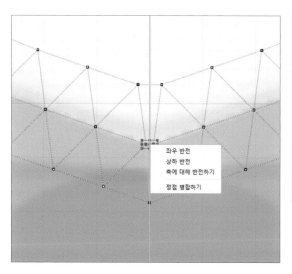
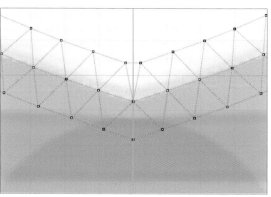

11 머리 위, 아래 정점을 병합하면 위 이미지처럼 임시 선이 형성되는데 중앙에도 정점을 찍어 정리해 주도록 합시다.

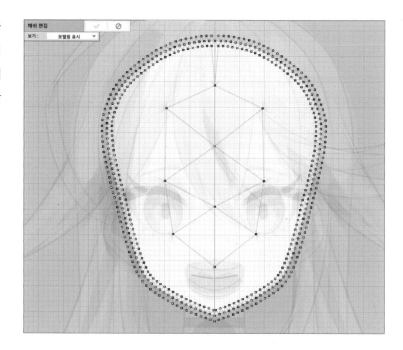

12 중앙 부분은 단색인 영역으로 세밀할 필요가 없어 리소스를 최소화해서 사용해 줍니다. 임시 선이 방금 찍은 정점에 잘 이어져 있는지 확인하고, 이어져있지 않은 경우 직접 정점과 정점을 클릭해 이어줍니다.

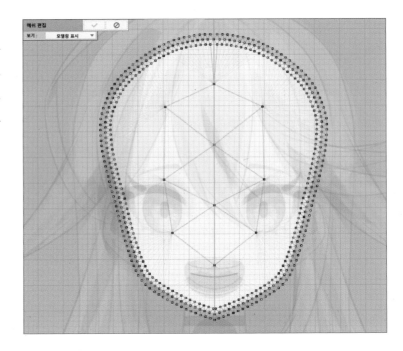

13 임시선이 고르게 정리된 경우 [자동 연결]을 클릭해 선을 확정지어 줍니다. 지금 생성한 메쉬는 [Ctrl] + [A] 를 통해 전부 선택하고 [Ctrl] + [C]로 복사해 줍니다.

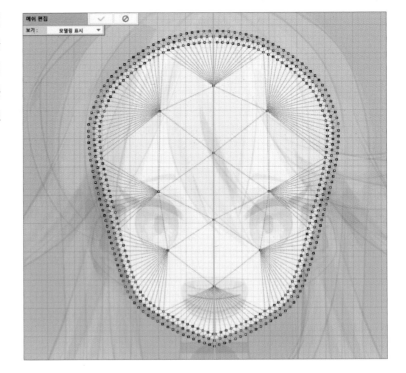

14 [얼굴 선] 아트메쉬에도 동일하게 적용해 줍니다.

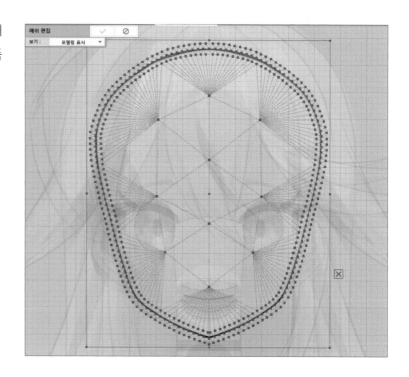

15 [머리카락 그림자]나 [기타 명암]의 경우 [자동 생성]을 통해 구성해 줍니다.

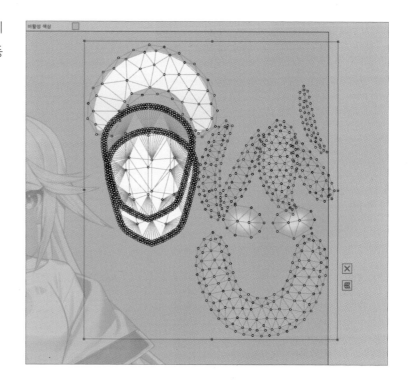

꼭 알고 가자!

01 앗! 해당 아트메쉬는 [머리카락 그림 자]가 2개가 겹쳐져 있군요 psd 파 일 단계에서 분할이 되어 있지 않은 상태였 나 봅니다. 위와 같은 경우가 생기면 다음처 럼 대처하면 됩니다.

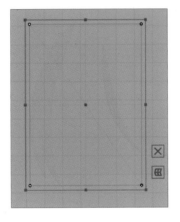

02 우선 [자동 생성]으로 두 요소에 메쉬를 구현해 줍니다.

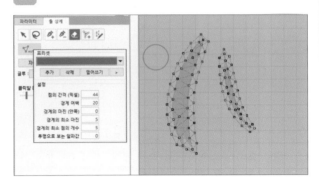

03 해당 아트메쉬를 복사 붙여넣기를 해서 똑같은 아트메쉬를 하나 더 생 성합니다.

04 [메쉬 편집의 지우개 툴]을 통해 a아트메쉬는 왼쪽, b아 트메쉬는 오른쪽 만을 남기면

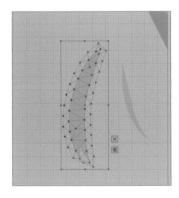

05 하나의 아트메쉬를 2개로 분할해서 사용할 수 있습니다.

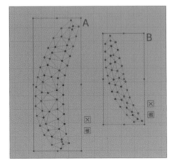

8. 귀 메쉬화

01 귀는 특별한 요소는 없어 [자동 생성]으로 일정한 간격에 맞게 구성해 주시면 됩니다.

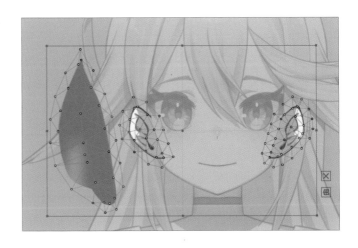

9. 의상 메쉬화

01 의상은 위와 같이 [자동 생성]으로 구현해두었습니다

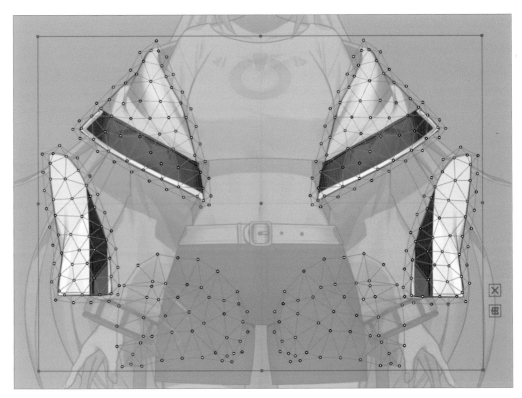

오른쪽 메쉬 구성과 같이 디자인 형태에 따라 결을 만들어 구성하는 것이 제일 좋습니다. 섹션 별로 나뉜 메쉬를 움직임과 흔들림에 따라 정점 별로 컨트롤해서 구사할 정도의 테크닉을 갖추었을 때 진행하시면 좋습니다.

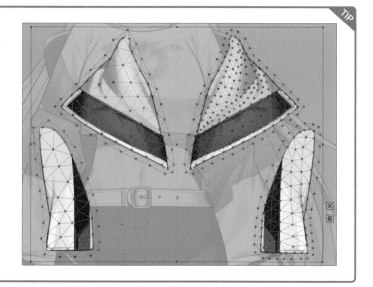

02 움직여도 일그러지지 않을 정도의 간격으로만 구성해 줍니다.

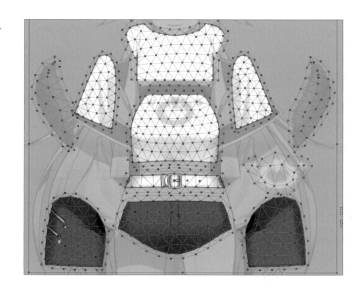

03 [목] 아트메쉬는 기울임을 적용할 때 늘어나는 요소가 많으므로 다른 아트메쉬보다는 세밀하게 정점을 구성해 줍니다.

[배] 아트메쉬는 배꼽, 치골의 위치로 몸 돌아가는 방향감을 표현할 수 있어 신경 써서 작업해 줍시다.

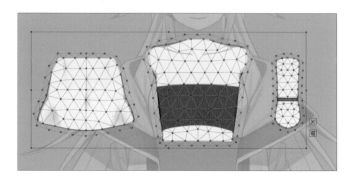

04 [다리]와 [치마] 관련 아트메쉬입니다.

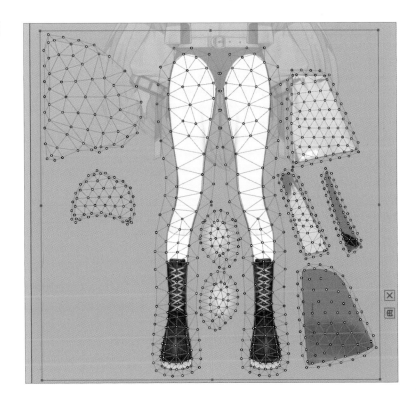

05 [팔]과 [소매]의 아트 메쉬입니다.

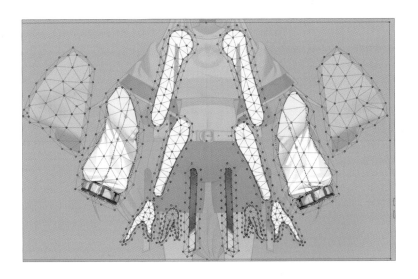

이로서 모든 아트메쉬의 [메쉬 편집 작업]을 완료하였습니다. 메쉬 작업을 완료했다면 두 번째 작업인 [그리기 순서]를 변경해 주어야 합니다.

10. 그리기 순서 변경하기

01 [그리기 순서]는 아트메쉬의 목록 나열 순괴는 다르게 레이어 파라미터에 등록된 레이어를 특정 조건에서 앞이나 뒤로 움직이게 하는 기능입니다. 이 기능은 입체적인 캐릭터 표현에서 사용됩니다. [그리기 순서]를 조정하면 순서를 파라미터에 등록하여 특정 조건일 때 레이어를 앞이나 뒤로 이동시킬 수 있어 입체적인 표현에서 사용할 수 있습니다.

* 모든 버츄얼 작업에서 필수적인 작업은 아니므로 작업 이전에 모델의 성향에 따라 그리기 순서 작업이 필요 없는 경우 진행하지 않으셔도 무방합니다.

02 [그리기 순서]의 정렬방식은 간단합니다. 기본값 500에서 최대 1000, 최소 0 사이에 맞춰서 단계별로 구분을 나누시면 됩니다.

03 예를 들어 추가 파츠 (최상단에 올라갈 이펙트 및 안경 같은 요소들): 700대, 앞머리: 600대, 안면 요소: 500대, 귀: 400대, 의상: 400대, 목과 몸: 300대, 뒷머리: 200대 이 범위에서 5~10 간격으로 아트메쉬 별 간격을 지정하면 됩니다.

▶ 해당 모델에서는 다음과 같이 지정해서 사용했습니다.

04 이전 단계에서 정리한 부분 외의 다른 아트 메쉬의 그리기 순서는 레이어 순서와 크게 상관없이 진행하셔도 무관하지만 얼굴 선과 턱 명암, 홍조는 입 관련 아트메쉬보다 위에 있어야 합니다. 이 유는 입 움직임을 진행할 때에 설명드리겠습니다.

05 다 적용된 상태에서 E를 누르고 작업화면 을 드래그하면 입체도로 전환됩니다. 그리 고 W를 누르고 드래그하면 그리기 순서대로 입체도 에 반영되어 보여지게 됩니다.

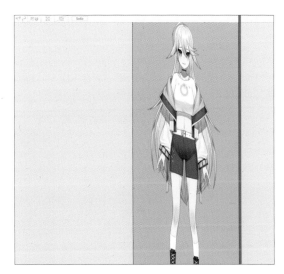

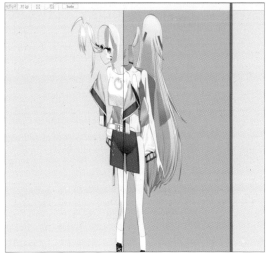

이렇게 메쉬 작업과 그리기 순서에 대해서 진행해보았습니다!

마지막 단계인 워프 디포머로 폴더링하는 방법에 대해서 설명드리겠습니다.

11. 폴더링

01 폴더링은 앞머리 요소끼리, 안면 요소끼리, 왼팔, 오른팔, 몸 등 각 부위에 맞는 아트메쉬들을 하나의 워프 디포머(쉽게 말해 폴더) 안에 정리해두는 작업이라고 생각하시면 됩니다.

02 우선 앞머리 요소로 판단되는 아트메쉬들을 선택해 주세요.

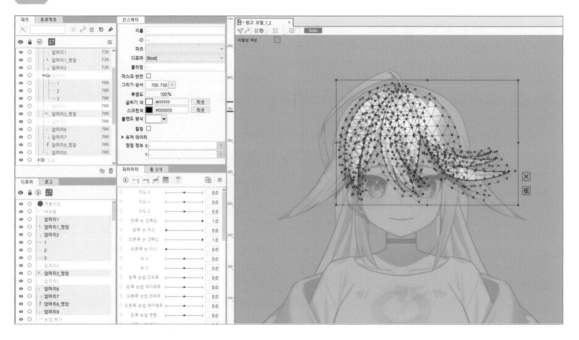

03 [워프 디포머 생성]을 클릭하시고 이름은 알아보기 쉽게 수정해서 [작성] 클릭해 주세요.

그러면 위와 같이 앞머리를 하나의 [워프 디포머] 안에 포함하게 됩니다.

 생성된 [워프 디포머]는 가운데 포인트를 Ctrl 을 누르면서 드래그하면 축을 이동시킬 수 있습니다.

06 축을 이동시켜 이전에 정렬한 얼굴의 가운데에 맞춰줍니다.

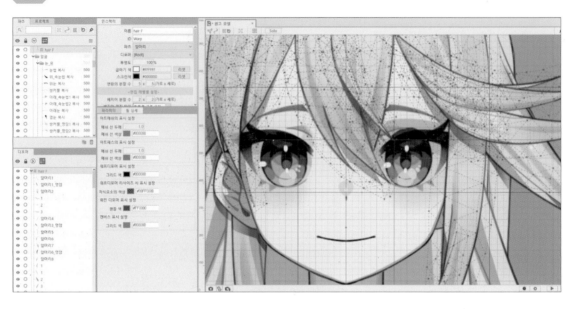

07 [워프 디포머]는 자신에게 속해있는 아트메쉬들의 정점을 포함해야 합니다. 끝 쪽의 포인트를 잡고 [Ctrl] + [Alt] + 드래그]를 통해 워프 디포머의 영역을 늘려주세요. 하나의 폴더링이 완성되었습니다.

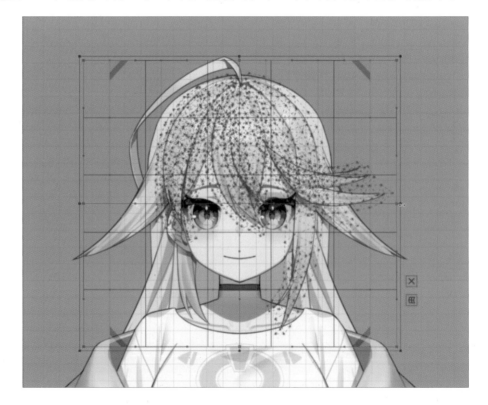

08 다른 머리카락의 아트메쉬도 선택해서 [hair R]처럼 본인만의 알아보기 쉬운 [워프 디포머]를 생성해 주세요.

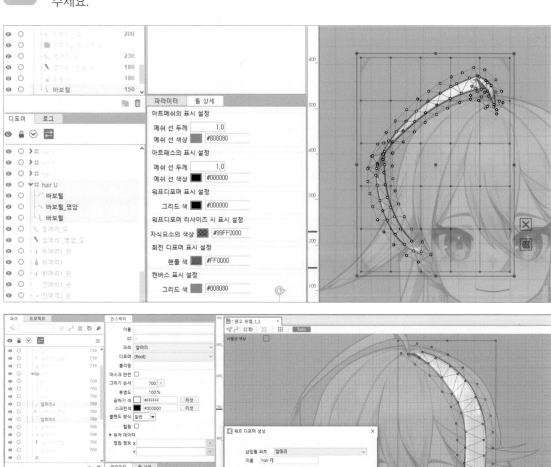

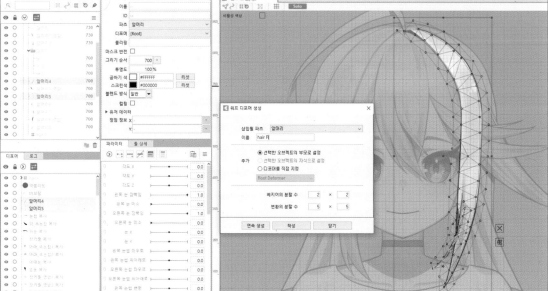

그 후 [눈썹], [눈], [코], [입] 또한 위와 같이 선택해서 [워프 디포머]를 생성해 주세요.

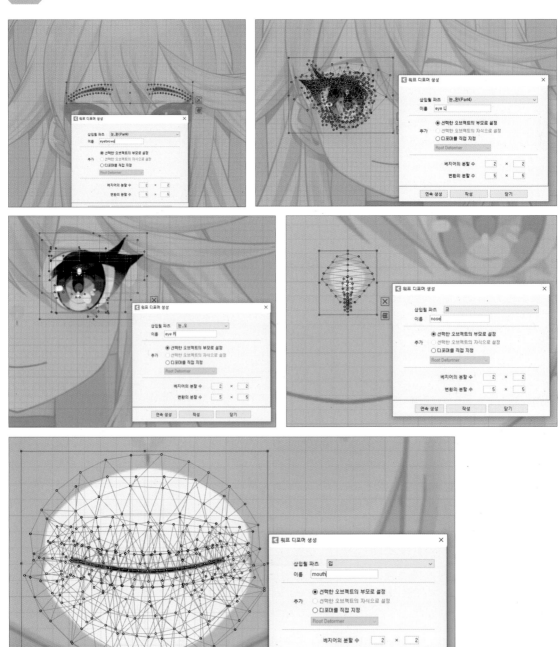

10 [앞 머리카락의 그림자]는 [앞머리 워프 디포머]에 포함해 주세요.

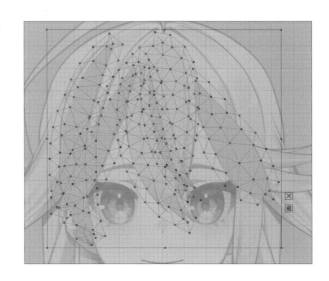

11 [머릿통 워프 디포머]는 향후 고개 돌아감을 담당해야 하는데 모든 레이어의 구성요소를 선택해서 [워프 디포머]를 생성하면 영역이 너무 커집니다.

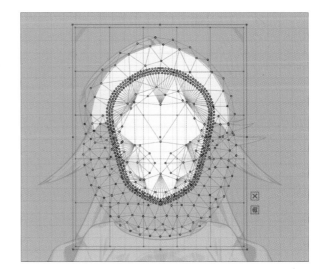

12 그래서 [머리 면]과 [머리 선]만 클릭해서 [head 워프 디포머]를 생성해 주시고 [턱 명암]이나 [홍조], [앞머리틀], [역클리핑] 같은 요소들을 드래그하여 포함해 주세요.

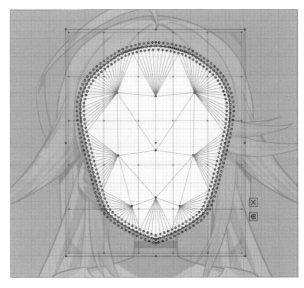

TIP

위처럼 머리 관련만 선택한 상태에서 [워프 디포머]를 생성하는 이유는 생성되는 워프 디포머의 사이즈 차이가 있기 때문입니다.

역클리핑 아트메쉬나 [턱 명암]같이 얼굴 외적으로 형태가 있을 경우 머리통만 포커싱된 [워프 디포머]가 생성되지 않기 때문에 적정 [워프 디포머]를 생성한 뒤에 다른 아트메쉬들을 포함하는 것 입니다.

13 [귀]도 각자 사이즈에 맞게 [워프 디포머]를 생성해 줍니다.

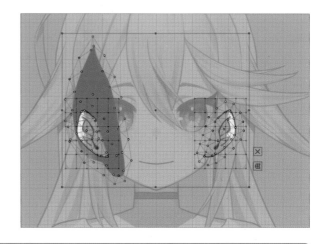

TIP

[앞머리]의 경우 포함된 아트메쉬들의 메쉬를 포함해야한다'고 했었습니다. 하지만 이번 [머릿통]과 [귀]는 그렇지 않게 작업이 되어 있습니다. 그 이유는 [앞머리]의 [머리카락]은 고개 돌아가는 정도에 맞춰서 세밀한 조정을 해야 하는 반면, [머릿통]과 [귀의 명암]은 테두리 쪽은 사용하지 않고, 해당 파츠들과 같이 움직인다는 것에 의의를 두기 때문입니다. [귀]는 왼쪽으로 이동했는데 [귀]에서 파생되는 명암은 그것을 따라가지 않으면 이상해보이겠지요!

14 12번 단계와 같은 방식으로 재킷의 요소만 포함해서 [워프 디포머]를 생성하고 명암 아트메쉬를 드래그하여 워프 디포머에 포함해 줍니다.

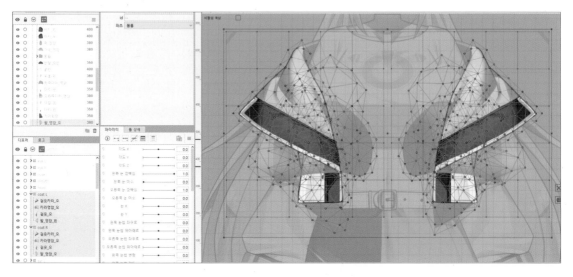

15 [가슴]과 [팔]의 파츠도 [워프 디포머]를 생성해 줍니다.

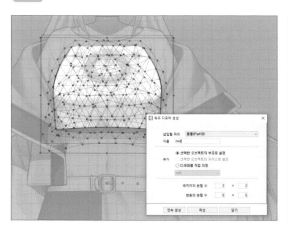
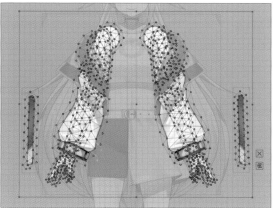

16 생성된 [줄], [팔], [코트]의 [워프 디포머]를 새로운 [워프 디포머]안에 포함해서 오른 팔의 요소를 하나로 정리해 줍니다.

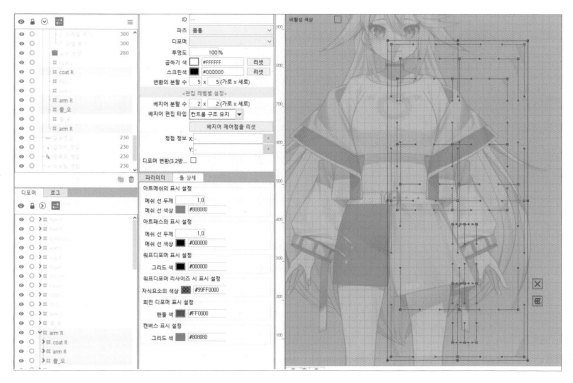

17 [뒷머리]까지 [워프 디포머]를 생성하면 이렇게 [워프 디포머]만 보이는 상태일 것입니다. 이전 보다는 많이 정리되었지만, 더 큰 범위에서 폴더링을 진행할 예정입니다.

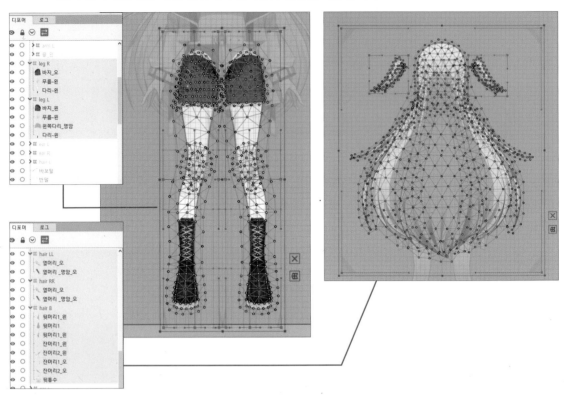

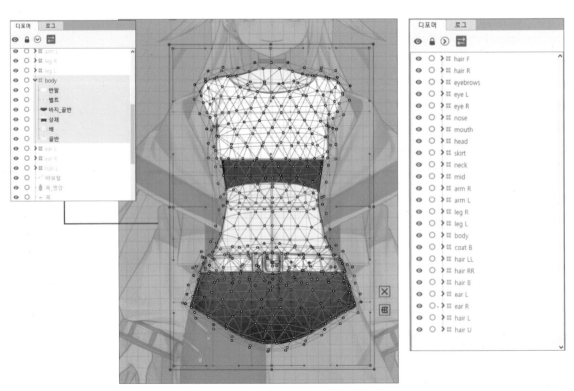

18 [안면] 구성 요소에 대한 모든 [워프 디포머]를 선택하고 [face] 하나의 [워프 디포머]로 생성해 줍니다.

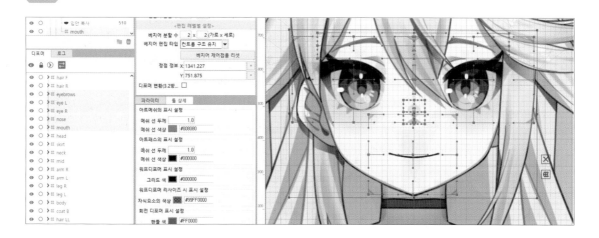

19 [머리]에 대한 모든 구성 요소를 선택하고 [워프 디포머]를 생성합니다. 이름은 [head all]로 정해 줍시다.

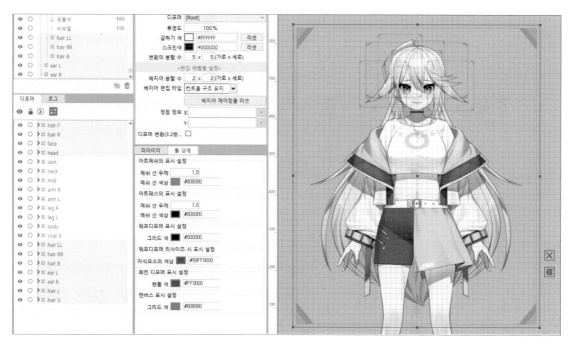

20 [몸]에 대한 모든 구성 요소를 선택하고 [워프 디포머]를 생성합니다. 이름은 [body2]로 정해줍시다.

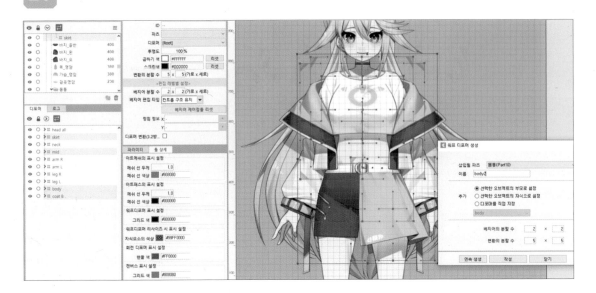

21 위와 같이 [머리], [목], [몸통], [팔], [다리] 로 분할이 되었다면 폴더링 단계도 끝입니다! 마지막으로 [워프 디포머]가 중앙에 위치하고 있는지 한 번 더 검토해 주세요.

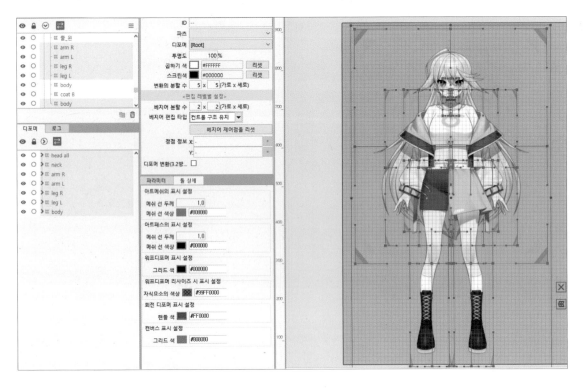

22 여기까지가 밑작업의 끝입니다! 다소 정적인 작업이라 지루함을 느끼셨을 분들도 계실 것 같습니다. 다음 차수 부터는 본격적인 모델링 리깅을 배워볼 것입니다. 앞의 내용이 잘 적용이 되어있어야 앞으로 진행할 과정들이 수월하니 꼭 숙지하시고 가시길 바랍니다.

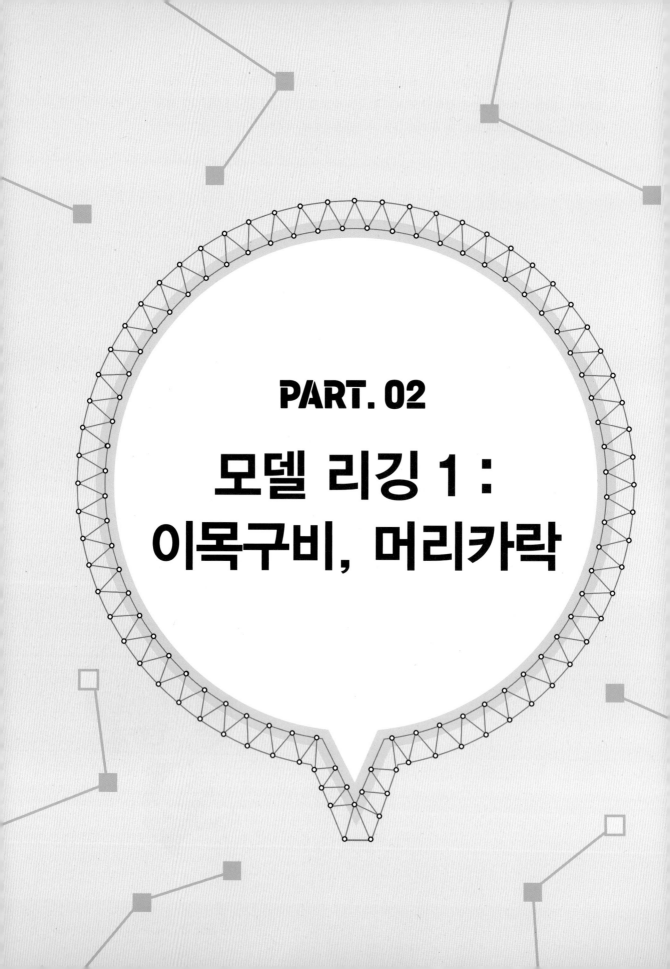

PART. 02

모델 리깅 1 :
이목구비, 머리카락

Chapter 01

이목구비

1.준비하기

01 눈 깜빡임을 진행하기에 앞서 리깅 원리에 대해서 부터 설명드리고자 합니다. Live2D Cubism Editor 프로그램은 [파라미터] 라는 개념을 활용해 A와 B의 지점을 지정하고 그 중간 단계를 그라데이션으로 만들어 재생해 줍니다

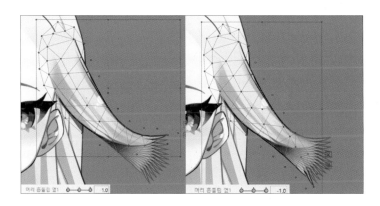

02 해당 이미지는 [파라미터 팔레트] 입니다. 이미지를 보면 길다란 줄에 동그란 점이 있는 것을 확인해 볼 수 있습니다.

03 자동적으로 생성되어 있는 파라미터들은 우클릭하여 [파라미터 편집]을 클릭했을 때 각자 고유의 ID값을 보유하고 있는 것을 확인할 수 있습니다.

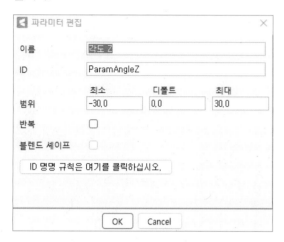

TIP
해당 ID값은 프로그램 상에서 이후에 배우게 될 [물리연산] 창이나 [Vtube studio]창에서 사용되므로 되도록이면 기본적으로 생성되어 있는 파라미터의 용도에 맞게 사용하는 것을 권장드립니다.

04 파라미터에는 상단의 [3키 추가]아이콘을 클릭하거나, 파라미터 수치를 클릭하여 점 추가 아이콘을 통해 추가할 수 있습니다.

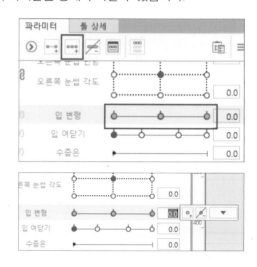

05 [머리 흔들림 옆] 파라미터의 [-1.0], [0.0], [+1.0] 구간에 3키를 추가했습니다. 각 키 구간마다 아트메쉬의 형태를 저장해서 만들고자 하는 용도에 맞춰서 사용하면 됩니다.

그림처럼 -1 구간은 [머리카락의 끝부분]을 왼쪽으로 흔들리게, 1구간은 오른쪽으로 흔들리게 제작하면 머리카락 흔들리는 모션을 제작할 수 있습니다. 이렇게 제작한 파라미터는 향후에 [물리 연산]을 설명드릴 때 자세하게 설명하도록 하겠습니다.

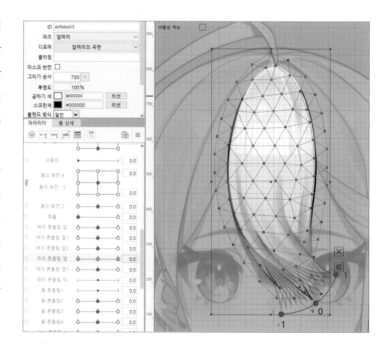

2. 눈 깜빡임

01 파라미터를 활용해서 [눈 깜빡임]부터 제작해 보도록 하겠습니다

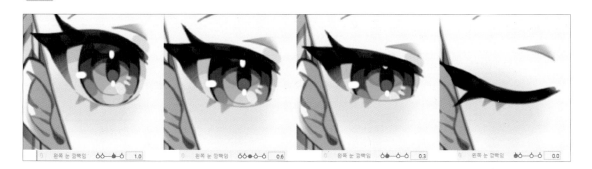

02 상단에 메뉴 바에서 [변형 패스 툴 (P)]을 클릭해 줍니다. [변형 패스 툴]은 아트메쉬 위에 선을 그어 아트 메쉬를 유동적으로 변경시켜 선 주위에

있는 정점을 컨트롤 할 수 있게 해주는 툴입니다. [변형 패스 툴]을 이용하면 정점을 일일이 컨트롤해주지 않아도 됩니다.

03 오른쪽 그림과 같이 점을 찍어주세요. [변형 패스]는 점 주위의 정점을 컨트롤해주는 툴입니다. 보다 세밀한 조절을 하려면 [변형 패스]도 간격을 일정하되 짧게 제작을 해주셔야 합니다.

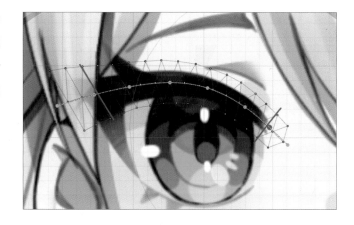

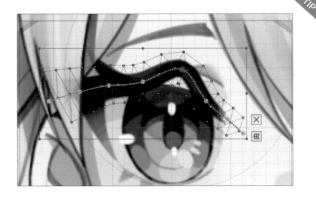

변형시키려는 요소의 처음 지점과 끝 지점을 동시에 선택하고 있어야 깔끔하게 변형시킬 수 있습니다.

패스를 전부 이어주고 점을 선택해 움직여보면 근처 정점은 전부 영향을 받아 움직이는 것을 확인해 볼 수 있습니다.

04 그림처럼 [눈] 관련 아트메쉬 전부 [변형 패스]를 진행해 주시면 됩니다.

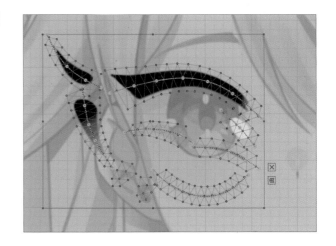

05 진행을 다 했다면 [눈] 관련 아트메쉬를 전부 선택해서 [오른쪽 눈 깜박임] 파라미터에 1.0지점과 0.3지점에 포인트를 추가해 주세요.

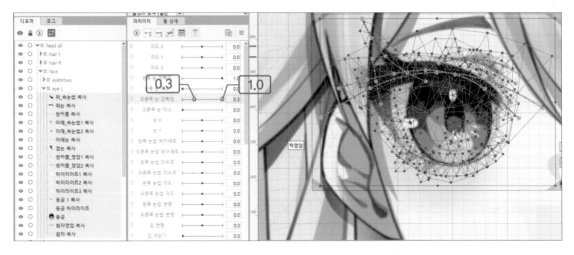

TIP

캐릭터의 왼눈은 반전된 형태이기 때문에 '오른쪽 눈 깜빡임' 파라미터에 등록해야 정상적인 트래킹이 가능합니다.

06 파라미터를 우클릭하여 [파라미터 편집]을 선택합니다. [최대 범위]를 '1.0'에서 '1.5'로 변경하고 키 포인트를 생성해 주세요.

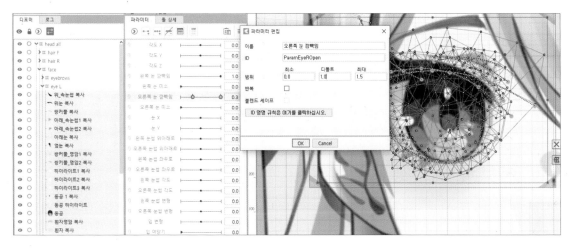

07 1.5(오른쪽)키는 위와 같이 크게 뜬 눈으로 이미 생성해둔 변형 패스 툴을 활용해 늘려주시고, 0.3(왼쪽)키는 왼쪽 이미지와 같이 지그시 뜬 눈으로 제작해 주세요.

△ 0.3 △ 1.0 △ 1.5

08 1.0과 1.5의 사이즈 차이는 위와 같이 상하를 늘려서 크게 뜬 눈처럼 제작을 해주시면 됩니다.

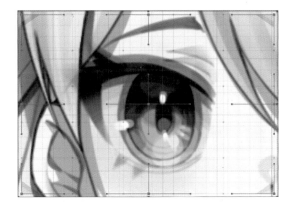

꼭 알고 가자!

오른쪽 이미지처럼 파라미터의 포인트별 잔상을 남겨 확인하는 방법은 중앙 하단에 스냅샷(Ctrl + 5)를 선택해 주시면 됩니다.

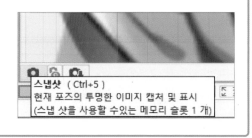

스냅샷 (Ctrl+5)
현재 포즈의 투명한 이미지 캡처 및 표시
(스냅 샷을 사용할 수있는 메모리 슬롯 1 개)

09 0.3, 1.0, 1.5 키의 작업이 마무리되었다면 [오른쪽 눈 깜빡임] 파라미터의 0.0 키와 [오른쪽 눈 미소] 파라미터의 0.0과 1.0에 키를 추가해 줍니다.

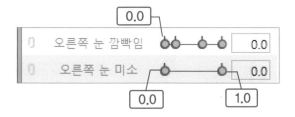

10 [감는 눈]을 표현할 때는 [속눈썹]은 상하 반전이 되게끔 진행해 줍니다.

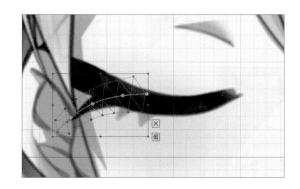

11 [흰자]의 경우 [눈 안]에 들어가는 모든 아트 메쉬가 클리핑되어 있으므로 [윗 눈썹] 뒤로 모든 영역을 가려주어야 합니다. [흰자]를 먼저 선택해 주세요.

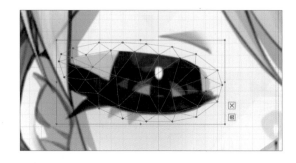

12 [눈썹]에 작업했던 것과 동일하게 [변형 패스 툴]로 라인을 그어줍니다.

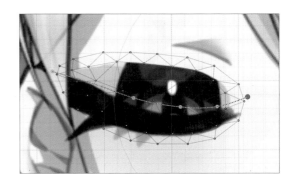

13 세로로 눌러서 납작하게 만들어주신 다음에 [변형 패스]를 활용해서 눈썹 밑쪽에 맞닿게 배치를 해줍니다.

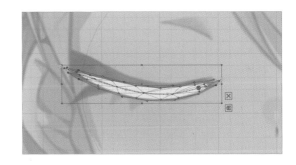

TIP

눈썹 밑쪽에 붙여서 작업하는 이유는 실눈을 뜨는 상태에서도 흰자가 보여져야 하기 때문입니다.

14 [동공]과 관련된 아트메쉬는 눈 깜빡이는 정도에 맞게 눈이 감길수록 아래로 내려가게끔 [눈 깜빡임] 파라미터에 배치를 해줍니다.

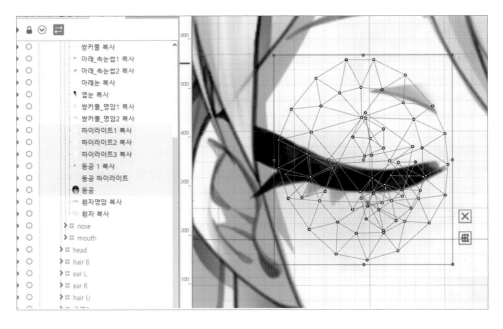

15 [미소] 파라미터는 0.0 포인트와 1.0 포인트의 2가지 버전으로 나뉘게 됩니다. 0.0 포인트는 감는 눈을 표현해 주시고, 1.0은 웃는 눈을 제작해 주시면 됩니다.

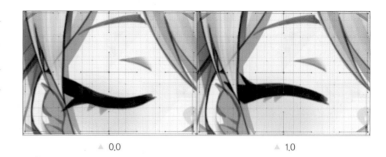

▲ 0.0   ▲ 1.0

3. 동공 움직임

01 [동공]과 관련된 아트메쉬를 전부 선택해서 하나의 [워프 디포머]를 생성해 줍니다.

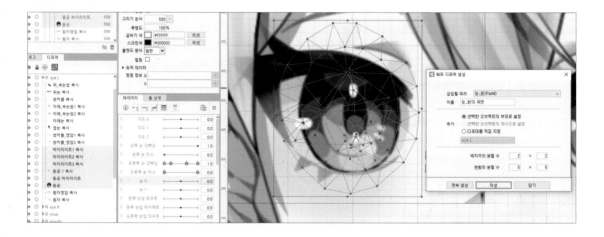

02 동공 워프 디포머 변환의 분할 수의 갯수도 늘려주세요.

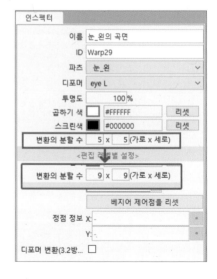

꼭 알고 가자!

변환의 갯수를 늘리는 이유는 이후에도 많이 설명으로 나오겠지만 워프 디포머의 변환 갯수는 상하위 디포머의 관계에서 밀접한 영향을 끼칩니다.

상위 디포머의 변환 갯수가 많아도 하위 디포머의 변환 갯수가 적으면 제대로된 영향을 받지 않습니다. 그 이유는 변환의 네모난 영역들이 폴리곤의 영역과 동일한 개념을 갖고 있기 때문인데 상위 디포머 가 세밀하게 변형을 가한다 한들 하위 디포머의 변환의 갯수가 적어 제대로된 변형이 일어날 수 없습니다. 이는 모든 디포머가 변환 갯수가 많아도 아트메쉬의 폴리곤 갯수가 적으면 제대로된 변형이 일어날 수 없습니다.

03 [동공 워프 디포머]를 선택해서 [눈 x], [눈 y] 파라미터에 3키 추가해 주세요.

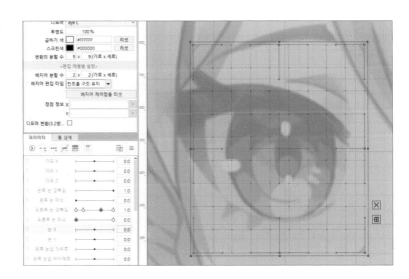

04 [눈 x]파라미터 [-1 포인트]에 왼쪽을 바라보는 움직임을 만들어 봅시다. 특정 방향으로 이동하는 것을 제작할 때에는 그리드 표시를 해주신 다음에 특정 정점을 기준으로 2칸에서 3칸을 이동해 줍니다. 이동하는 기준은 캐릭터의 눈크기마다 차이가 있기 때문에 적당하게 이동해 주시면 됩니다.

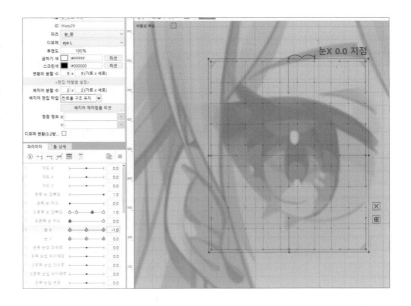

05   그렇게 [-1.0 포인트]를 선택한 상태에서 [움직임 반전]을 선택해 줍니다.

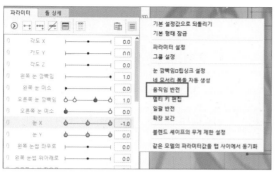
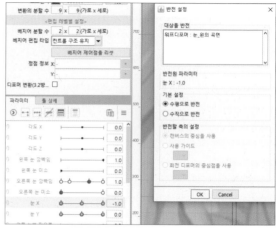

06   [눈 x]파라미터 [1.0 포인트]도 왼쪽으로 이동한 수치만큼 반전됩니다.

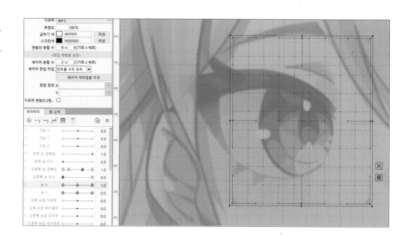

07   동공의 상하 움직임은 [눈Y] 파라미터에 3키를 추가하여 적용합니다. [눈Y -1.0 포인트]에 동공을 아래로 움직이는 동작을 적용합니다. 좌우 움직임과 동일하게 상하 움직임에서도 정점을 기준으로 2~3칸을 이동해 줍니다.

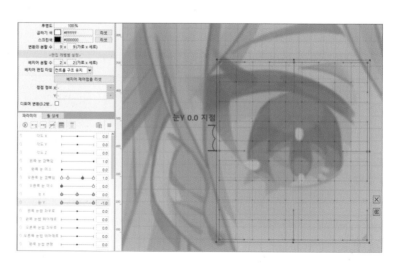

> TIP
> 움직임의 규격을 정하는 이유는 좌우 반전을 사용하지 못하는 상황도 있기 때문입니다.

08 [눈Y -1 포인트]를 제작하셨으면 동일한 칸 만큼 [1.0 포인트] 지점 도 이동해 줍니다. [움직임 반전]을 통해 [상하 반전]을 사용하셔 도 됩니다.

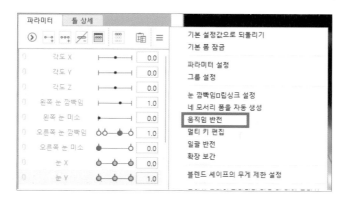

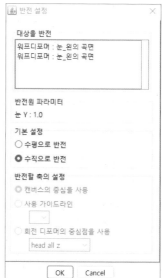

09 파라미터 팔레트의 왼쪽에 있는 아이콘을 클릭하 면 클릭한 파라미터의 하단 파라미터와 링크가 걸 리게 됩니다. 링크를 사용하면 2개의 파라미터의 [-1.0], [-0], [- 1.0] 지점들이 모여 총 9개의 포인트가 생기게 됩니다.

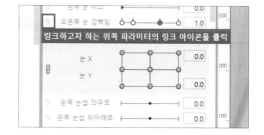

10 생성된 링크 파라미터의 대각선 포인트를 선택해 보면 [동공]이 안 움직이는 것을 확인했을 텐데 저희 는 지금 [-1,0 / 1,0 / 0,-1 / 0,1] 이렇게 4가지 포인트만 제작을 하고 -1,-1/ 1,1 와 같이 혼합된 포인트는 제작하지 않았기에 그렇습니다. 이러한 대각선 포인트를 쉽게 제작하는 방법을 알아봅시다.

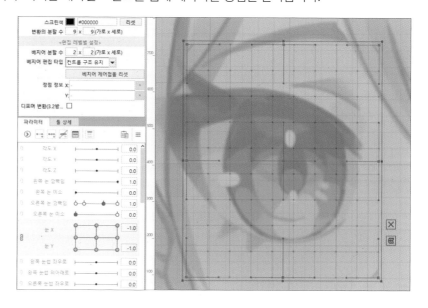

[네 모서리 폼을 자동 생성]을 클릭해 줍니다.

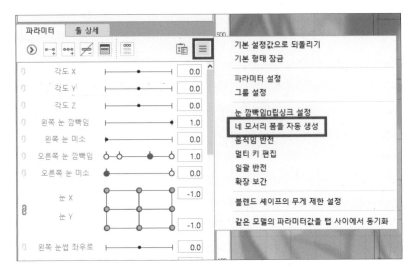

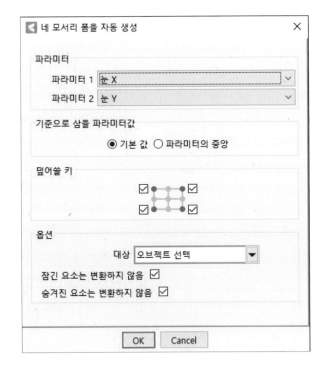 [네 모서리 폼을 자동 생성] 창이 생성됩니다. [파라미터] 부분에서 [파라미터 1], [파라미터 2]에서 선택된 파라미터의 대각선 포인트도 자동 생성을 해주게 됩니다. [눈X], [눈Y]로 선택되었다면 OK를 클릭해 주세요.

13 네 모서리를 자동 생성하게 되면 눈동자는 흰자 안에서 네모난 움직임을 보여주게 됩니다. 하지만 눈이란 것은 둥근 구체로 형성되어 있기 때문에 눈동자의 움직임도 원형을 이루게 제작해야 합니다. 네 모서리 포인트에서 0,0 포인트 지점을 향해 원형 느낌의 움직임이 날 수 있도록 이동해 줍니다.

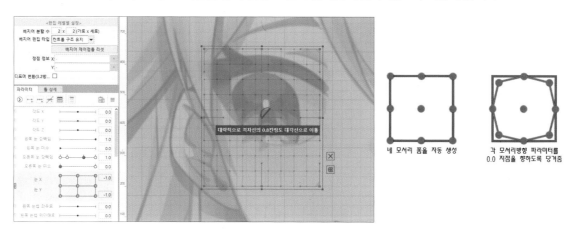

14 이동해서 대략적인 팔각형의 움직임이 보인다면 [확장 보간]을 선택해 주세요.

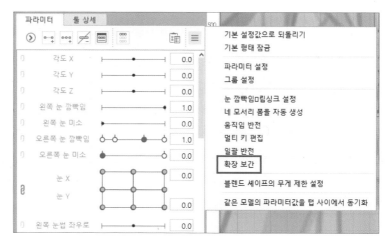

각 모서리방향 파라미터를
0.0 지점을 향하도록 당겨줌

확장보간을 통해
타원형 움직임을 구현

[확장 보간]이란 파라미터의 A포인트에서 B포인트로 이동할 때에 중간 단계를 매끄럽게 이어주기 위해서 임시 포인트를 생성해주는 기능입니다.

15 [확장 보간] 팝업 창에서는 보간 방식을 [타원 보간]으로 변경해 주시고 [점의 개수]는 [3]정도로 낮춰주세요.

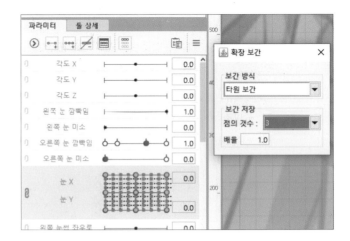

TIP

[확장 보간]은 임시로 수많은 포인트를 생성하기 때문에 간혹 컴퓨터 사양이 안 좋으신 분들은 모델에서 확장 보간이 많이 사용되었을 경우 버벅임 증상이 생길 수 있습니다.

16 눈동자 움직임의 8방면에 대해서 제작이 되었다면 그 상태에서 마무리 지으셔도 되지만 보다 좋은 퀄리티를 생각한다면 눈알의 둥근 느낌을 표현하고자 볼록 형태로 변형을 가해 줍니다.

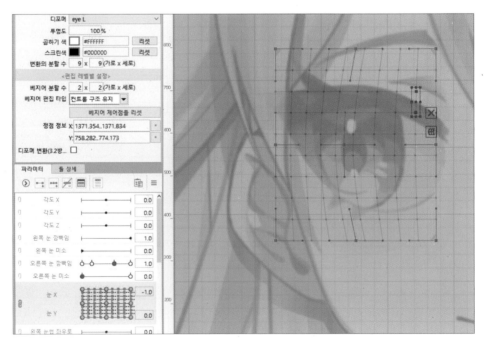

TIP

동공은 둥근 형태로 제작하되, 홍채는 안쪽으로 들어간 듯한 느낌으로 진행해 주시면 더욱 생동감이 있게 됩니다.

17 [왼쪽 눈 깜빡임] 및 [미소] 파라미터, [눈 XY 움직임]을 마저 제작해주셨다면 왼눈과 관련된 모든 아트메쉬와 워프 디포머를 선택해서 Ctrl + C, Ctrl + V 해 줍니다. 복사된 왼눈의 최상위 워프 디포머를 선택해서 [회전 디포머]를 생성해 줍니다.

[회전 디포머]는 [워프 디포머 생성]의 왼쪽 아이콘입니다.

18 생성한 [회전 디포머]는 [얼굴]의 정 가운데에 배치해 줍니다. 정 가운데는 가이드 표시의 굵은 선을 기준으로 맞추시면 됩니다.

19 정 가운데에 [회전 디포머]를 맞추고, 우클릭 해서 [반전]을 클릭해 줍니다.

20 [반전]을 선택하였으면 [오른쪽 눈] 위치에 [왼쪽 눈]이 동일하게 이동된 것을 확인할 수 있습니다.

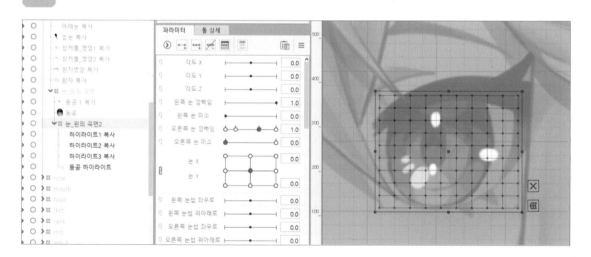

꼭 알고 가자!

눈을 좌우반전해서 사용할 때 주의할 것은 [눈의 하이라이트]가 반전되어 전달되기 때문에 원래의 형태와는 다르게 생기게 될 수 있습니다. 그럴 때에는 따로 [눈의 하이라이트]만 선택해서 원래의 [오른쪽 눈의 하이라이트] 영역에 맞게 이동해 줍니다.

이동할 때에는 [회전 디포머]의 투명도를 낮추면 원래 [오른쪽 눈의 하이라이트] 위치가 보여지게 되니 이를 활용해서 진행해 주시면 됩니다.

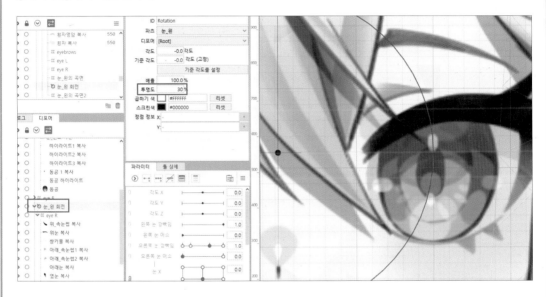

따로 하이라이트 관련 아트메쉬만 선택한 상태에서 워프 디포머를 생성해주고 우클릭해서 [반전]을 클릭해 줍니다.

그렇게 반전된 하이라이트는 원래의 위치에 맞게 이동시켜 줍니다.

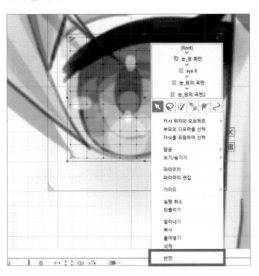

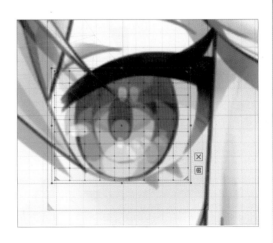

▲ 제대로 하이라이트가 적용되었다.

21 반전된 [왼쪽 눈]을 [오른쪽 눈]과 동일하게 맞추셨으면 반전한 [왼쪽 눈]의 모든 아트메쉬, 워프 디포머를 선택해서 [오른쪽 눈 깜빡임 및 미소]를 [변경]해서 [왼쪽 눈 깜빡임 및 미소] 파라미터로 이동시켜 줍니다.

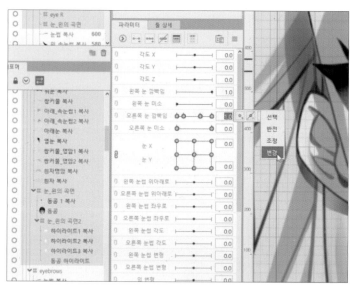

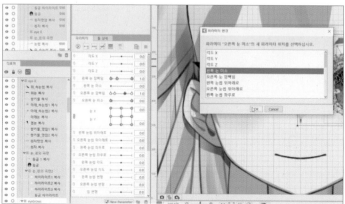

22 [눈 X]의 움직임도 좌우 반
전을 진행해 줍니다.

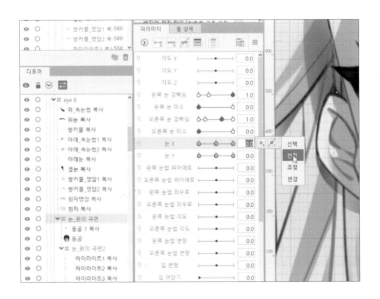

23 오른쪽 그림과 같이 [눈] 관
련 파라미터 제작은 마무리
가 되었습니다.

▲ 눈썹 변형은 다음 장에서 배워보자.

4. 눈썹 변형 및 각도

01 [왼쪽 눈썹]을 선택해서 [오른쪽 눈썹 변형]파라미터에 3키 추가해 주세요. [눈썹 변형] 파라미터는 [눈썹]이 내려와서 인상을 찡그리는 표정이나, [눈썹]을 올려서 놀란 표정을 만들 때에 사용됩니다. [속눈썹]을 진행했을 때와 같이 변형 패스 라인을 그어주세요.

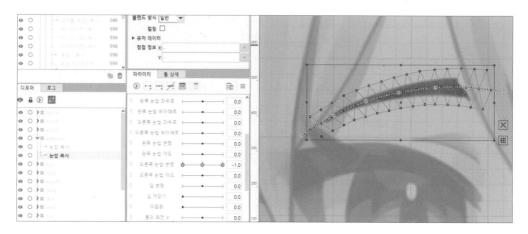

02 [눈썹]은 왼쪽부터 -1.0 , 0.0, 1.0 지점에 위와 같이 찡그리거나 놀란 [눈썹]으로 제작해 주세요.

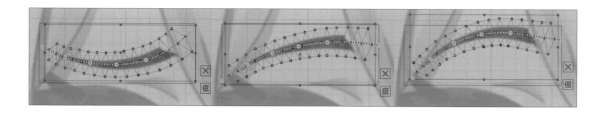

03 [변형] 파라미터의 제작이 완료되었다면 새로운 워프 디포머를 생성해서 [각도] 파라미터에 3키 추가해 줍니다.

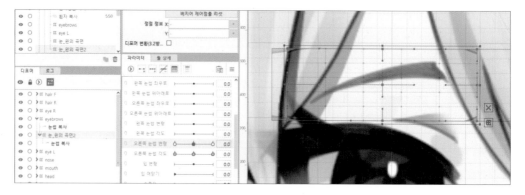

04 [각도] 파라미터를 제작할 때에는 [눈x] 파라미터에서 일정 지점 움직이는 방식을 활용해 줍니다. 이미지에서는 정점을 기준으로 2.5칸 위로 이동했습니다.

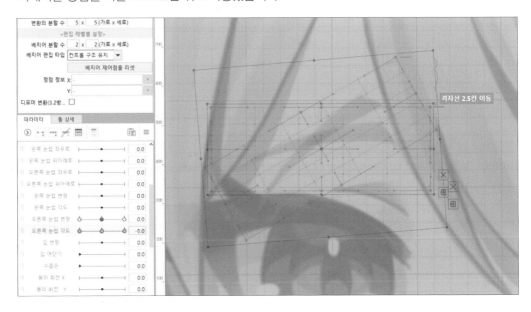

05 왼쪽부터 -1.0 , 0.0, 1.0 포인트에 맞게 동일한 각도로 기울여주시면 됩니다. [각도] 파라미터는 상시적으로는 쓰이지 않고 이후 단축키 등록하는 작업을 할 때에 특정 눈썹 모양(분노, 슬픔)을 제작하는데 사용됩니다.

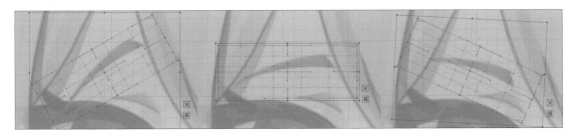

06 [각도] 파라미터에서 사용했던 워프 디포머에 상위 디포머를 하나 생성해서 [눈썹 좌우, 상하] 파라미터에 3키 추가해 줍니다. [좌우,상하] 파라미터는 가이드 표시 기준 1칸 정도씩 소폭 이동해 주시면 됩니다.

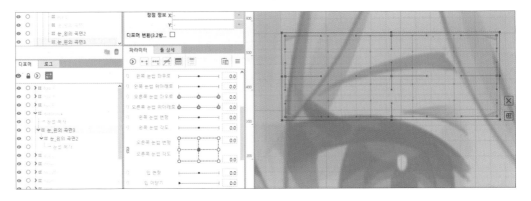

TIP

[상하] 파라미터는 [변형] 파라미터와 동일하게 눈썹을 내리거나 올리는 행위에 같이 움직이기 때문에 큰 폭으로 움직임을 주면 안 됩니다.

TIP

[좌우] 파라미터는 상시적으로 사용되는 파라미터는 아니나 상황에 따라 단축키 등록에서 사용될 수 있기에 제작을 해주는 것입니다.

07 4 포인트를 전부 제작해주셨으면 [좌우, 상하] 파라미터를 선택해서 [네 모서리 폼을 자동 생성]을 선택해 줍니다.

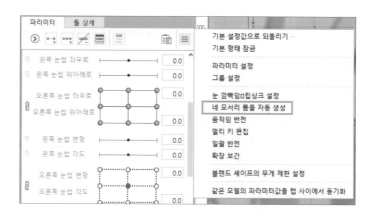

08 그렇게 제작된 [왼쪽 눈썹]은 [왼쪽 눈]과 동일하게 회전 디포머를 생성해서 [반전]을 진행해 줍니다.

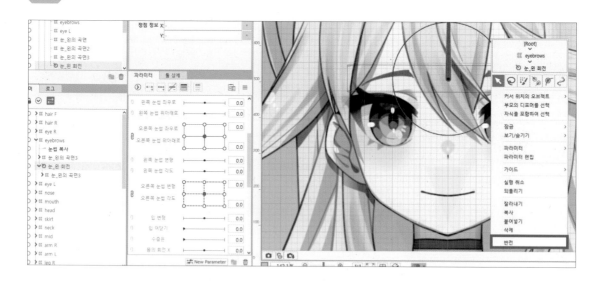

09 [반전]까지 진행하셨으면 [왼쪽] 관련 파라미터로 [변경]해 줍니다.

10 [눈썹] 파라미터 설명도 마무리가 되었습니다.

5. 입 여닫기 및 변형

01 [입 여닫기]를 진행하기에 앞서 모든 아트메쉬에 [변형 패스 툴]을 사용해 줍니다.

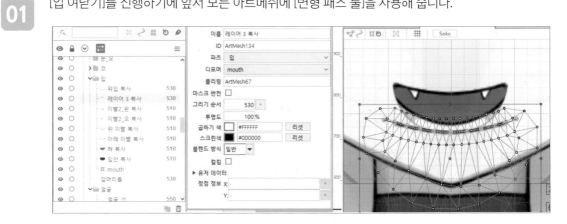

02 [입]은 다른 요소보다 세밀하게 움직여야 하는 부위이므로 [변형 패스]는 [입꼬리]에도 생성해 주세요.

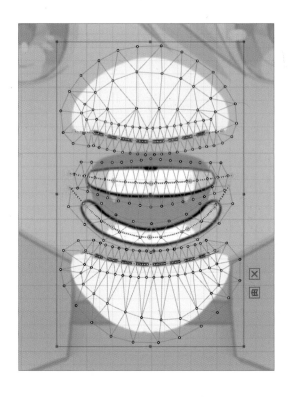

03 [입] 관련 아트메쉬를 전부 선택하신 다음에 [입 변형] 파라미터에 3키 추가해 주세요.

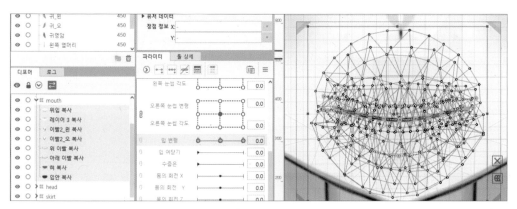

04 입 변형은 0.0을 기준으로 -1.0 지점은 짧고 슬프게, 1.0 지점은 길고 기쁘게 제작해주시면 됩니다.

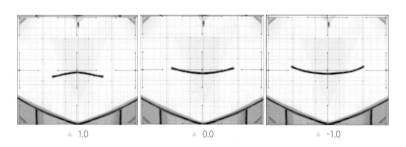

▲ 1.0   ▲ 0.0   ▲ -1.0

05   [입 변형]의 3키 제작이 완료되셨으면 [입 여닫기]에 2키 추가해 주세요. 0.0 포인트는 닫은 상태이고, 1.0 포인트는 입을 벌리는 상태로 제작해주시면 됩니다.

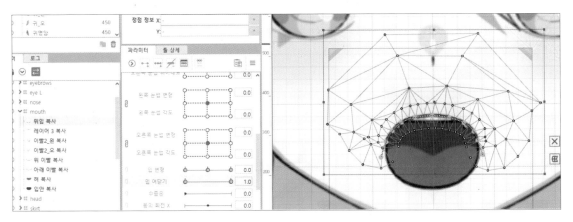

06   [입 변형] 0.0, [입 여닫기] 1.0 지점에서 동그란 벌린 입을 제작하셨다면, 입 변형의 -, + 지점의 [입 여닫기] 1.0 지점도 제작해 줍니다.

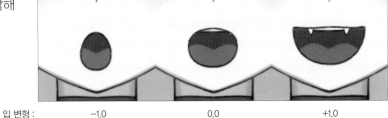

▲ 입 여닫기 : 1.0   입 변형 :   −1.0   0.0   +1.0

07   [입 변형] [입 여닫기] 1.0이 제작 완료되었다면 [입 여닫기]의 0.3 지점에도 키 포인트를 추가해서 '오', '우', '이' 의 입모양을 추가로 제작해 줍니다.

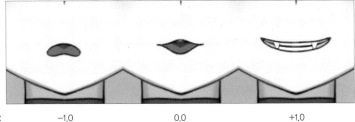

▲ 입 여닫기 : 0.3   입 변형 :   −1.0   0.0   +1.0

08   다음은 [입 여닫기] 0.7 포인트의 입모양입니다. 0.7은 별도의 입모양을 제작한다기 보다 0.3과 1.0의 중간 과정 속에 입꼬리 부분의 선마감이 매끄럽지 않은 부분을 정리하는 개념으로 잡아가시면 될 것 같습니다.

▲ 입 여닫기 : 0.7   입 변형 :   −1.0   0.0   +1.0

09 [입 변형] 및 [입 여닫기]의 움직임을 정리해보면 다음 이미지처럼 제작해 주시면 됩니다.

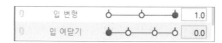

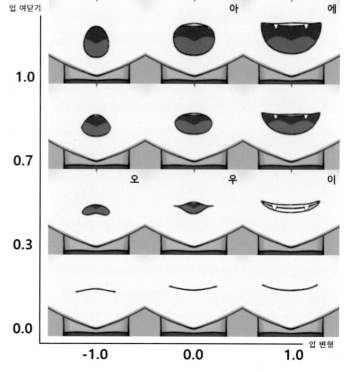

10 다음은 [입]의 움직임에 따라 하악이 같이 연동되어 움직일 수 있도록 적용해 보겠습니다. 우선 [얼굴_면] 아트메쉬만 선택한 상태에서 워프 디포머를 생성해 주세요.

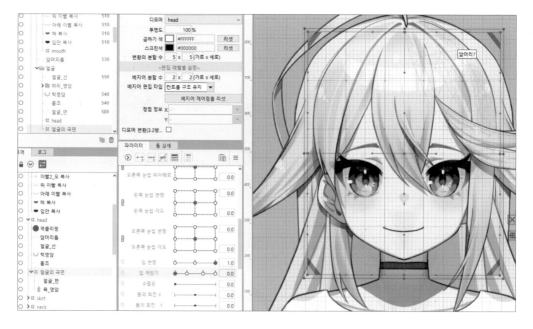

11 변환의 갯수는 30×30, 베지어 분할 수는 4×6으로 굉장히 세밀하게 생성해주고 해당 워프 디포머에 기존 [머리] 관련 아트메쉬를 전부 이동시켜 줍니다.

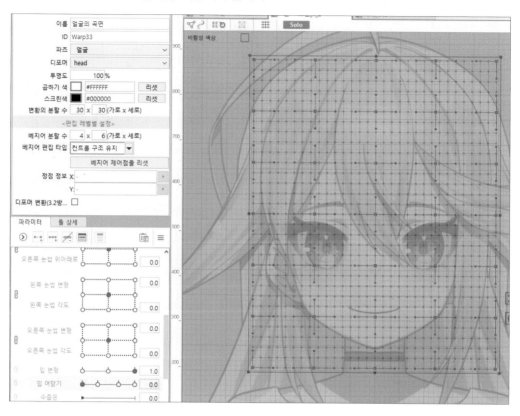

12 [입 변형] 파라미터에 3키를 추가해 주세요. [1.0 지점]에서는 미소를 지음으로써 볼살이 밀려 옆으로 조금 튀어나오게끔 진행해 주세요.

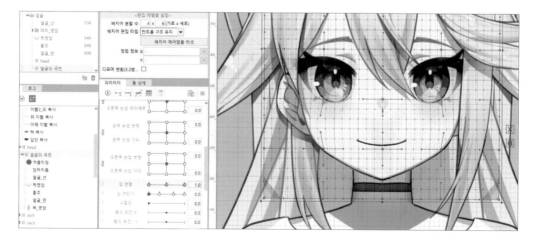

13 [-1.0 지점]에는 입꼬리를 안쪽으로 모음으로써 볼살이 조금 더 안쪽으로 들어가게끔 진행해 주시면 됩니다.

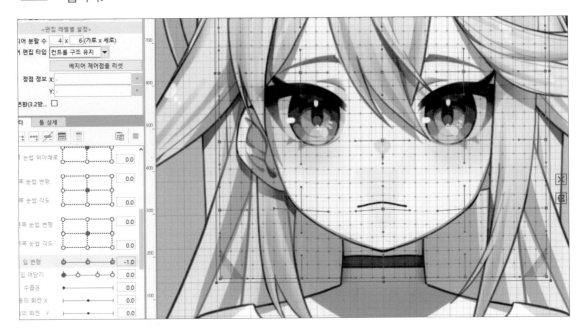

14 [입 변형]의 3키를 완료하셨으면 [입 여닫기]의 2키를 추가해 주세요. [입 여닫기]는 입이 열릴 때 턱이 같이 내려가게끔 하악을 아래로 내려주세요.

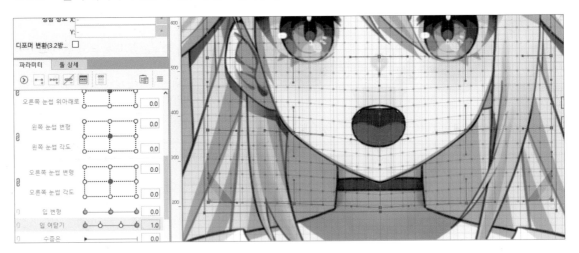

TIP

하관을 내릴 때 턱의 한쪽이 낮거나 높으면 턱이 비대칭으로 보입니다. 그래서 6개의 베지어를 동일하게 내려주어야 합니다.

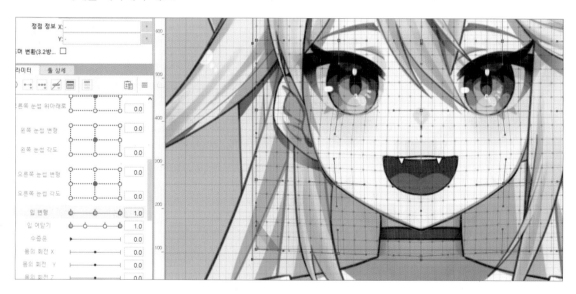

15 그림과 같은 방법으로 [입 변형] 1.0, [입여닫기] 1.0 구간에서는 턱이 내려가는 만큼 볼살은 조금 적어지게끔 제작해 주세요.

16 [입 변형] 1.0, [입여닫기] 1.0 구간에서는 하관을 수직으로만 내리기보다 좌우로도 아주 조금씩 늘려 주는 것이 더 자연스럽습니다.

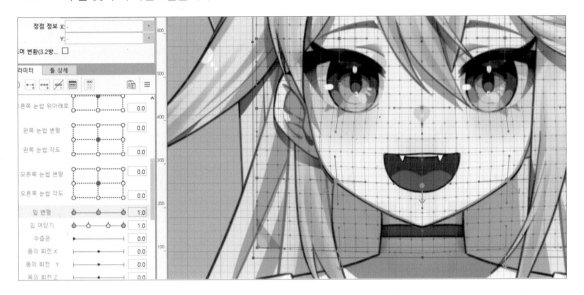

17 [입 변형] -1.0, [입 여닫기] 1.0 구간에서는 안쪽으로 모여지게끔 제작해 주세요. 입 움직임에 따른 하악 움직임이 완성되었습니다.

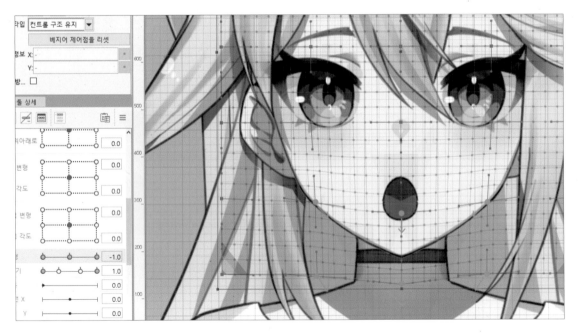

6. 코 움직임

01 마지막으로 [입]의 움직임에 따른 [코] 움직임을 제작하겠습니다.

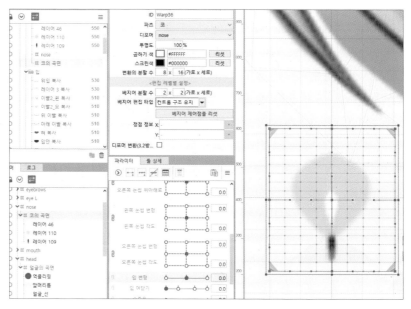

02 [코]도 모든 아트메쉬를 선택해서 원래의 [nose] 디포머보다 하위 디포머를 하나 생성해 줍니다. 그리고 변환의 분할 수를 조절해 주는데 기준점은 일러스트마다 다르겠지만 위쪽과 아래쪽으로 나뉘는 구간을 중점으로 맞추시면 좋습니다. 진행하고 있는 모델에서는 위, 아래는 파란색 선을 기준으로 콧등과 코아래 부분을 구분지어 두었습니다.

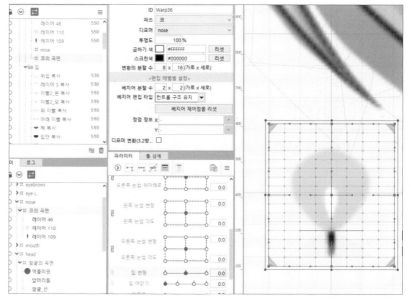

03 코 디포머는 [입 변형] 파라미터가 아닌 [입 여닫기] 파라미터부터 진행합니다. 먼저 아래쪽의 영역을
위쪽으로 줄입니다.

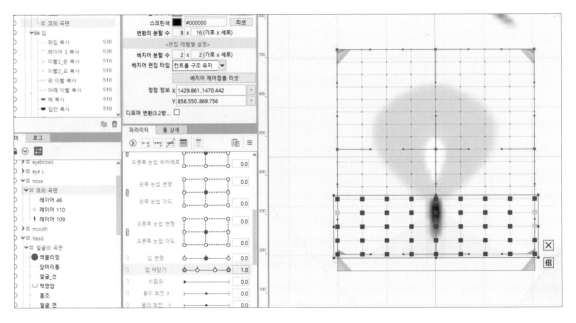

04 위쪽의 영역을 위로 늘려주세요. 여닫기 [1.0]포인트의 제작이 완료되었다면 [입 변형] 파라미터에도
3키를 추가해 주세요.

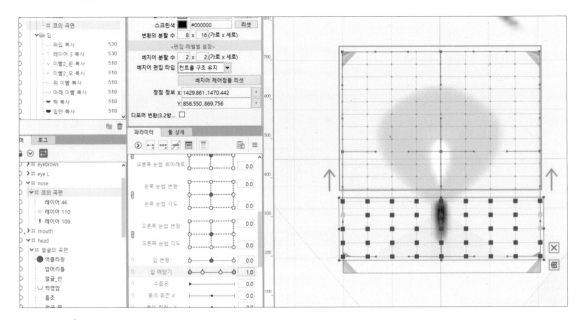

05 [입 변형]별 [입 여닫기] 1.0 포인트는 다음과 같이 제작해 주세요. 왼쪽부터 [-1.0, 0.0, 1.0] 포인트인데 -1.0구간은 입모양이 '오'를 담당하고 있기에 더욱 입이 올라가 코가 0.0 포인트보다 올라가 있으며, [입 변형] 1.0 구간은 '이'를 담당하고 있기에 좀 더 아래로 내려주시면 됩니다.

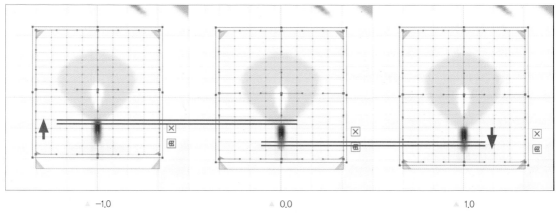

△ -1.0   △ 0.0   △ 1.0

△ 0.0을 기준으로 -1.0은 위로, 1.0은 아래로 조금만 내려주면 됩니다.

06 [입 여닫기], [입 변형], [코 움직임]은 완성입니다.

Chapter 02

머리카락 흔들림

1. 머리카락 움직임 준비

01 머리카락 흔들림을 제작하기에 앞서 이전에 큰 틀로 묶어뒀던 워프 디포머를 보다 세밀하게 섹션별로 나누는 작업을 진행해 줍니다. 먼저 앞머리카락부터 진행하겠습니다.

02 [앞 머리카락]은 총 4개의 레이어로 구분지을 수 있습니다. [앞 머리카락] 레이어의 구분은 모델마다 다르므로 흔들림을 적용할 가닥을 잘 잡아서 개별 워프 디포머로 나누는 작업을 해주면 됩니다.

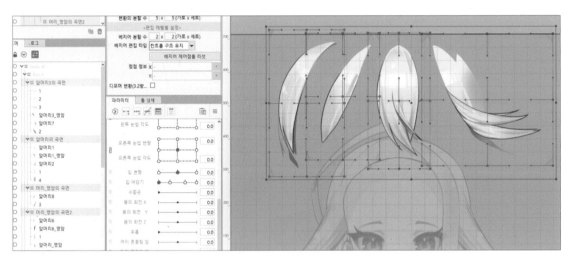

03 뒷머리 또한 섹션별로 나눠서 다음과 같이 영역을 나눠주세요

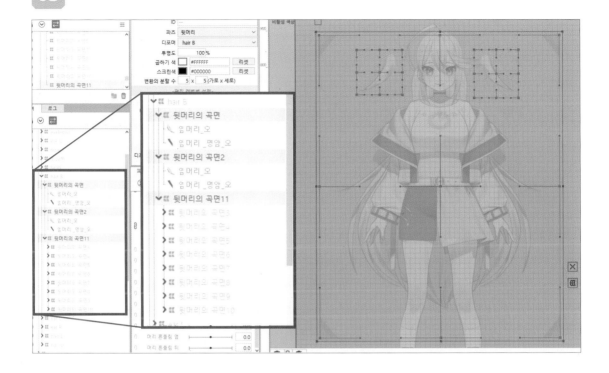

04 [머리카락의 흔들림]은 길이감에 따라 다르지만 상단, 중단, 하단의 단계적인 흔들림으로 제작하게 됩니다. 세밀한 단계를 적용하기 위해 머리카락 흔들림에 사용될 파라미터를 더욱 늘려줍니다.

[머리 흔들림 앞] 파라미터에 우클릭해서 [매개변수 복제]를 클릭합니다. 굳이 [머리 흔들림 앞]파라미터여야 할 이유는 없으며 파라미터의 길이가 동일한 파라미터의 다수만 있으면 괜찮습니다.

2. 앞 머리카락: 가운데

01 먼저 [가운데 머리카락]부터 진행하겠습니다. [가운데 머리카락]의 아트메쉬를 전부 포함하고 있는 워프 디포머를 선택해 주세요. 그리고 그 위에 새로운 워프 디포머를 3개가 될 때까지 생성해 주세요.

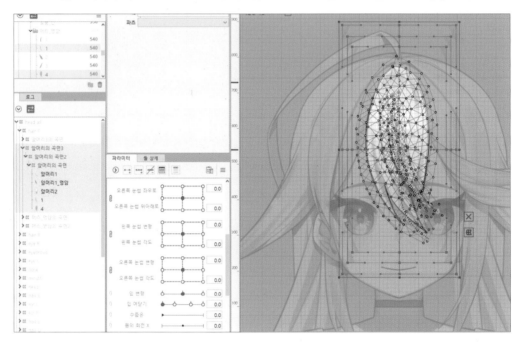

숙련자 팁!

워프 디포머를 반복해서 생성하면 해당 워프 디포머를 포함하기 위해 더욱 큰 워프 디포머가 생성됩니다. 이렇게 반복해서 사용하면 아트메쉬의 크기보다 많이 커지게 되어 세밀한 조정이 어려워집니다.

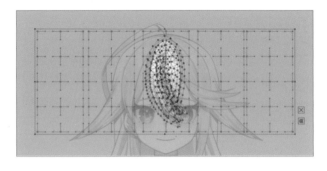

그럴 때에는 섹션을 나눌 때 첫 디포머를 생성했던 방법과 동일하게 아트메쉬를 전부 선택해서 워프 디포머 생성 하는 방법을 반복하시면 됩니다. 위 설명내용은 계속 상위 디포머를 쌓는 것과 반면, 숙련자 팁은 하위 디포머를 계속 쌓아가는 방식이라고 생각하시면 될 것 같습니다.

* 위 이미지는 이해를 위한 참고용 이미지 입니다.

02 변환의 분할 갯수는 세로가 더 길도록 7×12, 베지어 분할 수는 2×4로 수정해 주세요.

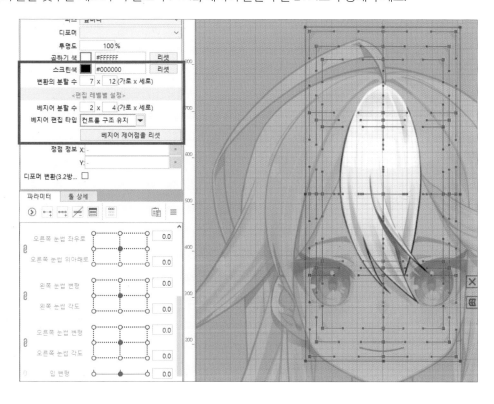

03 최상위 디포머부터 [머리 흔들림] 관련 파라미터에 1, 2, 3 순으로 3키 추가해 주세요.

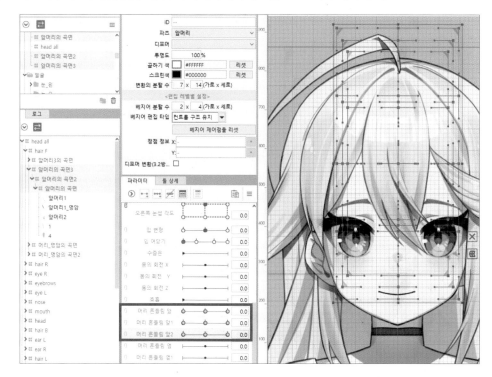

꼭 알고 가자! _ 물리 모델 설정하기

01 먼저 [물리연산] 설정창부터 알아봅시다.

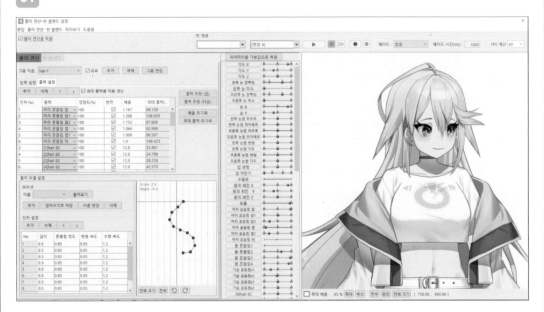

02 물리연산은 진자운동 방식을 통해 흔들림이 구현됩니다. 왼쪽 상단의 [진자No] 목록 창에 물리를 적용할 파라미터를 [추가]합니다.

진자 1번인 [머리 흔들림 앞] 파라미터부터 6번까지 등록되어 있는데 이 등록된 진자는 우측 하단에 진자 창이 있는데 왼쪽으로 이동하면[−1]에 가깝게, 오른쪽으로 이동하면 [1]에 가깝게 파라미터가 흔들리게 됩니다. 흔들리는 정도를 조절하는 것은 좌측 하단의 진자 설정에서 하게 됩니다.

이 물리연산 창을 활용하는 것은 머리카락의 흔들림을 파라미터에 다 등록하고 더 자세히 설명드리도록 하겠습니다.

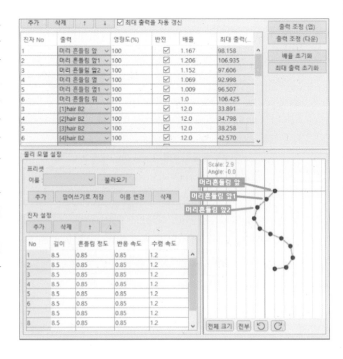

04 [머리카락]은 [상단], [중단], [하단]의 순으로 흔들림
을 적용할 예정입니다. 흔들림을 적용할 방법은 3가
지로 나뉘어집니다. 각각의 방법은 다른 부위에도 적용할 수 있
으니 머리카락을 예시로 작업 방법을 알아봅시다.

3. 모델링 움직임 제작 : 수동 변형 조작

01 머리카락에 흔들림을 적용하는 **첫 번째 방법은 수동 변형 조작입니다.**

02 [머리 흔들림 앞]파라미터의 [1.0영역]에 키포인트를 지정하고 상단의 영역부터 흔들리게 할 영역을
선택합니다.

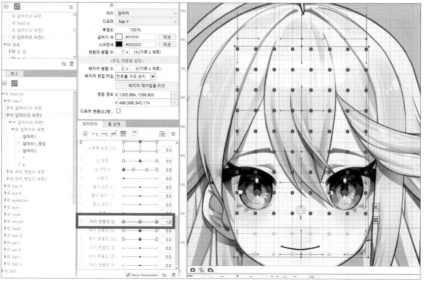

03 선택된 영역을 전체적으로 우측에 가깝게 회전시킵니다.

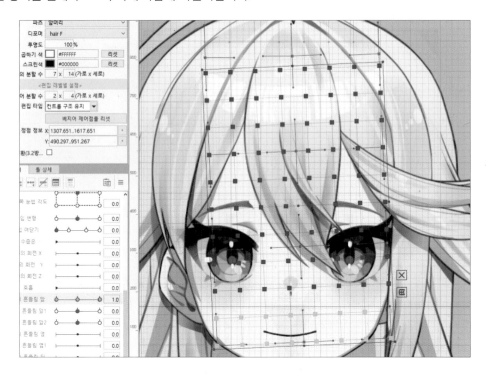

04 처음 회전시켰던 것과 동일하게 다시 가로줄 한 칸 아래를 선택하고 똑같이 회전을 가해 줍니다.

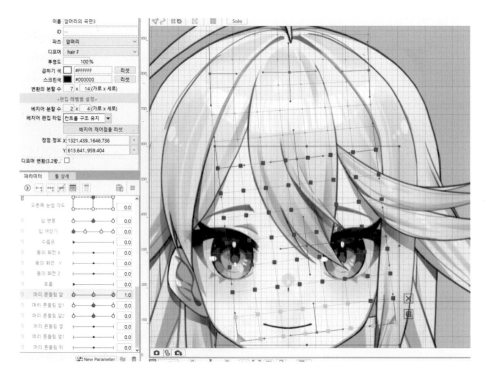

05 첫 번째 파라미터에서는 [상단]과 [중단]을 흔들리게 할 것이기에 7×14기준으로 4칸만 회전시켜주세요.

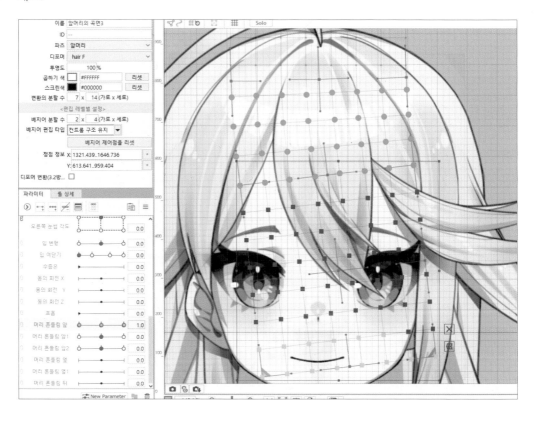

06 오른쪽을 작업 완료했다면 [움직임 반전]을 선택해 반대편에도 동일하게 제작해 주세요.

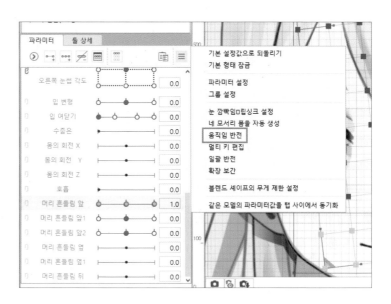

07 다음은 두 번째 파라미터입니다. [머리 흔들림 앞1]파라미터의 [1.0] 포인트를 선택한 상태에서 똑같이 회전시켜줍니다.

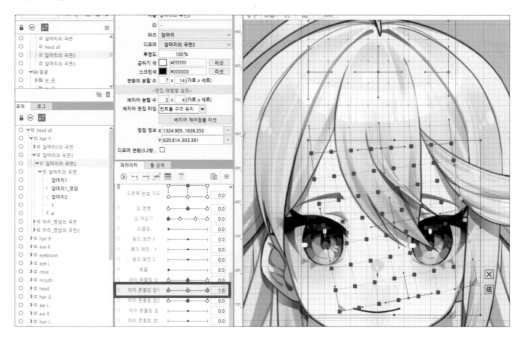

08 [머리 흔들림 앞1]파라미터의 [1.0] 포인트는 '중단'과 '약간의 하단 영역'을 더 회전해 주세요. 완료했다 면 [-]포인트로 [움직임 반전]을 합니다.

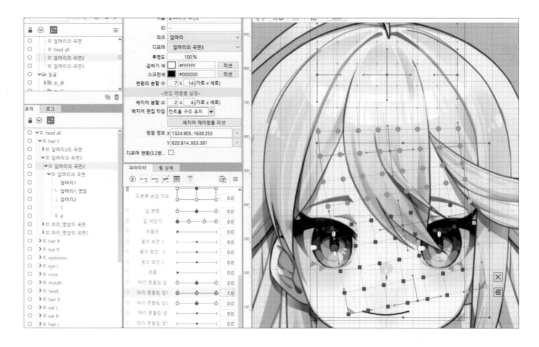

09 세번째 파라미터 [머리 흔들림 앞2]의 [1.0] 포인트도 동일하게 [약간의 중단]과 [하단]을 선택해서 회전해 주세요. 앞서 진행했던 것과 동일하게 [움직임 반전]을 진행합니다.

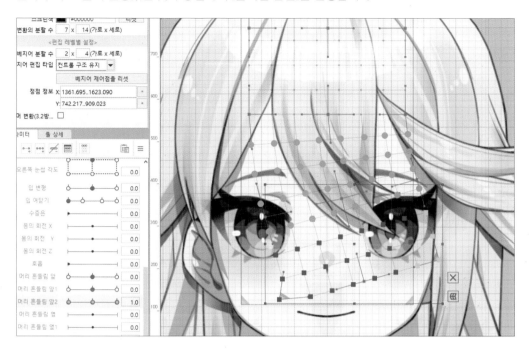

10 다음으로는 이렇게 제작한 머리카락 흔들림에 [물리]를 적용해 보도록 하겠습니다. [모델링]- [물리 연산 씬 블렌드 설정 열기]를 클릭해 주세요.

11 위와 같이 왼쪽에는 아무것도 없는 창이 보이며 오른쪽에는 모델이 보여지게 됩니다.

12 왼쪽 물리 연산 창에서 [추가]를 클릭합니다. 그러면 [그룹 추가] 팝업창이 나오게 되는데 이름은 기억하기 쉽도록 설정합니다. [입력 프리셋: 머리] [물리 모델 프리셋: 10단]으로 진행해 주세요.

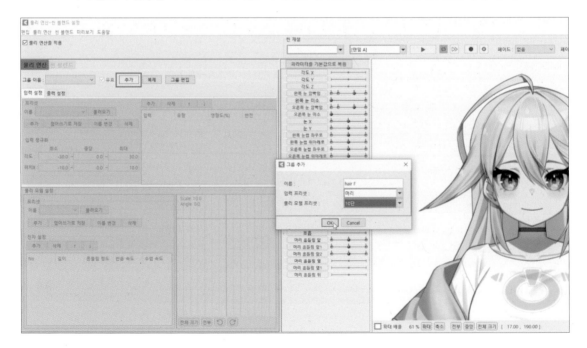

그러면 왼쪽과 같이 [hair 그룹]이 활성화된 것을 확인할 수 있습니다.

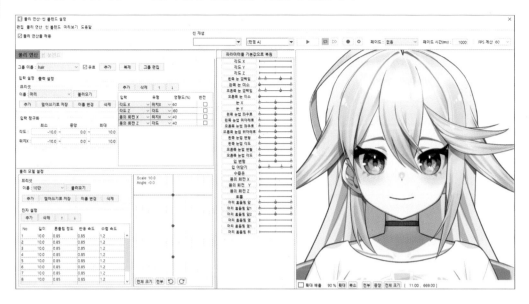

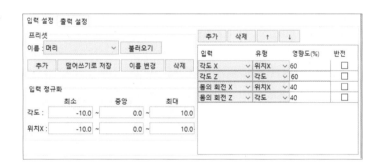 먼저 [입력 설정]부터 알아
보겠습니다.

기본적으로 제공되는 [머리] 프리셋은 [각도x], [몸의 회전x]가 [위치X]에 추가된 것을 확인할 수 있습니다.

[입력]는 무엇이 진자 1번을 움직이게 하는지를 의미합니다.

입력		유형		영향도...	반전
각도 X	∨	위치X	∨	60	☐
각도 Z	∨	각도	∨	60	☐

[위치X]는 진자의 1번을 좌우로 움직이게 하는 요소를 의미합니다.

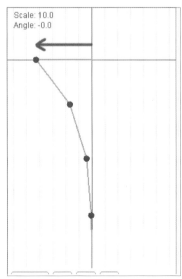

[각도]는 [입력 정규화]의 값을 기준으로 진자 1번을 기울게 사용할 수 있습니다.

기울게 사용할 수 있다는 것은 입력값에 따라 어떤 파라미터도 동일하게 움직일 수 있도록 조절할 수 있다는 것입니다.

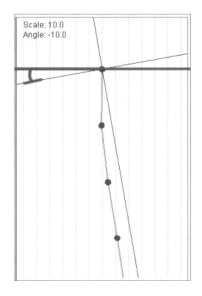

입력 유형에 대해서 [위치X]와 [각도]에 대해서 알아봤습니다.

이 두 가지의 차별점으로 **[위치X]는 입력 조건에 따라서 흔들림을 주고 진자가 다시 원점으로 돌아오기 때문에 단발성 물리**라고 볼 수 있고, **[각도]는 입력 조건이 계속 유지된다면 출력 설정에 있는 파라미터들이 움직여진 채로 유지되기 때문에 지속성 물리**라고 생각하시면 됩니다.

[위치X]는 머리카락, 의상과 같이 흔들리고 멈춰야 하는 부분에서 사용되며, [각도]는 얼굴이 빠르게 왼쪽을 바라보면 몸도 천천히 왼쪽을 바라봐지게끔 물리설정 등이 가능합니다.

[각도]는 위에서 언급했듯 진자 1번만 기울게 사용할 수 있기 때문에 여러 파라미터를 복합적으로 적용하고 싶다면 물리 연산 그룹을 A-B, B-C, C-D 형식으로 입출력값을 연동해서 생성하시면 됩니다.

15 유형의 [위치x]와 [각도]의 차이점은 '단발성'인지 '지속성'인지를 의미합니다.

추가	삭제	↑	↓	

입력		유형		영향도(%)	반전
각도 X	∨	위치X	∨	60	☐
각도 Z	∨	각도	∨	60	☐
몸의 회전 X	∨	위치X	∨	40	☐
몸의 회전 Z	∨	각도	∨	40	☐

16 [위치x]는 진자 1번의 이동에 따라 하위 진자들이 그에 맞춰 진자운동을 하기에 전체적으로 흔들렸다가 다시 가만히 있는 추의 형태로 돌아옵니다. '단발성'으로 흔들리기에 머리카락이나 의상 흔들림에서 주로 사용하게 됩니다.

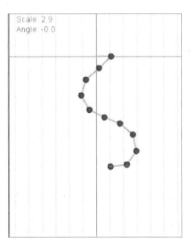

17 [각도]는 입력값이 계속 유지된다면 진자 1번 또한 해당 방향으로 계속 파라미터 값이 유지되는 것을 의미합니다. 주로 어떤 행동을 뒤따라 같이 행동해야 하는 요소에 주로 사용됩니다.

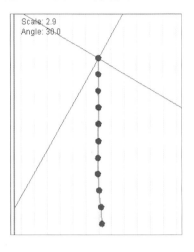

TIP

위 내용만 들으면 '하나의 파라미터 안에 같이 행동해야 하는 요소도 포함시키면 되지 않을까?'싶으실 텐데 이 방식은 물리를 활용한 기법으로서 어느 정도 딜레이를 주거나, 약간의 흔들림도 같이 줄 수 있어서 숙련자 단계에서는 상체가 왼쪽으로 가면 천천히 골반이 왼쪽으로 향하는 등의 부드러운 모션을 제작할 수 있습니다.

18 다음은 [물리 모델 설정]입니다. 이곳에서는 [진자 설정]을 프리셋화하여 등록하고, 그것을 타 모델에서 불러오는 등의 기능이 있습니다.

- [No] : 생성된 진자의 순서대로 번호가 할당되며, 이 번호는 [출력 설정]에서 사용됩니다.
- [길이]: 진자의 흔들림 속도를 설정할 수 있습니다. 값이 작으면 빠르게 움직이고 커질수록 흔들림이 느려집니다.
- [흔들림 정도]: 흔들림의 크기를 설정할 수 있습니다. 값이 클수록 조금의 입력으로도 큰 폭으로 흔들리게 됩니다. 0.7~0.99 사이에서만 설정해 주세요.

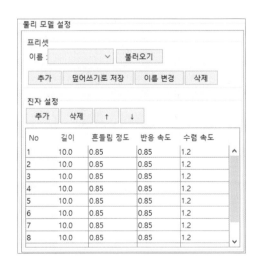

- **[반응 속도]**: 흔들림의 반응 속도를 설정할 수 있습니다. 입력에 민감하게 반응하는지를 설정하게 되는데 1보다 크면 빠르게, 1보다 작으면 반응이 둔해집니다.
- 진자가 다단으로 되어 있는 경우, 입력의 움직임에 반응하는 속도가 설정되는 것이 아닌 상위 진자의 움직임에 대해서 반응하게 설정되어 있습니다.
- **[수렴 속도]**: 흔들림이 멈출 때 까지의 속도를 설정할 수 있습니다. 1보다 크면 빠르게, 1보다 작으면 느려집니다. 수렴속도는 특정 연출을 위한 것이 아니라면 반응 속도보다 높은 것을 권장드립니다.

19 [출력 설정]에 대해서 설명 드리겠습니다. [출력 설정] 은 입력 파라미터가 움직이게 될 때 설정된 진자에 맞춰서 움직이게 될 파라미터를 설정하는 창입니다.
[추가]를 클릭해 줍니다.

20 머리카락 관련 파라미터를 선택합니다.

21 파라미터를 등록하면 진자가 윗순부터 할 당되기 시작합니다.

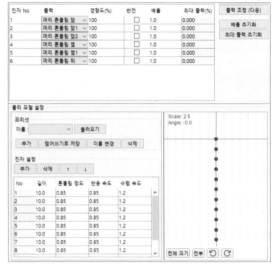

22 지금 상태에서 마우스를 좌우로 움직이면 앞머리카락이 흔들리실 겁니다.

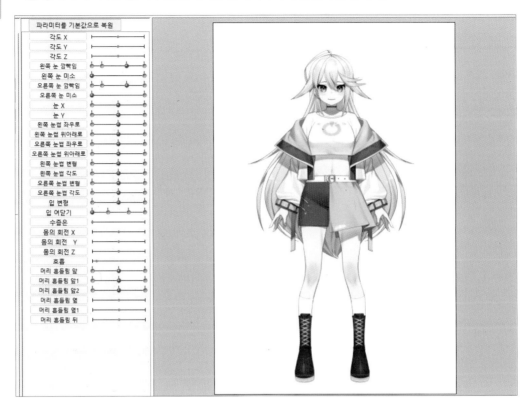

23 다음 설명을 드리기 앞서 [미리보기] - [커서 트래킹 설정]을 들어가도록 하겠습니다.

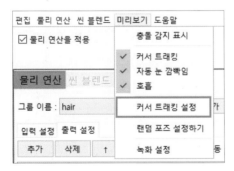

24 기본적으로는 파란 박스 영역이 [미설정]되어 있으실텐데 몸의 움직임도 마우스를 통해 움직일 수 있도록 지정해 주세요. 해당 설정은 모든 모델에 통용되는 설정이 아니기에 기억해두시면 좋습니다.

파라미터 이름	파라미터 ID	영향도(%)	반전	유형
각도 X	ParamAngleX	100	☐	마우스 왼쪽 X
각도 Y	ParamAngleY	100	☐	마우스 왼쪽 Y
각도 Z	ParamAngleZ	100	☐	마우스 오른쪽 X
왼쪽 눈 깜빡임	ParamEyeLOpen		☐	미설정
왼쪽 눈 미소	ParamEyeLSmile		☐	미설정
오른쪽 눈 깜빡임	ParamEyeROpen		☐	미설정
오른쪽 눈 미소	ParamEyeRSmile		☐	미설정
눈 X	ParamEyeBallX	100	☐	마우스 왼쪽 X
눈 Y	ParamEyeBallY	100	☐	마우스 왼쪽 Y
왼쪽 눈썹 좌우로	ParamBrowLX		☐	미설정
왼쪽 눈썹 위아래로	ParamBrowLY		☐	미설정
오른쪽 눈썹 좌우로	ParamBrowRX		☐	미설정
오른쪽 눈썹 위아래로	ParamBrowRY		☐	미설정
왼쪽 눈썹 변형	ParamBrowLForm		☐	미설정
왼쪽 눈썹 각도	ParamBrowLAngle		☐	미설정
오른쪽 눈썹 변형	ParamBrowRForm		☐	미설정
오른쪽 눈썹 각도	ParamBrowRAngle		☐	미설정
입 변형	ParamMouthForm		☐	미설정
입 여닫기	ParamMouthOpenY		☐	미설정
수줍은	ParamCheek		☐	미설정
몸의 회전 X	ParamBodyAngleX	100	☐	마우스 왼쪽 X
몸의 회전 Y	ParamBodyAngleY	100	☐	마우스 왼쪽 Y
몸의 회전 Z	ParamBodyAngleZ	100	☐	마우스 오른쪽 X
호흡	ParamBreath		☐	미설정

디폴트 설정으로 초기화   모두 설정하지 않음

OK   Cancel

25 커서 트래킹을 완료하셨다면 좌우를 움직일 때에 머리카락이 흔들리시는 것을 확인해 볼 수 있습니다. 흔들림의 정도를 조절하기 전에, 우측 상단의 [FPS계산]을 60으로 수정해 주세요. [FPS계산]은 물리연산이 적용되는 프레임을 의미합니다.

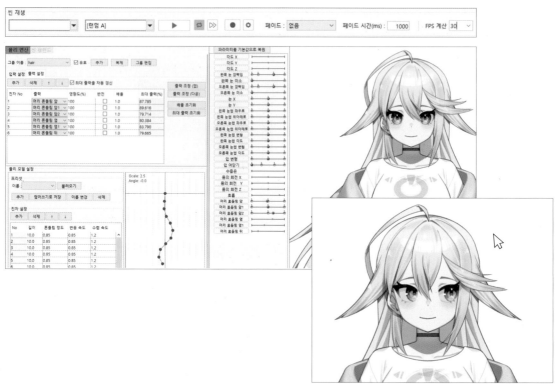

▲ 커서 트래킹을 설정하면 마우스 커서를 따라 시선이 움직인다.

26 [출력 설정]에서 마우스를 좌우로 움직이면 머리카락이 흔들림과 동시에 [최대 출력(%)]이 상승하셨을텐데 이는 -1, 0, +1로 존재하는 파라미터의 출력도입니다. 진자 1번의 87%는 -0.87과 -0.87만 사용하고 있다 라는 의미합니다.

진자 No	출력	영향도(%)	반전	배율	최대 출력(%)
1	머리 흔들림 앞	100	☐	1.0	87.785
2	머리 흔들림 앞1	100	☐	1.0	89.616
3	머리 흔들림 앞2	100	☐	1.0	79.714
4	머리 흔들림 옆	100	☐	1.0	80.384
5	머리 흔들림 옆1	100	☐	1.0	83.790
6	머리 흔들림 뒤	100	☐	1.0	79.665

27 제작한 파라미터를 최대한 활용하기 위해 최대 출력을 100%가 넘도록 조절해 줍니다. [최대 출력(%)] 우측에 있는 [출력 조정 (업)]을 눌러주세요. 현재의 상태가 100%가 아니라면 100%에 맞게 조정을 해주고 그에 맞는 배율로 조정이 됩니다.

100%로 맞춰졌으면 [최대 출력 초기화]를 하고 좌우상하를 다 움직여도 100%에 근접하는지 한번 더 검토를 해주세요. 대략 100%~120%까지는 큰 문제 없으나, 120%을 초과할 경우 사용하고 있는 파라미터의 범위를 초과하는 물리가 형성되기에 끝부분이 끊기는 현상이 발생하게 됩니다.

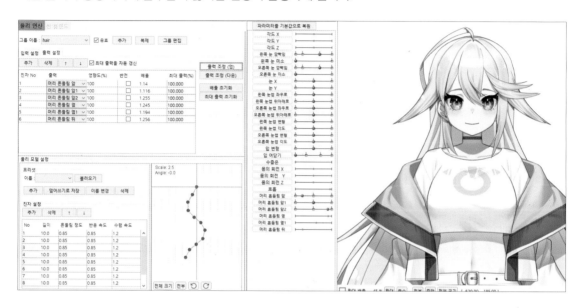

28 머리카락을 한번 흔들어보셨다면 느껴지시는 부분이 있을 것 입니다. 기존의 [10단] 프리셋의 경우, 진자가 자동으로 10개가 생성되지만 길이도 10이어서 흔들릴 때 머리카락이 굉장히 무겁게 느껴졌을겁니다. 머리카락의 무게감은 [길이]를 통해 조절할 수 있습니다. '10'으로 되어있는 [길이]를 '8.5'로 수정하여 가볍게 만들어주었습니다.

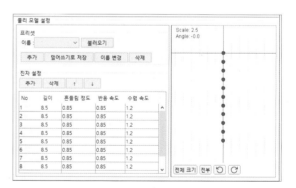

29 [물리 연산]창에서는 [그룹 추가], [입력 설정], [출력 설정 - 최대 출력, 진자 설정]을 진행하셨다면 완료입니다.

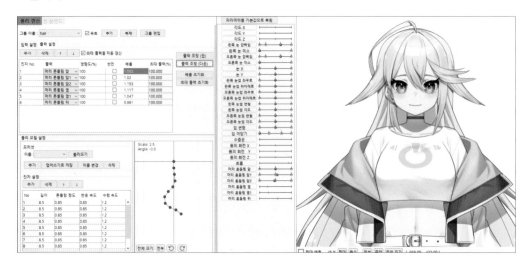

4. 모델링 움직임 제작 : 변형 패스 툴

01 머리카락 움직임을 만드는 **두 번째 방법은 [변형 패스 툴]입니다.** 진행하기에 앞서 큰 섹션으로 분류했던 [앞머리] 아트메쉬를 [삐죽머리]와 [큰 덩어리]로 섹션을 2개로 분할해 주세요.

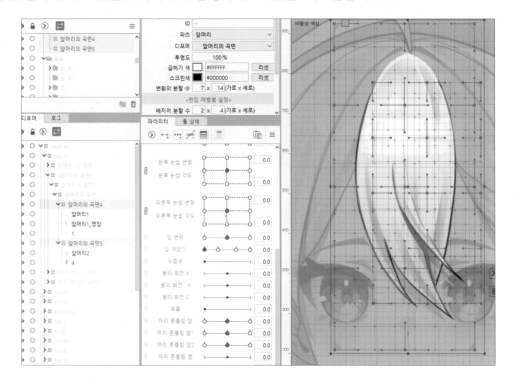

02 일전에 눈썹을 진행했던 방식과 동일하게 위에서부터 밑까지 변형 패스 라인을 만들어줍니다. 네 번째 머리카락 흔들림 파라미터에 3키 추가해 주세요. 그리고 1.0 포인트에서 맨 밑단만 우측으로 이동시켜줍니다.

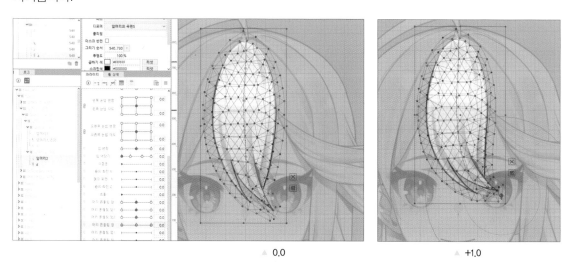

▲ 0.0   ▲ +1.0

03 [-1.0] 포인트는 살짝 왼쪽으로 펴지는 느낌으로 밀어줍니다.

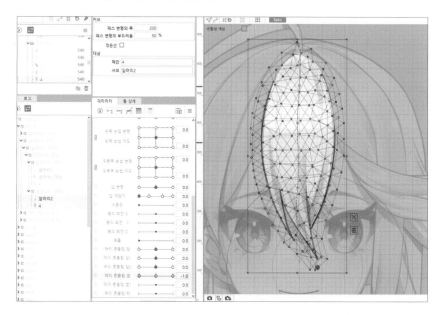

변형 패스를 통한 머리카락 흔들림을 진행하는 방법은 장단점이 있습니다.

- **장점**: 디포머의 변환 갯수로 컨트롤하면 디테일하게 조정하기 어렵습니다. 하지만 아트메쉬 그 자체를 조절할 수 있기에 디테일한 부분을 신경쓸 수 있습니다.
- **단점**: 아트메쉬 자체에 등록이 되어있기에 따로 워프 디포머처럼 활용할 수 없어 활용도가 떨어집니다.

5. 모델링 움직임 제작 : 일시 패스

01 [머리카락]을 흔드는 **세 번째 방법은 [일시 패스]를 활용하는 방법입니다.**

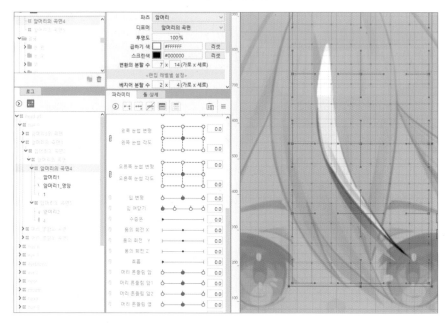

02 기본적으로 큰 틀에서 흔들림을 적용했기 때문에 기본적인 흔들림이 들어가있지만 더욱 다채로운 흔들림을 위해 삐죽머리만의 흔들림을 추가로 진행해 줍니다. 상단 부분까지 선택하고 2번째 파라 미터 ([머리 흔들림 앞1])에 3키 추가해 줍니다. 그리고 빨간 박스 우측에 있는 아이콘 중 아래 아이콘을 클릭 해 주세요.

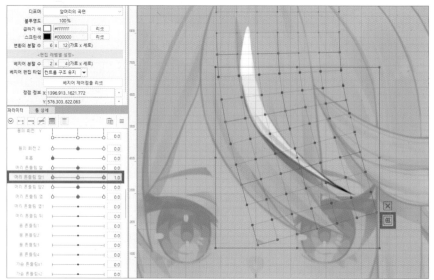

클릭하면 [툴 상세]팔레트가 변경된 것을 확인할 수 있습니다.

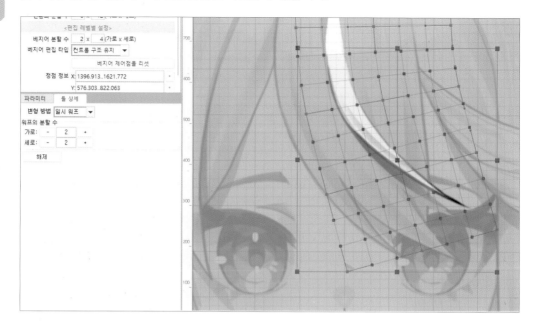

04 변형 가능 모드는 선택된 영역만큼 별도의 변형을 가할 수 있는 기능입니다. 이 중에서 [일시 패스]를 사용해 보도록 하겠습니다.

05 [변형 가능 모드]를 [일시 패스]로 변경하시면 변형 패스와 동일하게 점을 찍을 수 있는 상태가 됩니다.

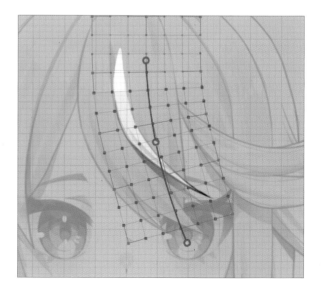

일시 패스를 사용할 때의 주의점

1. 어느 한 점이든 클릭을 하면 전체적으로 변형이 가해지기 때문에 점을 최소한으로 생성해야 합니다.
2. 점과 점 사이의 영역이 변형되는 것이기 때문에 처음과 끝지점은 선택된 영역 바깥에 위치해야 합니다.

06 중단과 하단의 포인트를 전체적으로 우측을 향해 이동해 줍니다.
이동할 때에는 머리카락의 뿌리 부분이 어디에 있는지 인지해서 단순히 가로로 움직이는 것이 아니라 포물선 운동하듯이 제작해주시는 것이 좋습니다.

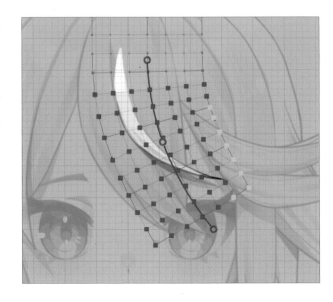

07 우측과 동일하게 좌측도 [일시 패스]를 활용해서 흔들리는 머리카락을 재현해 주세요.

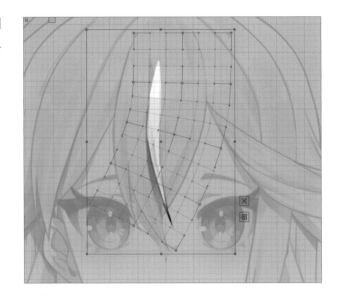

08 새로운 워프 디포머를 생성해서 세번째 파라미터에 하단부 흔들림을 제작해 주세요.

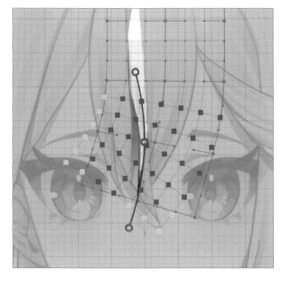

09 오른쪽도 이미지처럼 제작하여 [가운데 머리카락]을 마무리합니다.

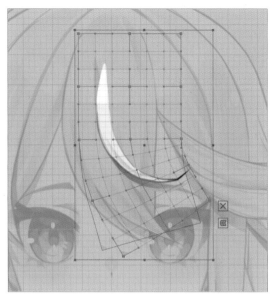

10 [물리 연산]창에 들어가시면 위와 같이 흔들리는 머리카락을 확인해 볼 수 있습니다.

▲ −1.0

▲ 0.0

▲ +1.0

6. 앞 머리카락 : 기타

01 가운데 머리카락을 통해 알아본 [수동 변형 조작], [변형 패스], [일시 패스]를 활용해서 주변 앞머리 요소들도 제작을 해봅니다.

02 진행하시면서 고려하셔야 할 부분으로는 [앞 머리카락]은 일직선 머리카락이었기에 [움직임 반전]으로 왼쪽 흔들림을 오른쪽에도 적용되도록 사용하는 것이 가능했습니다. 하지만 대각선 방향으로 삐쳐나온 머리카락은 파라미터 [-포인트] 움직임이 왼쪽 각선 아래로 움직여야 하기 때문에 좌우상하로만 반전이 가능한 [움직임 반전]은 사용할 수 없습니다.

그렇기에 [어니언 스킨]을 활용해서 잘 포물선 운동을 하는지 체크하며 제작하는 것도 좋은 방법입니다.

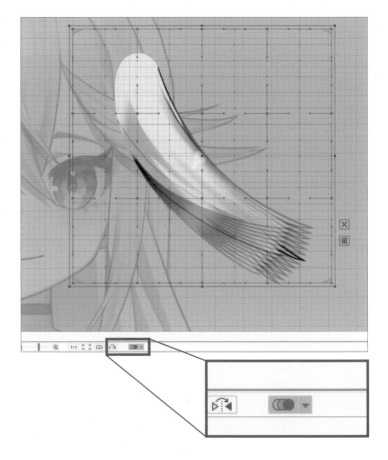

03 그렇게 모든 [앞 머리 파츠]를 진행하시게 되면 위 이미지처럼 머리카락이 흔들리는 것을 확인해보실 수 있습니다.

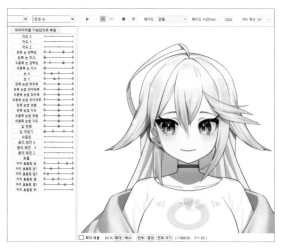 

7. 뒷 머리카락: 리깅(스키닝)

01 뒷 머리카락]에 대해서 진행해 보겠습니다. 작업하기에 앞서 머리를 제외한 다른 파츠는 하나의 워프 디포머로 묶어 투명하게 적용해 주세요.

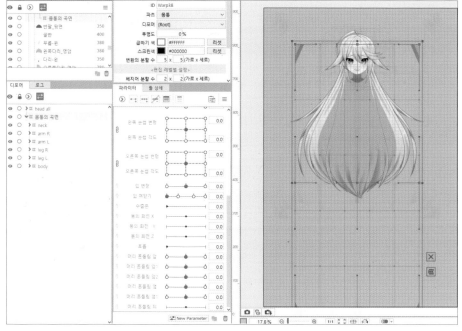

머리를 제외한 다른 파츠는 하나의 워프 디포머로 묶고 비활성화 시켜준다.

02 앞서 진행했던 3가지 방법 외에 길이가 긴 파츠의 물리 설정을 할 때에는 [스키닝] 기능을 채택하는 것이 좋습니다.

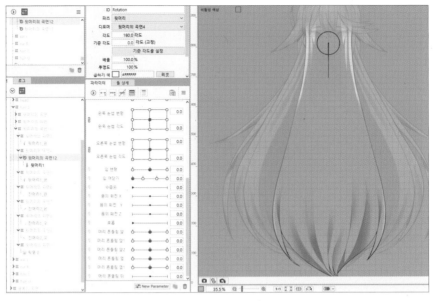

> **+스키닝이란?**
>
> 하나의 아트메쉬에 여러 회전 디포머를 설정하고 부드러운 변형을 시킬 수 있는 기능입니다.
> 설정한 회전 디포머의 갯수와 그 주변 영역만큼을 변형시킬 수 있는 파라미터가 따로 생성되며, 중간 부분은 아트 메쉬가 자동으로 분할되어 글루로 흡착합니다.

03 [스키닝]은 별도의 파라미터를 따로 등록하지 않고 [회전 디포머 생성 툴]을 활용해 단계별로 구분을 둡니다.

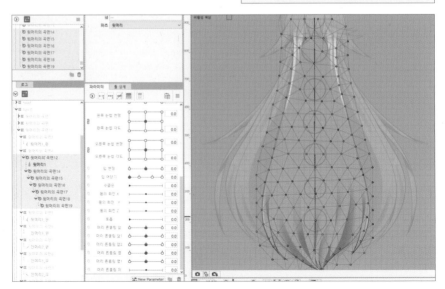

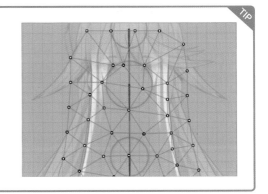

[회전 디포머 생성 툴]을 사용할 때의 주의점은 첫 생성지점은 회전 폭이 좁더라도 머리카락의 흔들리는 정도는 굉장히 크게 반영되기 때문에 물리에서는 주로 사용하지 않는 편입니다. 그래서 두 번째 회전 디포머부터 적용된다 생각하고 첫 번째 회전 디포머를 영역 바깥에서 부터 두 번째 시작 지점까지 길게 생성해 주시면 됩니다.

04 일정한 간격으로 단계를 나누어 회전 디포머를 지정했다면 [모델링] - [스키닝] - [스키닝]을 선택합니다.

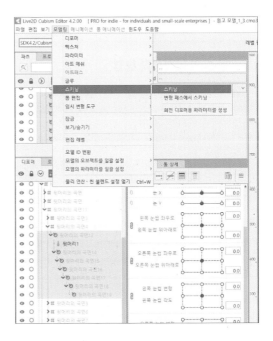

05 아래 그림와 같이 하나의 아트메쉬가 회전 디포머의 갯수와 영역만큼 분할된 것을 확인해 볼 수 있습니다.

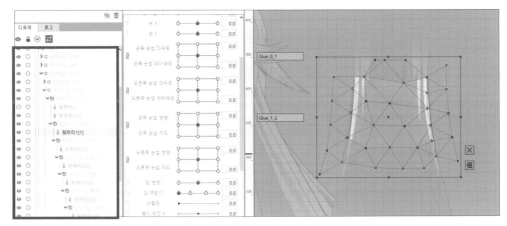

06 분할된 아트메쉬는 위, 아래의 아트메쉬와 글루로 흡착된 상태로, 움직여도 자연스럽게 이어지게끔 설정됩니다.

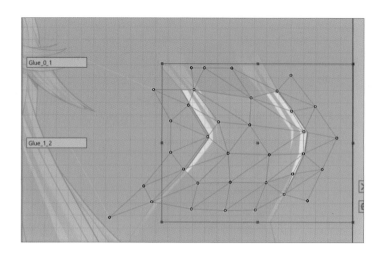

TIP

글루 효과 비활성화 방법

[글루]의 효과를 따로 비활성화하는 방법으로는 [모델링] - [글루] - [글루 온/오프 전환]에서 선택할 수 있습니다.

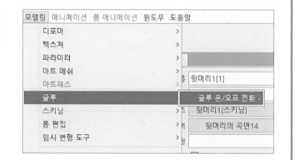

글루를 비활성화 한 아트메쉬는 위 이미지처럼 위, 아래 아트메쉬와 관련없는 하나의 아트메쉬로 보여집니다.

위 방법은 글루에 대한 설명을 돕기 위한 방법으로, 스키닝을 사용할 때에는 글루를 비활성화하지 않습니다.

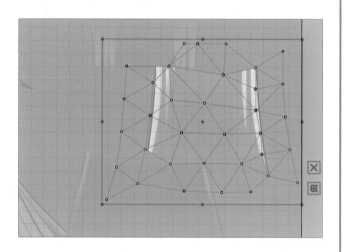

07 [스키닝]을 통해 머리카락을 분할했다면 [모델링] - [스키닝] - [회전 디포머용 파라미터를 생성]을 선택해 주세요.

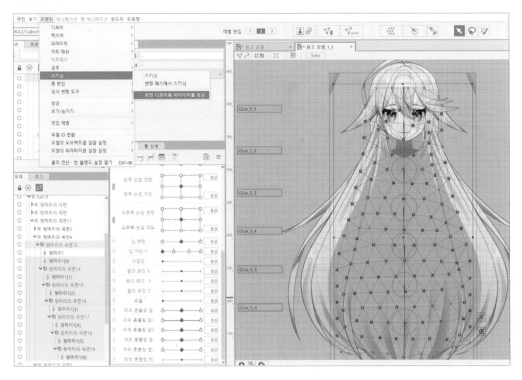

08 위와 같은 내용이 나온다면 전부 확인을 눌러주세요.

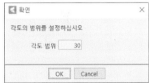

> **TIP**
>
> [회전 디포머용 파라미터를 생성]은 각 회전 디포머 마다의 파라미터를 생성해주는 기능입니다. 각도 30은 각 파라미터의 최대치가 각도 30도씩 움직일 수 있게 설정한다는 의미입니다.

09 [회전 디포머용 파라미터를 생성]을 완료하셨으면 위와 같이 새로운 폴더에 머리카락 흔들림 관련으로 파라미터가 생성된 것을 확인해 볼 수 있습니다.

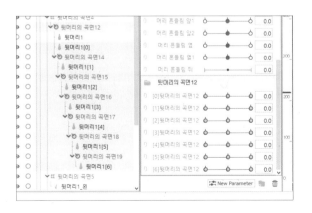

10 [각도 30]도로 설정하여 움직임이 굉장히 큰 폭으로 움직이는 것을 확인해 볼 수 있습니다.

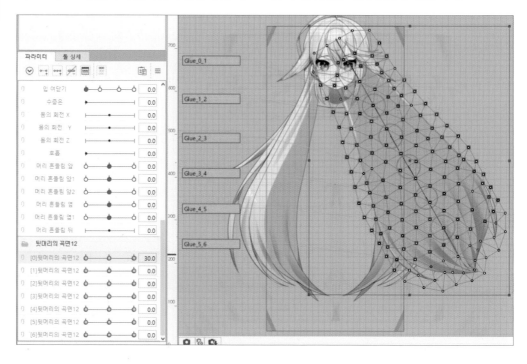

11 이렇게 간편하게 제작한 머리카락 흔들림을
[물리 연산] 창에서 재설정해 줍니다.

8. 뒷 머리카락: 물리 세팅

01 [출력 설정]에 들어가 [추가]를 클릭해 줍니다.

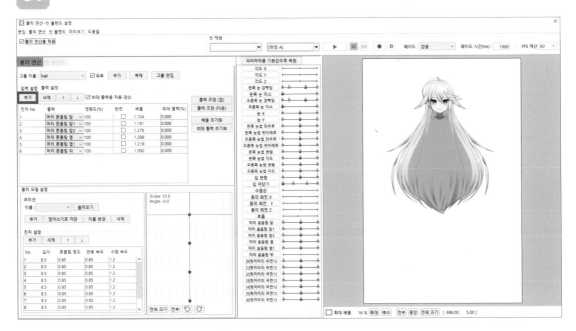

02 새로 생성된 파라미터에서 [0]으로 시작되는 파라미터를 제외해서 등록합니다.

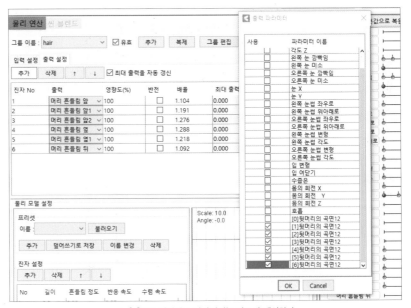

▲ [0]으로 시작하는 파라미터는 반드시 제외하자

03 새로 생성된 [뒷 머리카락] 파라미터는 자동으로 진자 번호가 뒷순으로 이어질텐데 [앞 머리]보다는 [뒷머리]에 붙어있는 만큼 순서를 조금 딜레이시켜 3부터 8까지 번호를 등록해 줍니다.

진자 No	출력	영향도(%)	반전	배율	최대 출력(...
3	머리 흔들림 앞2	100	□	1.276	0.000
4	머리 흔들림 옆	100	□	1.288	0.000
5	머리 흔들림 옆1	100	□	1.218	0.000
6	머리 흔들림 뒤	100	□	1.092	0.000
7	[1]뒷머리의 곡...	100	□	1.0	0.000
8	[2]뒷머리의 곡...	100	□	1.0	0.000
9	[3]뒷머리의 곡...	100	□	1.0	0.000
10	[4]뒷머리의 곡...	100	□	1.0	0.000
10	[5]뒷머리의 곡...	100	□	1.0	0.000
10	[6]뒷머리의 곡...	100	□	1.0	0.000

진자 No	출력	영향도(%)	반전	배율	최대 출력(...
5	머리 흔들림 옆1	100	□	1.288	0.000
6	머리 흔들림 뒤	100	□	1.092	0.000
3	[1]뒷머리의 곡...	100	□	1.0	0.000
4	[2]뒷머리의 곡...	100	□	1.0	0.000
5	[3]뒷머리의 곡...	100	□	1.0	0.000
6	[4]뒷머리의 곡...	100	□	1.0	0.000
7	[5]뒷머리의 곡...	100	□	1.0	0.000
8	[6]뒷머리의 곡...	100	□	1.0	0.000

물리 모델 설정

▲ 진자 NO를 수정하자.

04 흔들어보면 흔들림이 많이 약하게 흔들리는 것을 확인해 볼 수 있습니다.

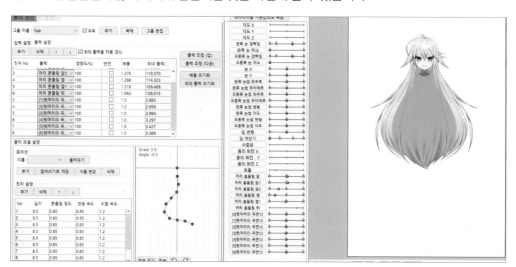

05 그 이유는 기존에 사용했던 [앞 머리카락]은 최대값이 1인 반면, 새로 생성된 파라미터의 최대치는 30이기 때문인데 그렇기에 배율을 따로 조절을 해주어야 합니다.

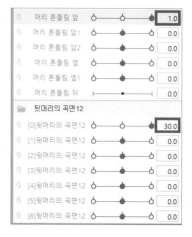

06 최대치를 [앞머리]와 동일하게 100%에 맞춰서 작업을 하면 모든 파라미터가 30도씩 움직이게 되는 것이기 때문에 여기서는 최대 출력을 30~40%로 맞춰서 진행해 주시면 됩니다. 해당 모델에서는 배율 12로 사용했습니다.

진자 No	출력	영향도(%)	반전	배율	최대 출력(...
3	머리 흔들림 앞2 ∨	100	☐	1.276	105.029
4	머리 흔들림 옆 ∨	100	☐	1.288	107.616
5	머리 흔들림 옆1 ∨	100	☐	1.218	111.303
6	머리 흔들림 뒤 ∨	100	☐	1.092	108.149
3	[1]뒷머리의 곡... ∨	100	☐	12.0	32.925
4	[2]뒷머리의 곡... ∨	100	☐	12.0	33.421
5	[3]뒷머리의 곡... ∨	100	☐	12.0	36.553
6	[4]뒷머리의 곡... ∨	100	☐	12.0	39.615
7	[5]뒷머리의 곡... ∨	100	☐	12.0	40.612
8	[6]뒷머리의 곡... ∨	100	☐	12.0	42.648

07 배율을 높이고 움직여보면 [앞머리]에서 어렵게 제작했던 것과 다르게 흔들림을 간편하게 생성한 것을 확인해 볼 수 있습니다.

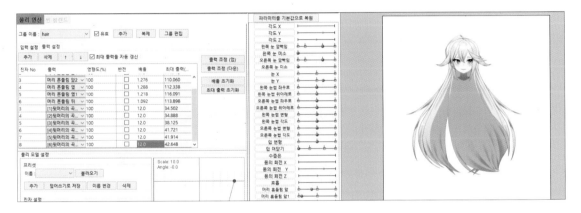

08 같은 방식으로 다른 머리카락도 스키닝을 통해 진행해 주세요.

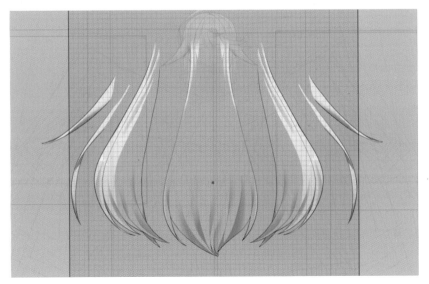

09 그렇게 진행을 다 마무리하셨으면 위와 같이 머리카락이 흔들리는 것을 확인할 수 있습니다.

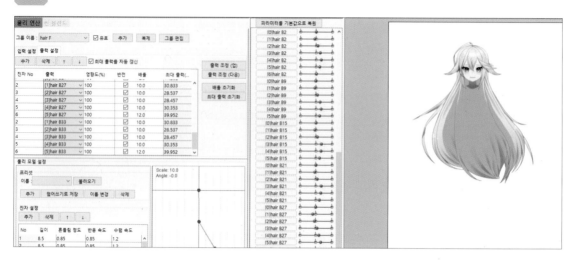

TIP

숙련자 팁

[앞머리]의 시작 지점을 진자 1번, [옆머리]는 진자 2번, [뒷머리]는 진자 3번과 같이 각 부위별로 단계를 나누면 다채로운 흔들림을 만들어낼 수 있습니다. 다른 방법으로는 머리카락을 하나의 그룹으로 지정하는 것이 아닌, 머리카락의 무게를 기준으로 단계적인 그룹을 생성하는 방법입니다.

[앞머리] 물리 그룹은 진자의 길이를 7, [옆머리]의 물리 그룹은 8, [뒷머리]의 물리 그룹은 9로 설정하는 것처럼 각각의 머리카락 무게를 달리하는 것으로 다채로운 움직임을 만들 수 있습니다.

10 스키닝에서 사용되었던 회전 디포머를 워프 디포머로 전환하는 방법을 설명드리겠습니다.

회전 디포머를 워프 디포머로 전환해야 하는 이유로는 회전 디포머는 투명도, 배율, 회전의 기능만 지원하기 때문에 차후 머리 움직임에 맞춰서 머리카락이 변형이 일어날 수 없어 지금의 회전 디포머스러운 흔들림을 유지하되, 변형이 가능한 워프 디포머로 수정을 해주는 겁니다.

11 최하위 회전 디포머부터 시작합니다. 회전 디포머의 자식으로 워프 디포머를 하나 생성하고 선택해 주세요.

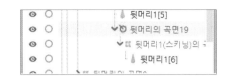

12 [모델링] - [디포머] - [디포머를 제거하고 파라미터를 자식 요소에게 반영]을 클릭해 줍니다.

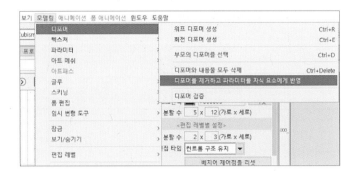

13 그러면 다음 이미지처럼 회전 디포머의 역할이 워프 디포머에게 이전된 것을 확인해 볼 수 있습니다.

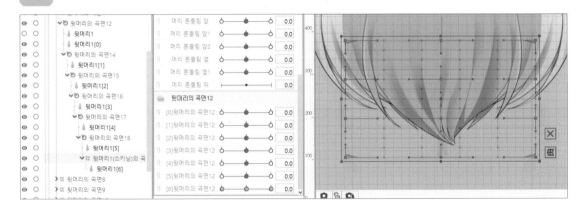

14 위와 같은 방법으로 다음 부모 디포머도 동일하게 진행해 주세요.

TIP

단축키 설정으로 효율 올리기.

좌측 상단의 메뉴바를 눌러가며 반복 작업을 하는 것은 지루한 작업일 수 있습니다.
단축키를 설정하여 반복 작업을 줄여봅시다.

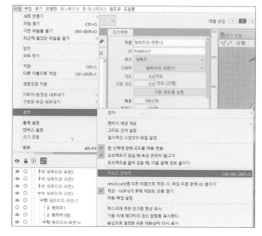
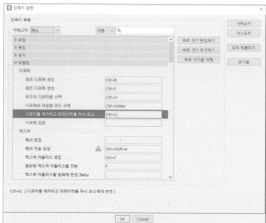

[파일] - [설정] - [키보드 단축키] 창에서 [모델링] - [디포머를 제거하고 파라미터를 자식 요소에게 반영]의 단축키
를 설정합니다.
단축키는 각자 편한 단축키로 설정하면 됩니다. 저는 한 손으로 누를 수 있도록 Ctrl + Q로 설정하였습니다.

15 모든 머리카락을 진행하면 굉장히 큰 워프 디포머가 생성됩니다.

16 그 이유는 기존의 워프 디포머를 포함하는 워프 디포머가 생성되기 때문에 대각선으로 뻗은 머리카락일수록 워프 디포머의 크기가 커지게 됩니다.

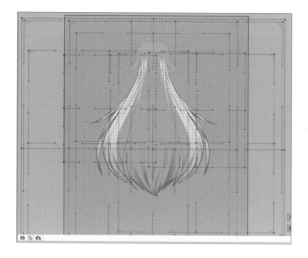
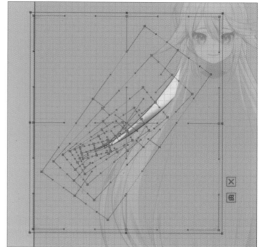

TIP

이러한 문제의 해결방법으로는 2가지가 있습니다.

1. 상위 워프 디포머의 형태를 대각선 형태에 맞게 작게 조율한다. 이 방법의 장점으로는 기존의 큰 워프 디포머의 형태보다는 디테일한 변형을 가할 수 있다는 점이 있고, 단점으로는 대각선으로 기울어진 형태인 만큼 따로 변형을 줘야할 때 번거로움이 발생한다는 점 입니다.
2. 기존의 큰 워프 디포머인 상태에서 모든 워프 디포머의 변환의 분할 수를 높게 설정하는 방법입니다. 이 방법의 장점은 수평으로 이뤄진 직사각형이기 때문에 따로 변형을 주기에 간편하다는 점이 있고, 단점으로는 변환의 갯수가 많아지는 만큼 모델의 리소스가 많아진다는 점 입니다.

위 2가지 방법 중에 어떤 방법을 사용해도 괜찮습니다.
해당 모델에서는 2번의 방법을 사용했습니다.

17 [뒷 머리카락]도 전부 워프 디포머화가 완료되었다면 [머리카락 흔들림]은 마무리가 되었습니다.

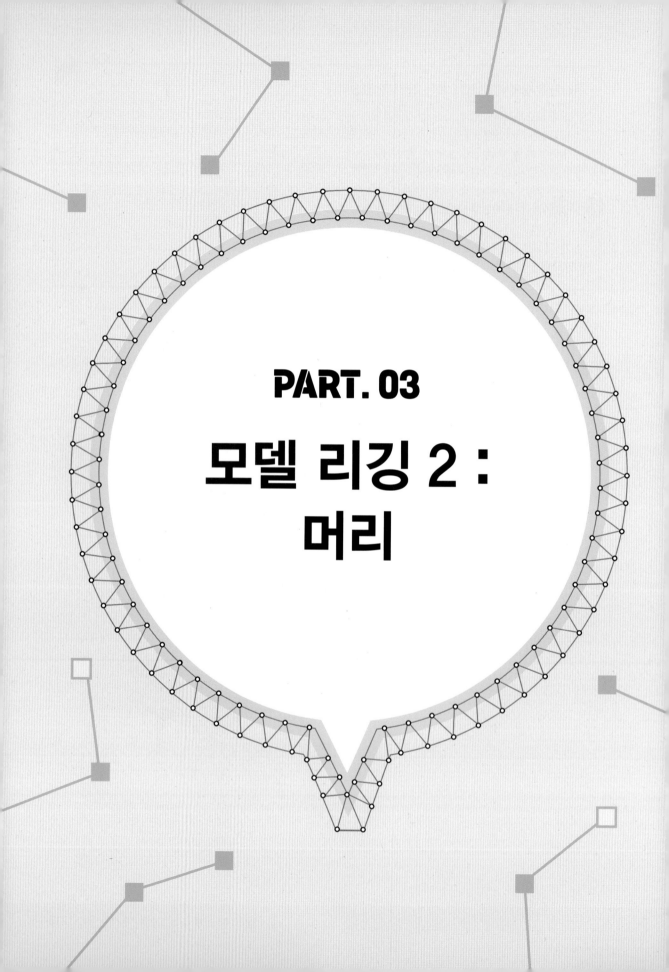

PART. 03

모델 리깅 2 : 머리

Chapter 01

얼굴

얼굴의 움직임은 머릿통을 우선적으로 변형시켜 옆모습의 얼굴형을 제작하고, 그 형태에 안면 요소를 대입한 후, 귀 등의 요소를 부착한 다음 머리카락을 머리 돌아간 정도에 맞춰서 이식하는 방식으로 진행됩니다.

우선 머릿통을 옆모습 형태로 변형하는 것 부터 시작해 보도록 하겠습니다.

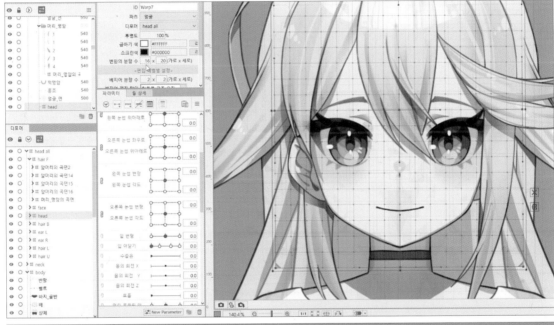

1. 얼굴 : 좌우

01 머릿통 관련된 아트메쉬가 포함된 [head] 워프 디포머의 원활한 변형을 위해 변환 갯수와 베지어의 갯수를 늘려주세요.

▲ 베지어의 갯수는 기본 2x2로 되어있습니다.

02 차후 변형을 가할 안면 요소도 변환 개수와 베지어의 개수를 늘려주세요.

03 머리통을 작업하기 전에 [앞 머리카락] 폴더를 비활성화해 주세요.

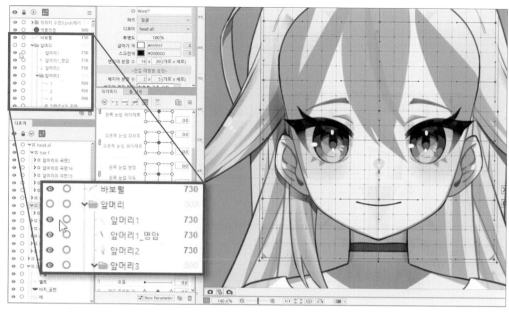

▲ 눈 모양의 아이콘을 클릭해서 비활성화 시켜준다.

04 [head] 워프 디포머를 각도 X,Y에 3키를 추가해 주세요.

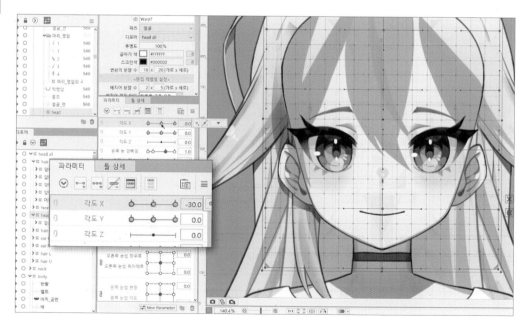

05 얼굴 X축 움직임은 감각적인 부분이 크기 때문에 사람이나 캐릭터의 측면 구도를 눈에 많이 익혀두시는 것이 좋습니다. 결과물부터 보여드리고 결과물과 같이 움직이는 것을 목표로 진행해 보도록 하겠습니다.

▲ 최종 결과물

06 [얼굴]의 베지어 점을 기준으로 큰 범위적으로 변형을 가해 줍니다.

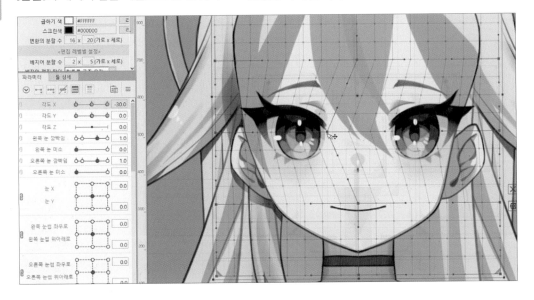

07 해당 모델의 고개 각도는 45도 정도 돌아가게 제작할 예정입니다. 남성의 두꺼운 목이 아닌 이상, 45도 정도 돌아가게 되면 턱끝이 목보다 더 앞으로 나아가기 때문에 베지어를 활용해서 변형해 주세요.

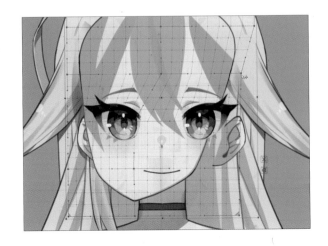

08 전체적인 얼굴 방향을 왼쪽으로 향하게 제작해주었으면 이마 영역은 왼쪽의 둥근 이마 라인만 형성해주고 오른쪽 부분은 눌러서 되도록 안보일 수 있게 처리를 해줍니다.

꼭 알고 가자!

뒷통수 부분은 되도록이면 누르고 진행하는 것을 추천드립니다.
이유는 헤어 파츠의 옆머리카락이 많다면 문제는 없지만 대부분의 모델이 대머리하는 것을 고려하여 헤어파츠가 짜여져있지는 않기 때문에 대머리를 구현한다 하더라도 귀의 위치때문에 자연스럽지 않게 됩니다. 그래서 뒷통수 부분은 앞 머리카락에 가려질 수 있도록 눌러주고 진행하겠습니다.

09 이마의 둥근 부분을 표현해 주세요.

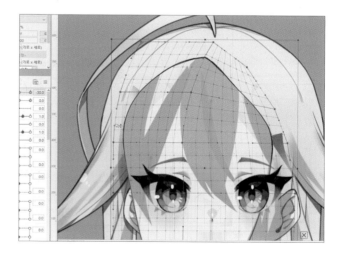

다음은 얼굴의 굴곡을 진행해 보도록 하겠습니다.

꼭 알고 가자! _ 얼굴의 윤곽

얼굴은 눈썹뼈의 부분과 그 아래로 내려와지는 파인 부분, 그리고 광대뼈로 인해 나오는 부분, 어금니가 있는 턱 모서리 부분, 마지막으로 턱 끝 부분 이렇게 사람의 얼굴은 굴곡이 많이 생겨나게 됩니다.
이러한 굴곡은 여성과 남성. 체형 등 모델마다 신경써서 해야 하는 부분이 다르지만 어느 부분에서 굴곡이 생겨나는지는 알아두시면 좋습니다.

10 우선 눈썹뼈 아래쪽의 눈꼬리 부분이 안쪽으로 들어갈 수 있도록 진행하겠습니다.

▲ 눈꼬리가 얼굴 안쪽으로 들어가도록 눈과 얼굴을 변형해야 합니다.

▲ 최종 결과물과 비교하여 모델링을 다루자.

11 이마 부분은 더 나올 수 있도록 제작해 줍니다.

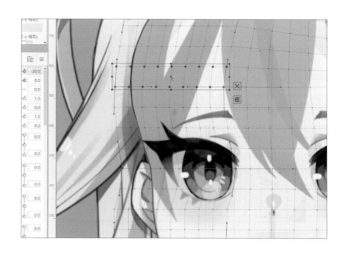

12 광대뼈와 턱끝의 중간은 볼살로 이루어져있기 때문에 자연스럽게 연결되도록 이어줍니다. 그러면 다음과 같은 얼굴형이 나오게 됩니다.

왼쪽은 얼굴의 굴곡을 고려해서 제작하게 된다면 오른쪽은 귀가 부착될 곳이기 때문에 턱선과 관자놀이 부분은 비교적 1자가 되게끔 진행해 주세요.

13 얼굴의 측면이 제작되었다면 [움직임 반전]을 통해 오른쪽을 바라보는 머릿통도 제작해 주세요.

14 다음은 [안면] 요소(눈, 눈썹, 코, 입 등)를 x축으로 움직이는 것을 제작해 보도록 하겠습니다.

예시로 이내 작업할 완성본을 먼저 보여드리면, 콧대없이 눈이나 전체적인 비율만 그대로 이동해서 사용한 것을 확인해 볼 수 있습니다. [콧대]나 [입]의 위치 등은 안면 요소를 비율에 맞게 배치가 완료되면 차후에 디테일한 부분들을 살려가는 작업을 할 때에 진행할 예정입니다.

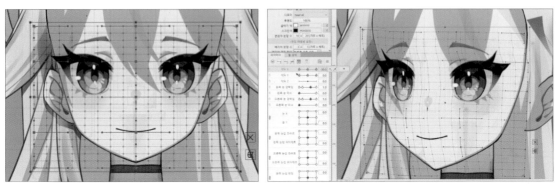

▲ 정면의 얼굴 요소를 오른쪽과 같이 변형한다.

TIP

안면 요소를 측면으로 변형함에 있어서 생각해야 하는 부분은, 정면에서 보여지는 측면의 면적이 고개가 돌아갈수록 더 넓어진다는 것 입니다. 그래서 안면 요소를 측면 머릿통에 맞게 배치를 할 때에는 옆면 영역을 배제하고 배치해야 합니다.

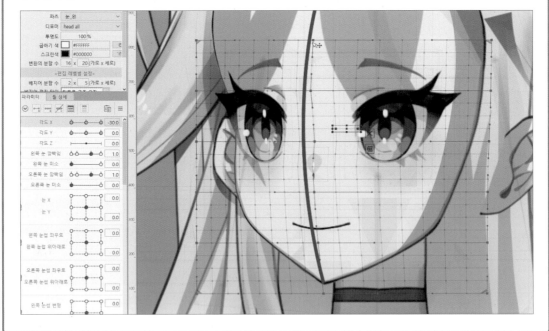

15 그럼 안면 요소의 워프 디포머도 베지어 점을 활용해서 큰 폭으로 변형을 가해 줍니다.

16 맞추고 나서는 눈썹 뼈 부분도 고려해서 굴곡 구분을 살짝 넣어주세요.

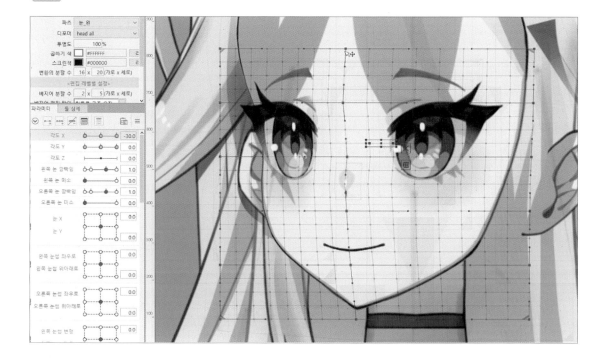

17 앞의 과정을 무사히 마쳤다면, 베지어의 가로 수를 3개로 늘려 측면으로 돌아가 점점 작아지는 눈의 원근감을 표현해 봅시다. 눈은 살짝 위쪽으로, 더 커지는 눈은 살짝 커지게끔 제작해 주세요. 이 부분은 해당 모델의 고개가 많이 돌아가는 것은 아니기에 조금씩만 효과를 주도록 하겠습니다.

▲ 수정 전

▲ 수정 후

18 측면이 제작되었다면 [움직임 반전]을 통해 오른쪽도 제작합니다. 반전을 진행해 오른쪽도 동일하게 표현되었다면 상하 움직임에 대해서 알아보겠습니다.

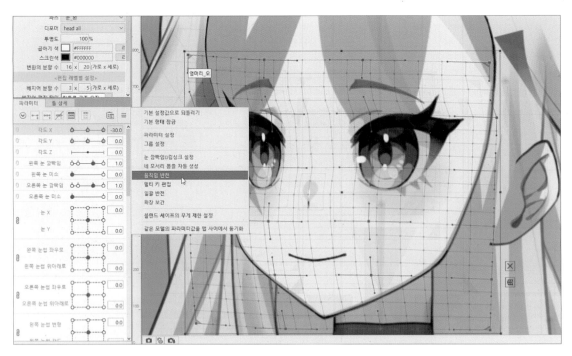

2. 얼굴 : 대각선

01 다음은 얼굴의 대각선 움직임에 대해 진행해보 겠습니다.
대각선 움직임을 진행하기에 앞서, Y축 파라미터의 [+30.0], [-30.0] 포인트를 머리가 위 아래 로 움직이게만 진행한 상태를 만 들어줍니다.

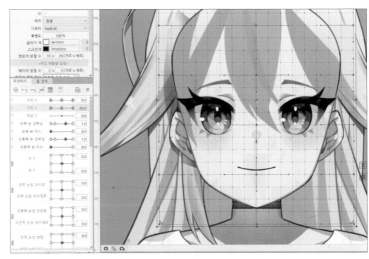

▶ Y축 파라미터 +30.0 포인트

▶ Y축 파라미터 −30.0 포인트

02 Y축 파라미터의 -30.0, -30.0 포인트가 만들어진 상태에서 [네 모서리 폼을 자 동 생성]해 주세요.

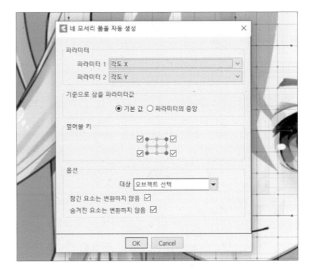

03 우선 좌측 상단을 먼저 진행해보겠습니다. 각도X, 각도Y 파라미터의 좌측 상단 포인트를 선택해주세요. '네 모서리 폼을 자동 생성' 했기 때문에 좌측을 바라보는 형태와 위로 올라간 형태가 중복되어 적용된 것을 확인해볼 수 있습니다.

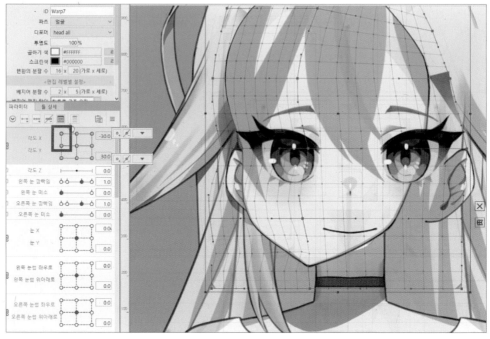

▲ 표시된 두 포인트가 같은 이미지로 되어있습니다.

04 좌측 상단은 [턱]이 앞으로 나가고, [정수리]가 뒤로 향하는 형태로 진행이 됩니다. 그리고 오른쪽의 옆면 부분이 가장 많이 보여지는 구도이기 때문에 안면 요소가 배치될 부분을 생각해서 진행해야 합니다.

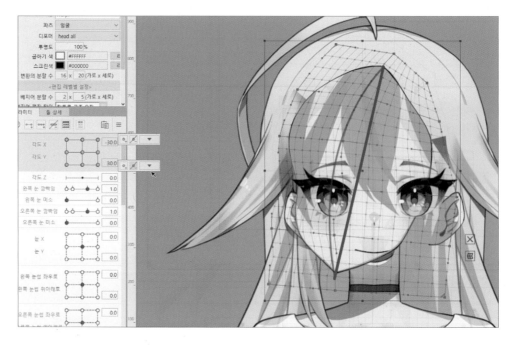

05 아래의 이미지처럼 마우스 포인트가 위치한 베지어는 좌측 상단으로, 위쪽의 베지어는 우측하단으로 이동해서 왼쪽 위를 바라보는 느낌으로 진행해 주세요.

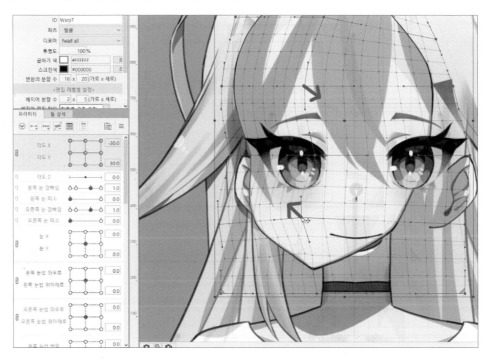

06 해당 모델로 처음 Live2D 리깅을 접하신 분들은 얼굴 대각선 부분을 제작하는 곳에서 많이 포기하곤 합니다. 그만큼 정면의 얼굴을 대각선 얼굴로 제작하는 것은 상당한 난이도를 자랑하기 때문에 처음에는 각도가 많이 안돌아가더라도 많은 모델을 진행해보는 것을 추천드립니다.

07 좌측 하단을 바라보는 모습은 목쪽으로 당겨지는 느낌으로 진행해 주세요. [턱]이 더 안쪽이고 [정수리]가 더 앞으로 향하게 진행하되 머릿통 자체의 크기가 많이 작아지지 않게 비율을 유지하는 것이 중요합니다.

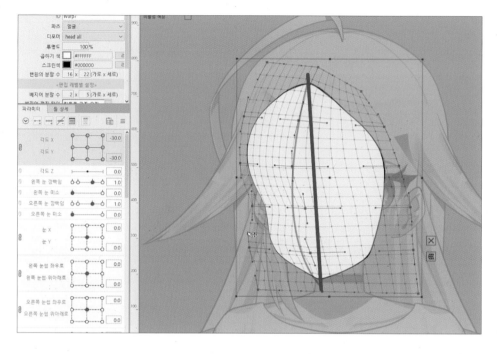

08 위와 같이 진행을 하고 [어니언 스킨 ON]하시면 고개가 움직이는 범위를 확인해 볼 수 있습니다.

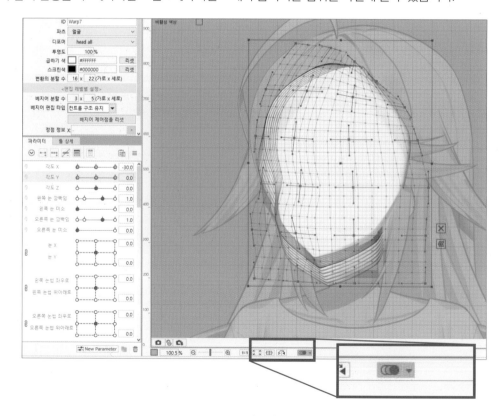

09 좌측 상,중,하를 진행 완료했다면 [각도 X,Y] 파라미터의 링크를 해제해서 각도X [-30.0], 각도 Y [-30.0], [0.0], [+30.0] 지점에서 [움직임 반전]을 선택해 주세요.

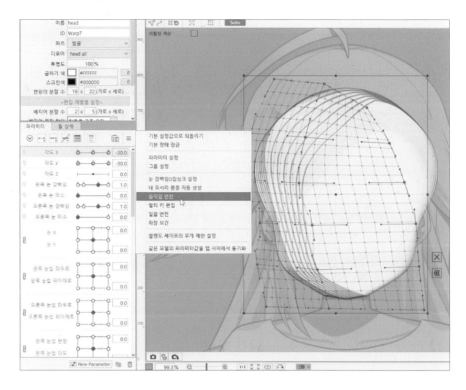

10 다음은 [안면] 요소도 대각선에 맞게 제작해 보겠습니다. 먼저 [안면 요소의 변환 점]의 위치를 위 이미지와 같이 안면 요소 어딘가에 기준을 잡습니다.

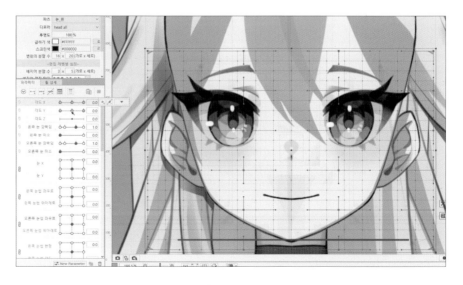

그리고 [Y -30.0] 포인트에 얼굴 내려간 정도와 맞게 안면 요소도 동일한 정도로 내려줍니다.

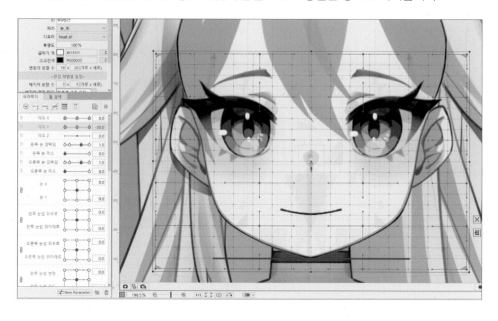

12 [Y 30.0]포인트의 맞게 고개 올린 모습 또한 동일한 비율로 올려주세요.

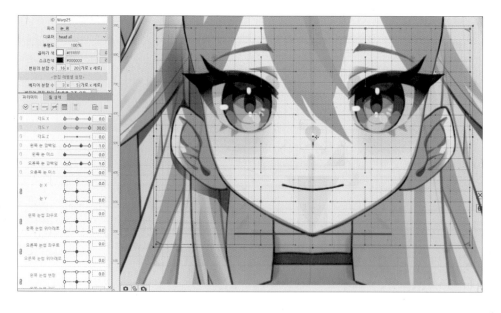

13 그리고 [네 모서리 폼을 자동 생성]을 선택해 줍니다.

14 그 다음은 머릿통을 대각선 방향으로 맞췄던 것과 동일하게 각도를 틀어줍니다.

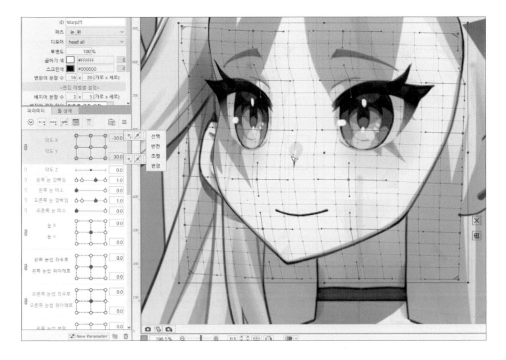

15 정수리보다 턱끝이 바깥쪽으로 더 튀어나가는 얼굴형이기 때문에 점점 소실되는 바깥쪽 눈이 위로, 크게 보이는 눈이 아래를 향하도록 제작해 줍니다. 그리고 턱끝 위치를 고려해서 얼굴의 위치를 재배치해 주세요.

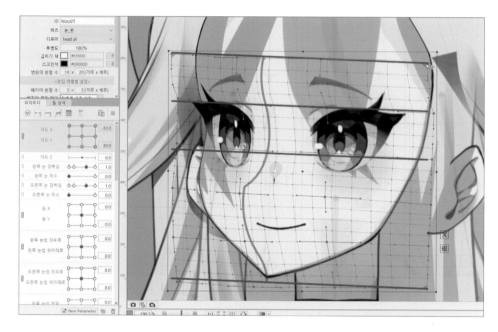

16 아래와 같이 제작이 완료되었다면 다음은 좌측 하단을 제작해 보도록 하겠습니다.

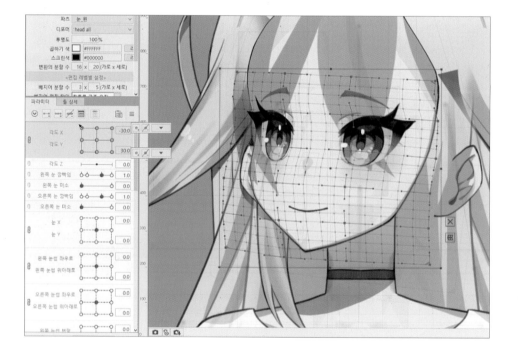

17 좌측 하단도 마찬가지로 [턱끝]을 기준으로 [얼굴의 위치]를 바로 잡아줍니다.

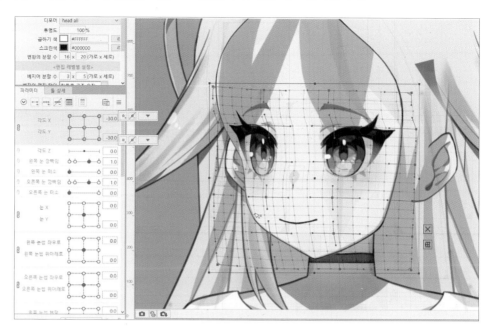

18 좌측 하단의 얼굴은 하관이 턱끝 쪽을 향하도록 제작해 줍니다.

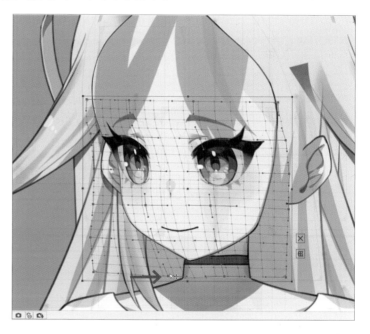

19 아래와 같이 제작이 완료되었다면 오른쪽을 향해 [움직임 반전]을 진행하고 링크를 해제해 줍니다.

20 다음은 각도X 0, 각도Y [-30.0], [+30.0] 지점을 작업하겠습니다. 해당 각도는 단순히 위 아래를 바라보는 모습이기 때문에 이전에 제작했던 대각선 좌우의 움직이는 정도를 고려해서 제작해 줍니다. 각도 Y의 지점은 전제척으로 가운데 베지어를 위쪽으로 향하게 해서 위를 바라보고 있는 모습으로 제작해 주세요.

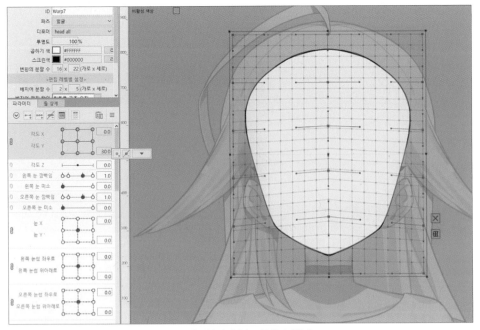

▲ 중앙 부분 베지어가 조금 올라가있다.

21 [머릿통]의 좌측 상단과 중앙 상단 간의 사이즈가 다를 것입니다. 이 부분은 중앙 베지어 점을 기준으로 그리드 표시선에 기준을 잡아줍니다.

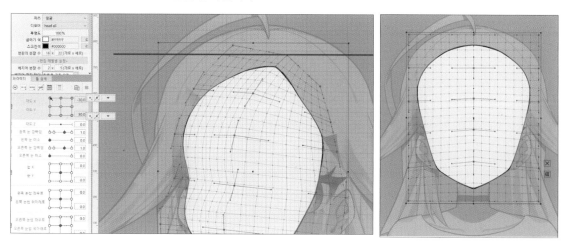

22 좌측 상단에서 잡았던 위치를 기준삼아 중앙 상단의 베지어를 조절하여 [머릿통] 사이즈를 조절해 주세요.

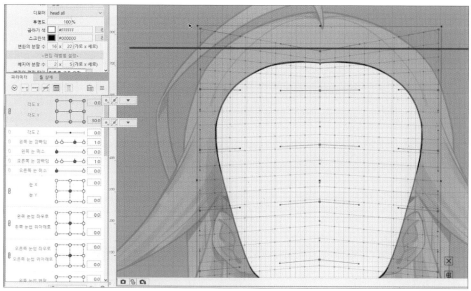

23 [머릿통]의 사이즈를 잡아주셨으면 바깥쪽 베지어도 조절해서 가운데 부분이 위를 향하도록 내려주세요.

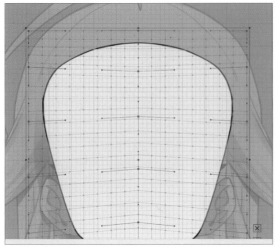 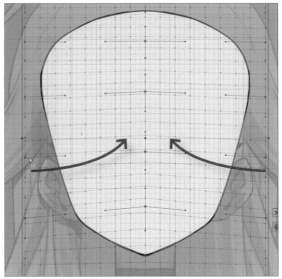

▲ 가운데 부분이 위를 향하도록 변형해 줍니다.

24 다음은 더욱 디테일한 부분을 잡기 위해 베지어를 가로 1줄 더 추가해 줍니다. 그리고 고개를 들면서 하관이 앞으로 돌출되기 때문에 원근감을 위해 앞부분은 크게, 뒷부분은 작게 표현해 주세요.

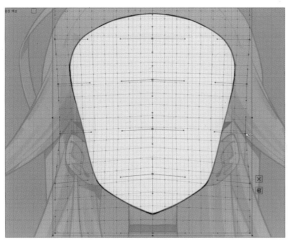 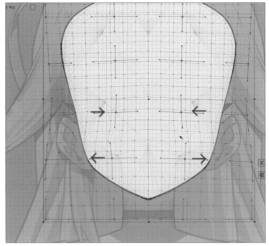

꼭 알고 가자!

얼굴은 입체적으로 생겼습니다. 정면 얼굴을 자연스럽게 만들기 위해서는 얼굴의 입체적 형태를 잘 이해하고 있어야 합니다. 꼭 얼굴의 입체를 의식하면서 만들어줍시다.

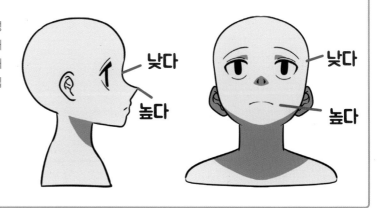

25 작아진 정도에 맞춰서 위쪽 머릿통을 작게 표현해 주세요.

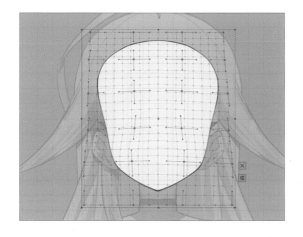

26 다음은 고개숙인 모습입니다. 턱 쪽이 점점 작아지고 이마 부분이 넓어지게끔 표현해 주세요.

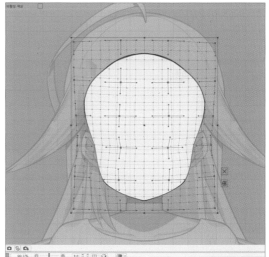

27 이렇게 움직인 머릿통을 정리하면 위 이미지와 같이 움직이는 것을 확인해 볼 수 있습니다.

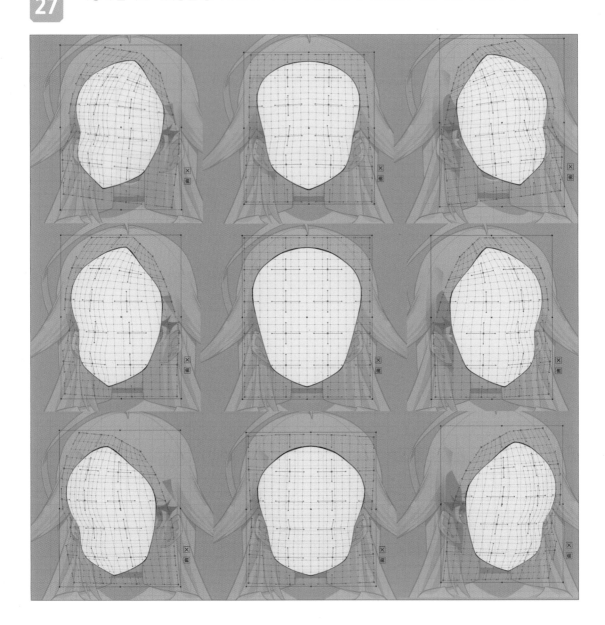

28 다음은 고개 숙이는 모습의 안면 요소를 배치하는 것을 작업해 보겠습니다. 각도 y의 [-30.0] 구간입니다.

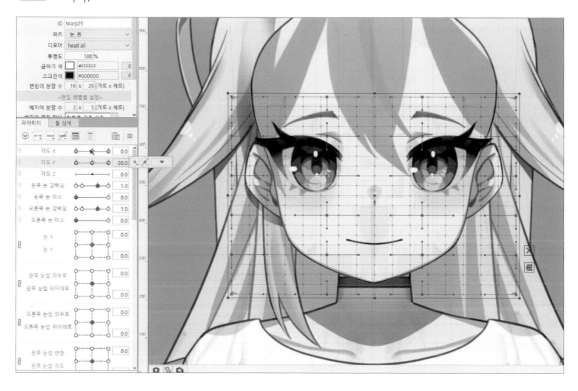

29 고개 숙인 상태에서도 비율을 그대로 옮긴다는 느낌으로 진행해 주세요.

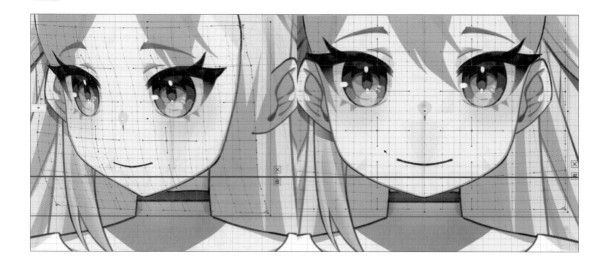

고개를 숙이는 만큼 하관 쪽은 작아지게 표현해 주세요.

 고개 올리는 모습에서는 이전에 머릿통 올렸던 것과 동일하게 진행해 주세요. 고개를 올리는 모습은 원근감을 통해 위쪽으로 갈수록 작아지기 때문에 안면 요소도 그 점 고려해서 눈과 눈썹도 가로 폭을 좁혀주세요.

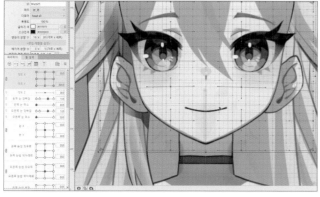

이것으로 대략적인 얼굴의 8방면 움직임은 제작이 마무리되었습니다. 다음은 디테일 부분들을 설명드리겠습니다.

3. 얼굴 : 디테일(코, 입, 입안)

01 우선 [코]부터 진행하겠습니다.

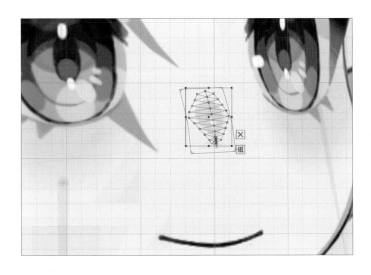

02 [코]의 상위 디포머를 각도 XY축에 3키 추가해 주세요.

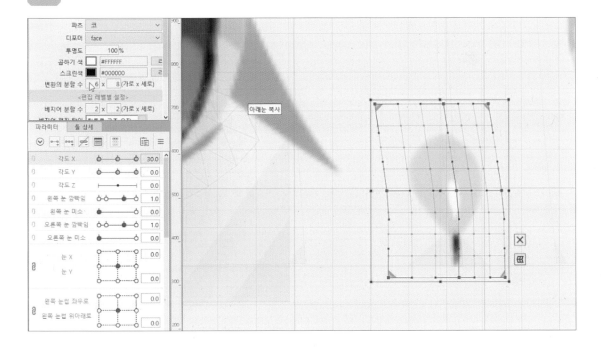

03 [코]는 선 위쪽을 기준으로, 아래는 [콧잔등], 위는 [콧등]으로 볼 수 있습니다.

그래서 그 구분을 두고 코의 움직임을 제작할 예정이니 변환 갯수를 조절해 주세요.

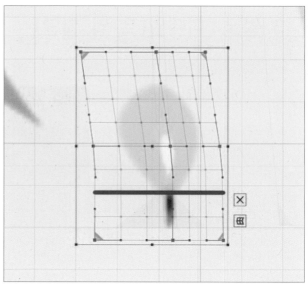

04 [얼굴 X축]의 + 포인트부터 진행하겠습니다.

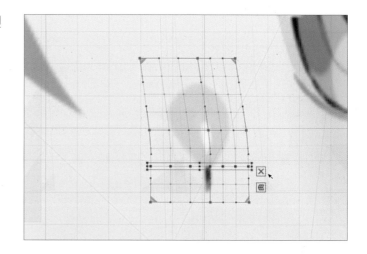

05 [콧등]은 왼쪽에서 오른쪽을 향하게, [콧잔등]은 오른쪽에서 왼쪽을 향하게 옆모습의 코 모양을 제작해 주세요.

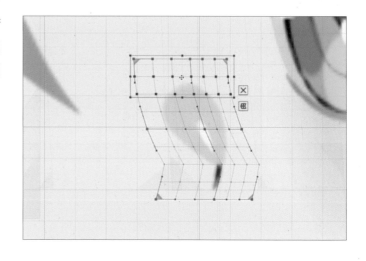

06 코의 맨위 베지어가 눈과 눈 가운데에 있다는 생각으로 점점 바깥쪽을 향해 나가는 형태로 배치해 주세요.

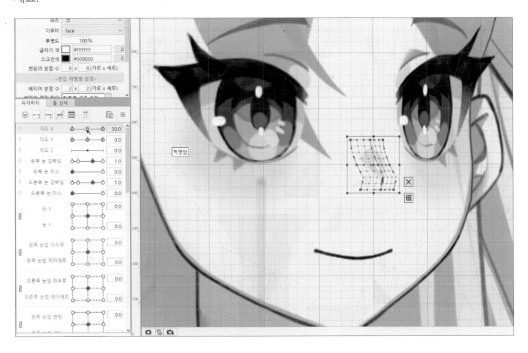

07 [각도 X]의 +포인트 지점이 완성되었다면 [네 모서리 폼을 자동 생성]을 선택해 주세요.

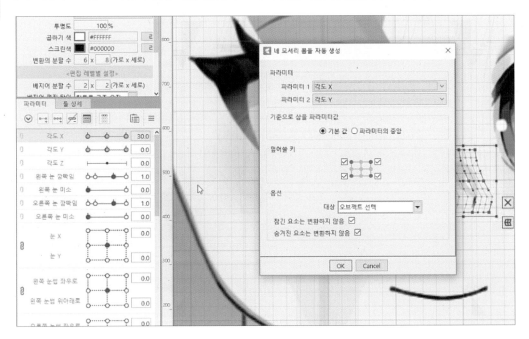

08 우측 상단의 [코]는 고개를 올리는 만큼 [콧등]이 더 안보이게 제작해 주세요.

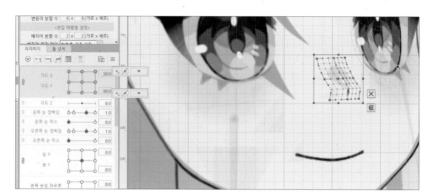

09 아래의 [콧잔등]을 포함하여 위로 올리시고 [콧등]을 그에 맞게 수정해 주세요.

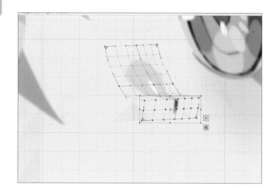 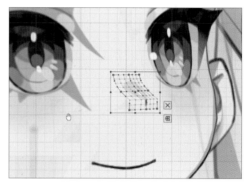

10 고개 숙일 때에는 [콧등]이 많이 보여지게끔 적용해 주세요. 이렇게 진행이 마무리되셨다면 각 구간마다 [움직임 반전]을 통해 왼쪽으로 반전시켜주세요.

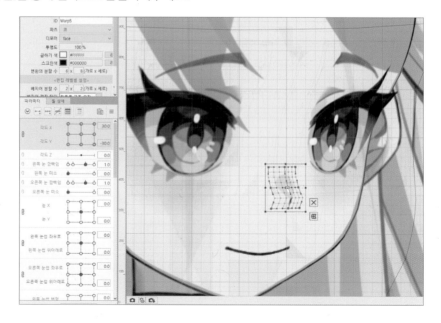

11 다음은 고개 올리고 숙이는 모습에서도 측면과 비율을 동일하게 가져가는 느낌을 살려 제작해 주세요.

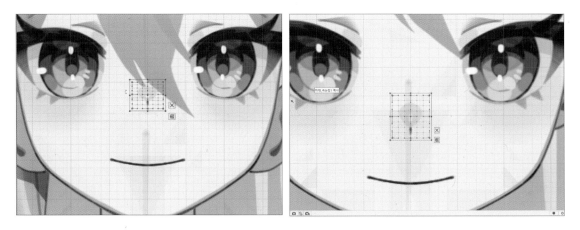

12 다음은 [입]을 진행해 보도록 하겠습니다. 위 모델에서는 변환 갯수를 9×9로 진행했습니다.

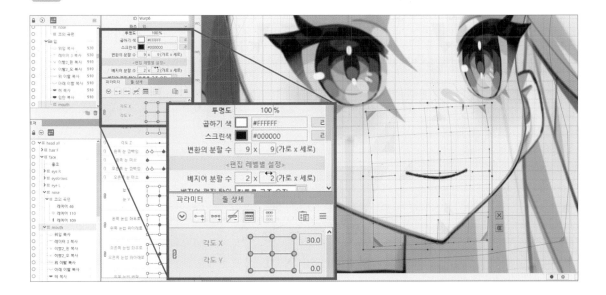

13 [입]을 작업할 때에는 벌려둔 상태에서 작업하는 것이 좋습니다.

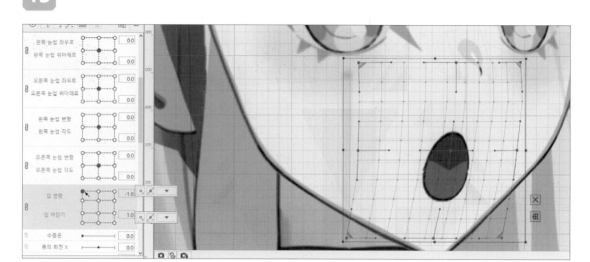

14 [입]을 작업하기에 앞서 유의하면서 볼 부분은, 워프 디포머의 윗 부분은 [코 끝]에 맞춰서 배치하고 아랫 부분은 [턱 끝]에 맞춰서 작업해 주세요. 측면 얼굴의 곡선은 [코]를 기준으로 한번 앞으로 나오고 다시 턱끝으로 들어가기 때문에 이 느낌을 살려서 작업해 주세요.

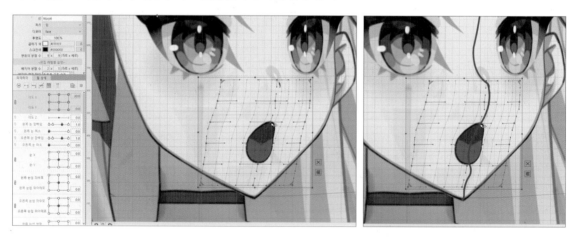

15 그리고 가로 베지어 갯수를 늘려서 입이 많이 좁혀지는 느낌을 줄여줍니다.

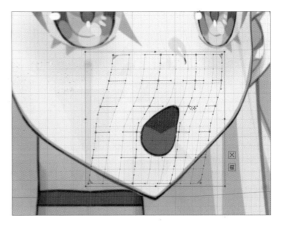

16 얼굴의 곡선 부분은 따로 변환의 가로줄을 잡고 둥근 느낌으로 진행해 주세요.

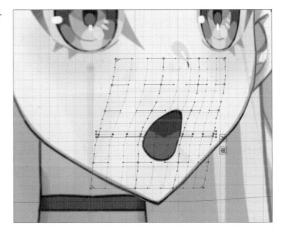

17 그렇게 진행하셨으면 코 움직임 때와 동일하게 [네 모서리 폼을 자동 생성]을 선택해주신 다음에 우측 상단을 작업해 보도록 하겠습니다.

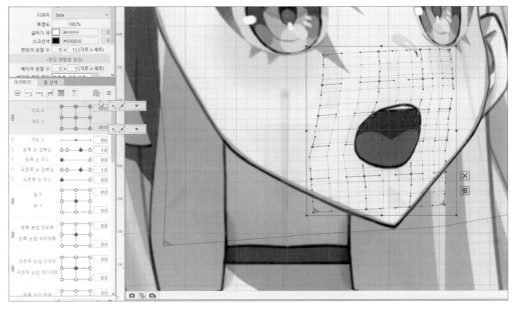

18 [우측 상단]은 몸보다 바깥쪽이 더 올라가기 때문에 끝부분을 올려주시고 몸과 가까운 부분은 내려가게 제작해 주세요.

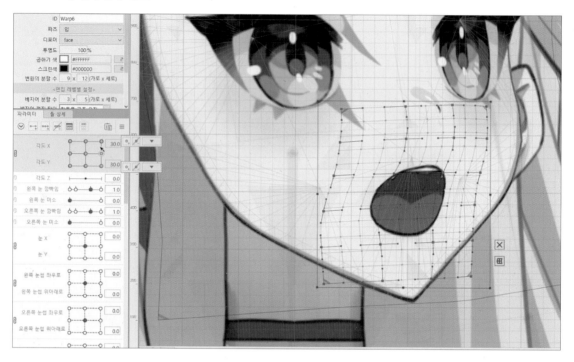

19 [우측 하단]은 턱끝 부분에 중심을 맞추고 바깥쪽 베지어를 위로 올려주는 방식으로 맞춰주세요. 여기까지 입의 우측 방면을 완료했다면 좌측으로 [움직임 반전]해 주세요.

20 다음은 고개 숙인 모습의 [입]입니다. 여기서는 고개를 숙인 만큼 세로 폭으로 줄이고 [입꼬리] 부분은 위로 올려줍니다.

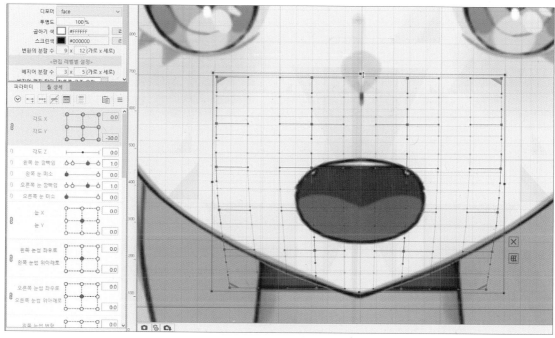

▲ 0.0, −30.0

21 고개 올린 모습에서는 [입]이 더 크게 보이도록 세로 폭을 늘려주시고 전체적으로 위쪽으로 조금씩 올려주세요.

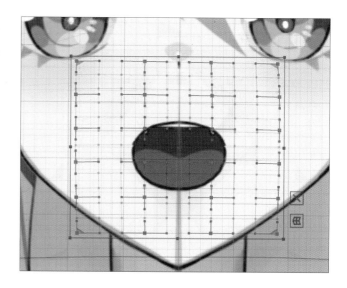

> **TIP**
> [입]과 [코]의 위치는 얼굴의 8방면을 움직이면서 어색하지는 않은지 검토하는 작업도 필요합니다.

22 다음은 [입안] 요소들을 입체적으로 표현해 보도록 하겠습니다.

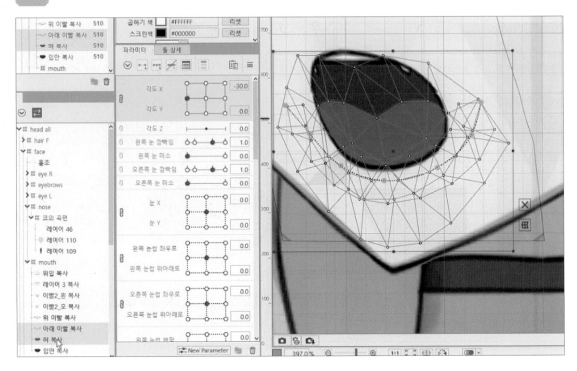

23 각도 XY값이 0인 상태에서 [아랫니]와 [혀]를 선택하고 새로운 워프 디포머를 생성해 줍니다.

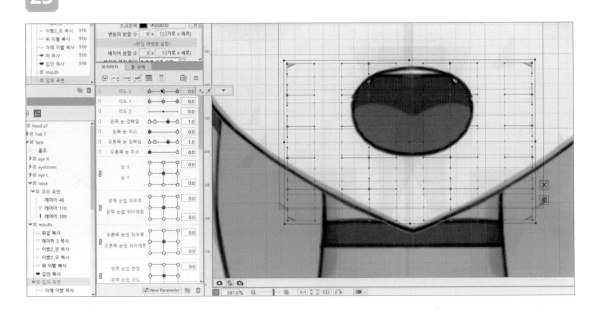

24 고개를 왼쪽으로 움직였을 때에는 [혀]가 같이 앞으로 가는 것이 아니라 목젖이 뒷쪽에 있기 때문에 오른쪽을 향해 변형시켜 주세요.

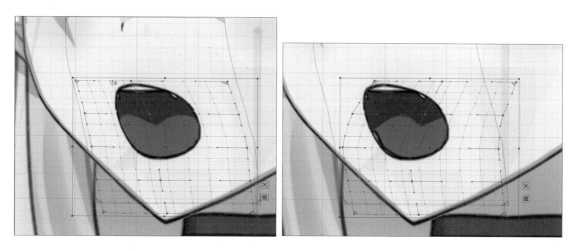

25 왼쪽이 완성되었다면 [움직임 반전]을 통해 반전시켜주세요.

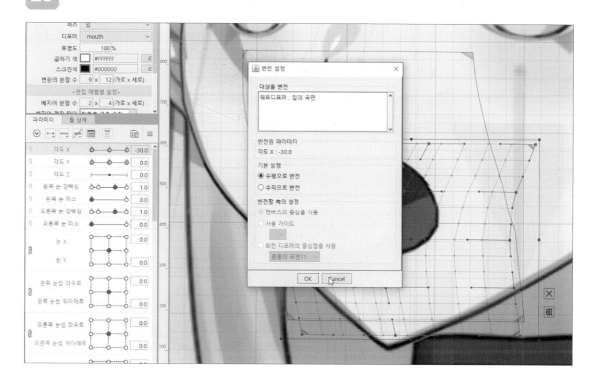

26 각도Y의 -포인트는 이빨이 있는 부분의 위쪽을 기준으로 선택해서 위쪽으로 늘려줍니다. 늘려주는 이유는 고개를 숙인 만큼 혀는 더욱 많이 보여져야 하기 때문입니다.

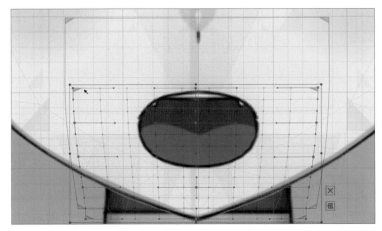

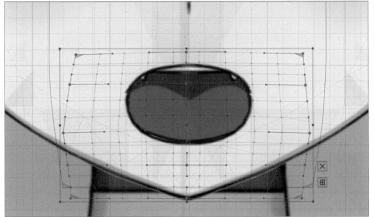

▲ 고개를 숙일 때 혀가 더 많이 보여야 합니다.

27 그 느낌을 살려 고개를 올릴 때에는 [혀]가 더욱 많이 안 보이게끔 눌러주세요.

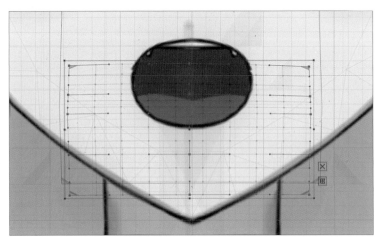

▲ 고개를 올릴 때는 혀가 좀 덜 보이도록 수정합니다.

28 좌우상하를 제작했다면 [네 모서리 폼을 자동 생성] 선택해 주세요.

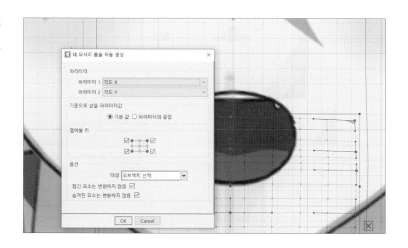

29 [네 모서리 폼을 자동 생성]을 진행하신 후에는 좌측 상단 모습에서 바깥쪽이 올라가있는 느낌으로 형성되어 있을텐데

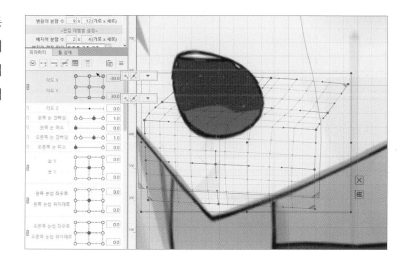

30 [혀]는 목 쪽에 붙어있는 형태이므로 바깥쪽으로 나갈 수록 작아지게끔 표현해 주세요.

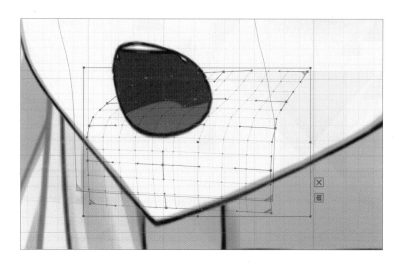

31 좌측 하단을 바라볼 때에도 바깥쪽이 작아지게끔 표현해 주세요.

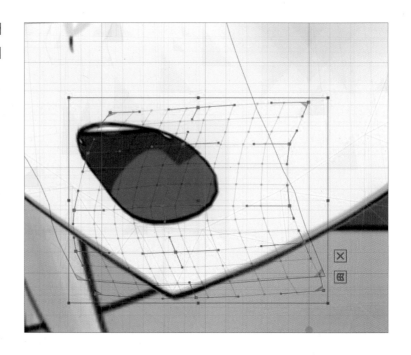

이상으로 얼굴과 안면요소의 8방면 움직임은 마무리가 되었습니다. 해당 모델은 입문자를 위한 지침서로서 추가적인 디테일한 요소들은 제외된 부분들이 있습니다. 예를 들면, 눈 감고 뜰 때의 눈동자 흔들림, 하관의 움직임에 맞춰 볼살 관련 흔들림, 입X축 움직임 등의 방법은 기본기를 익히신 다음 한 번씩 시도해보시는 것을 추천드립니다.

4. 얼굴 : 디테일 2(귀, 턱, 턱 명암)

01 다음은 얼굴 위치에 맞게 [귀]를 부착하는 것에 대해서 진행해 보도록 하겠습니다.
우선 [좌우 귀] 디포머를 각도 XY에 3키 추가해 주세요.

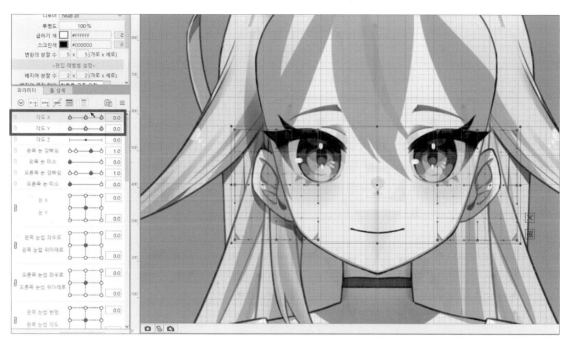

02 먼저 [X축]에 대해서 진행하겠습니다.

03 얼굴이 돌아간 만큼 [귀]가 정상적으로 붙어있을 수 있도록 부착해 주세요.

04 [오른쪽 귀]는 고개가 돌아간 만큼 축소되어 일정 부분이 생략되어 보여야 합니다. [귀]를 가로로 좁혀서 눌러주고 시작 부분이 더 안쪽에 배치되게끔 넣어 주세요.

05 반대편 또한 동일하게 진행해 주세요.

06 고개 숙이는 모습에서도 똑같이 아래로 내려오게 배치해 주세요.

07 고개 올리는 모습에서도 [귀]를 올려서 부착해 주세요.

08 [귀]같은 경우에는 정면에서 귀의 위치와 눈꼬리 간의 간격을 파악해서 고개 숙일 때는 [눈꼬리]보다 위로, 고개 올릴 때에는 [눈꼬리]보다 아래에 배치되게끔 진행해 주세요.

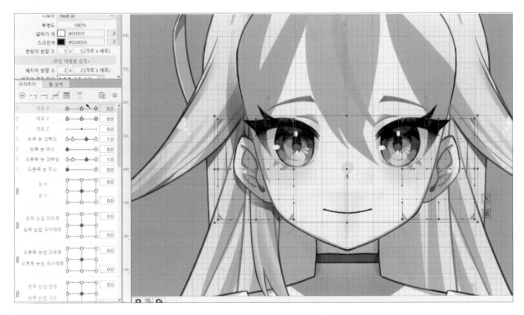

09 4방면에 대해서 진행 완료되셨
으면 [네 모서리 폼을 자동 생
성] 선택해 주세요.

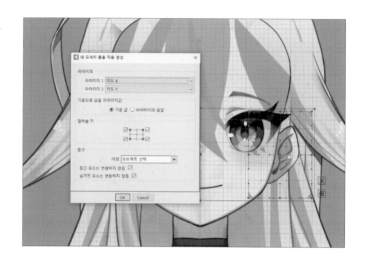

10 [귀]의 대각선 방면은 얼굴이
틀어진 형태에 맞춰서 [귀]의
각도를 맞춰줍니다.

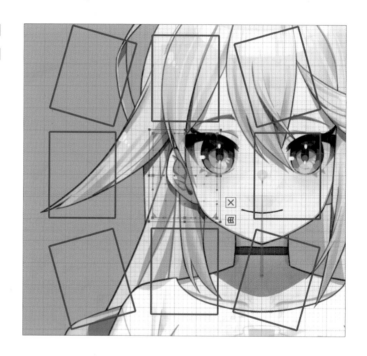

11 그림과 같이 얼굴에 붙인다는 느낌으로 붙여주세요.

12 반대편 귀 또한 같은 방법으로 부착하면 됩니다.

13 다음은 얼굴 테두리 선을 부분적으로 제거하는 방법에 대해서 설명드리겠습니다.

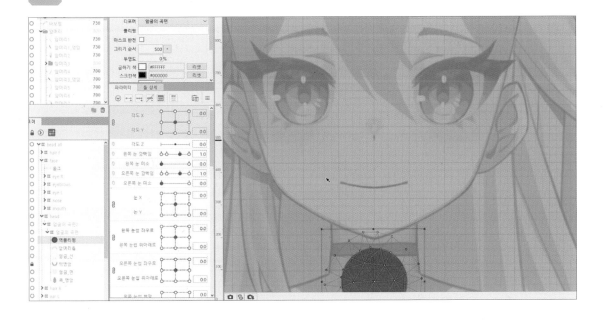

14 [head] 워프 디포머에 [역클리핑] 아트메쉬가 있는 것을 확인해 볼 수 있습니다.

15 [얼굴] 테두리 선에 역 클리핑 구체 3개의 ID값을 클리핑 란에 입력하고 [마스크 반전]을 활성화해 주세요. 기본적으로 클리핑을 취하면 해당 아트메쉬는 클리핑에 입력한 아트메쉬의 영역에서만 보여지게 됩니다.

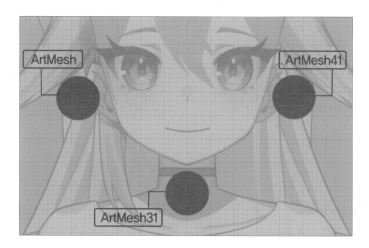

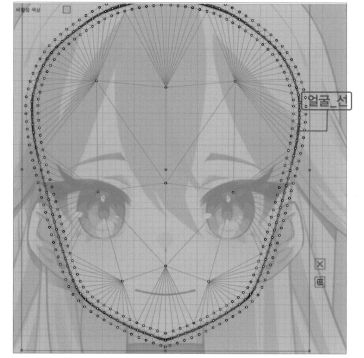

16 [마스크 반전]을 사용하면 클리핑에 입력한 아트메쉬 영역 밖에서만 보여지게 됩니다.

해당 기능을 이용해 기본적으로는 테두리선이 보이되, 특정 상황에서만 선이 안 보이도록 진행해 보겠습니다.

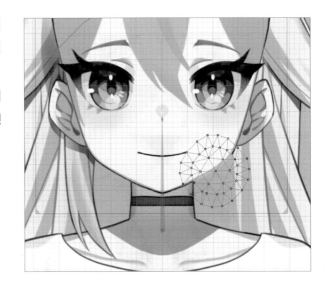

17 좌우에 배치되어 있는 구체는 파라미터에 키를 추가 하기 전에 납작한 구체 형태로 변형해 주세요.

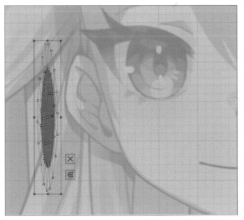
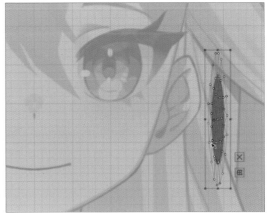

18 구체 3개를 각도 XY 파라미터에 3키 추가해 주세요.

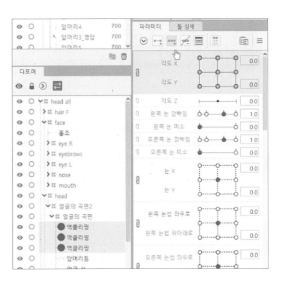

19 왼쪽을 바라보고 있는 모습부터 진행하겠습니다. 우
측에 배치되어 있는 구체를 선택해 주세요.

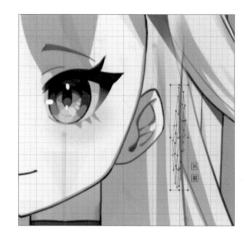

20 [구체]를 [얼굴]과 [귀] 사이에 배치하면 위와 같이 선이 사라지게 됩니다. 변형 패스를 활용해 테두리
선이 올바르게 이어져 보이도록 조정해 줍니다.

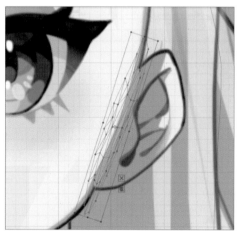
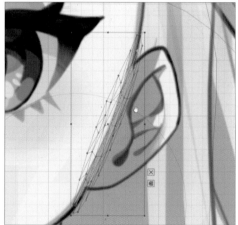

21 위와 같이 진행하면 테두리 선이 없어져 보이는 것을 확인할 수 있습니다. 똑같은 방법으로 반대편 귀
도 작업해 주세요.

22 다음으로는 대각선 방면에서도 선이 올바르게
생략되어 보이도록 조절해 줍니다.

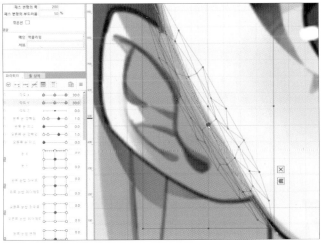

23 그리고 반대편 귀 또한 동일하게 작업해 주세요.

24 다음은 턱 아랫선 생략하는 방법에 대해서 진행하겠습니다.

25 아래 구체를 선택하고 Y파라미터는 0인 상태에서 왼쪽을 바라본 모습에서는 구체가 어금니쪽에 배치되도록 지정해 주세요. 반대편도 동일하게 작업해 주세요.

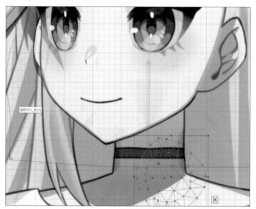 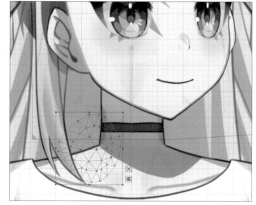

26 우측 상단을 올려다 볼 때에 턱선이 사라져보이도록 구체를 올리고 정점을 조절해 주세요. 이는 반대편도 동일합니다.

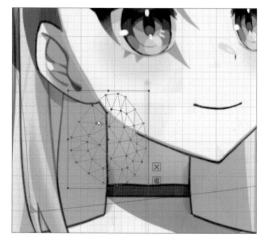 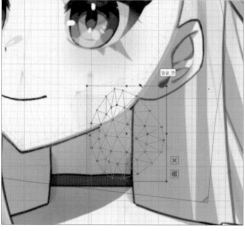

27 고개를 들어올린 모습에서는 턱선이 절반 정도 사라져 보이도록 진행해 주세요.

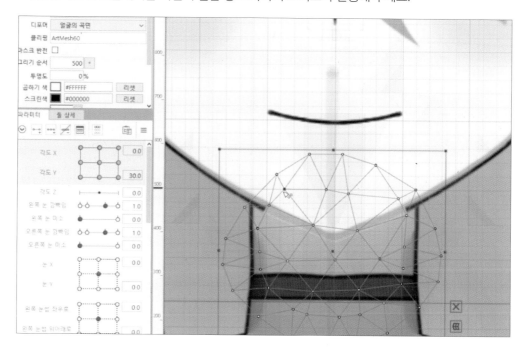

28 여기까지 마무리되신 분은 대각선을 바라볼 때에 위와 같이 보여지게 되실겁니다. 해당 각도에서는 얼굴의 옆면이 가장 많이 보여지는 부분이므로 얼굴의 명암 영역을 더 확장해 주도록 합니다.

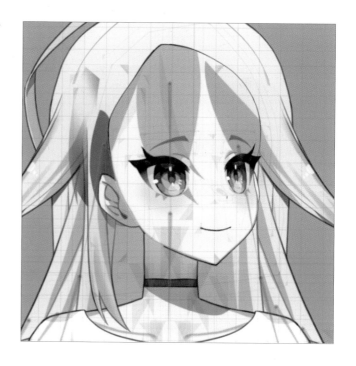

29 여기에서는 얼굴 면에 클리핑되어 있던 턱 명암 아트메쉬를 활용합니다. 얼굴 XY 파라미터에 3키 추가해 주세요.

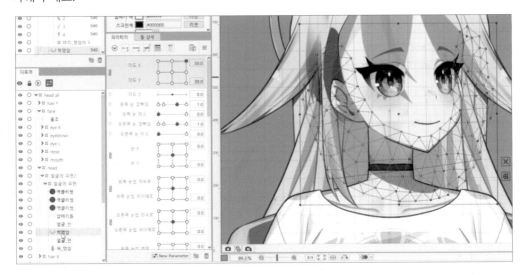

30 여기에서는 변형 브러쉬 툴을 사용하겠습니다.

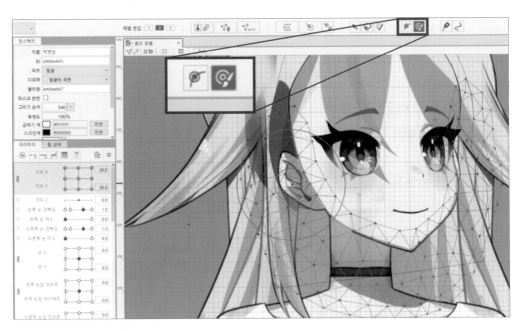

31 귀 부분을 클릭해서 얼굴 쪽으로 드래그해 주세요. 그러면 클리핑되어 안보이던 명암 영역이 더욱 많이 보여지게 됩니다.

32 아래와 같은 방법으로 측면 방향을 바라볼 때에는 명암을 활용해 [얼굴의 옆면]을 표현해 줍니다.

33 옆면을 바라보는 모습에서도 동일하게 명암을 표현해 주세요.

34 얼굴의 각도가 많이는 돌아가지 않은 만큼, 옆면에 명암이 생기는 영역이 많지 않으므로 조금씩 표현해 주세요.

35 고개를 들어올리는 모습에서는 [아랫 턱살 부분]이 보여지도록 명암을 끌어 올려줍니다.

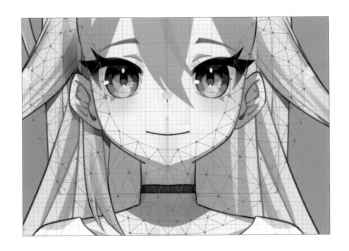

36 명암은 반대편도 동일하게 작업해 주시는데 주의사항으로는 [좌측상단 - 중앙상단 - 우측상단]을 전환하는 과정에서 명암이 어색하게 큰 폭으로 형태가 수정되는 등의 이질감이 들지 않도록 조절해줘야 합니다.

37 중앙과 중앙하단의 모습만 제외하고 전부 완료하셨다면 다음은 눈동자의 입체감 표현입니다.

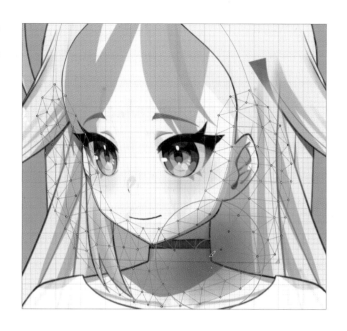

5. 얼굴 : 디테일3(눈동자)

01 [동공] 관련 아트메쉬가 전부 포함되어 있는 워프 디포머를 선택해 주세요. 그 위에 새로운 상위 워프 디포머를 생성해 줍니다.

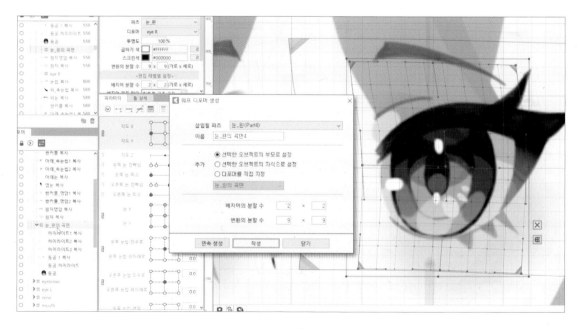

02 [왼쪽 눈]도 동일하게 새로운 워프 디포머를 생성해 주시고 [각도XY] 파라미터에 3키를 추가해 줍니다.

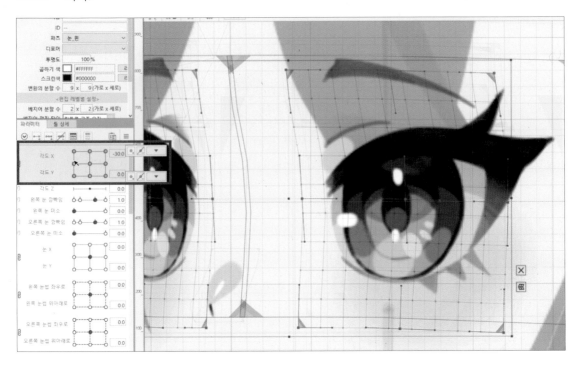

03 변형하기 편리하도록 베지어의 갯수를 4×4로 수정해 줍니다.

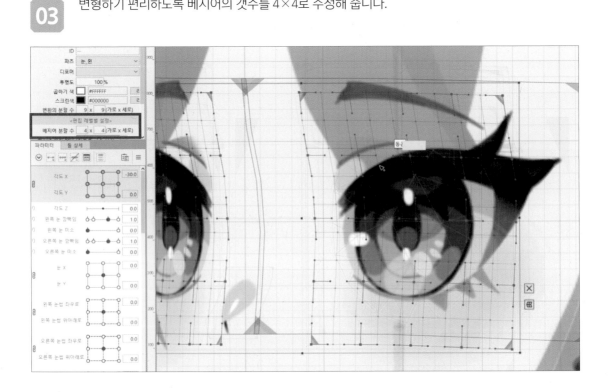

04 눈은 둥근 구체로 되어 있고 홍채는 각막의 안쪽에 위치하기 때문에 각도에 따라 홍채의 위치는 오목한 특성을 살려 동공의 한 가운데가 아닌 깊이감 있게 표현을 해주어야 합니다.

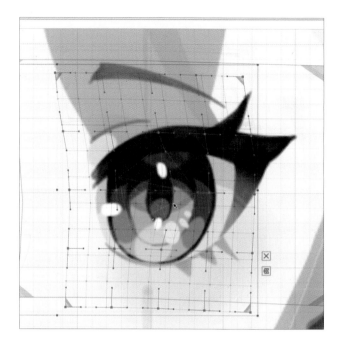

05 안쪽으로 조금씩 당겨주시고 베지어의 십자선을 활용해서 홍체가 조금 더 오른쪽에 위치하게 수정해 주세요.

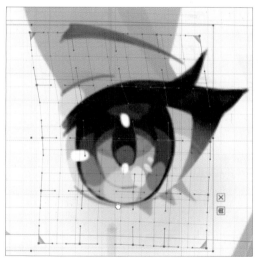

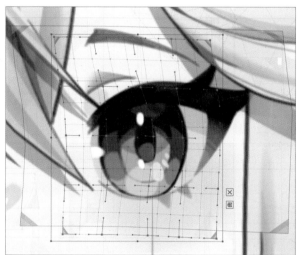

06 왼쪽눈 같은 경우에도 안쪽에 배치될 수 있게 오른쪽으로 기울여서 진행해 주세요.

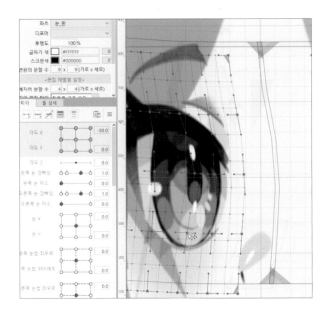

07 반대편 눈도 동일하게 진행해 주세요.

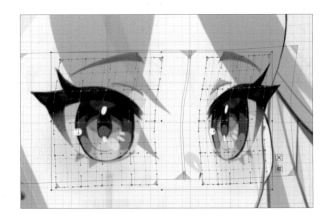

08 고개 숙이거나 올리는 모습에서도 [동공]은 얼굴의 중심을 향하도록 조정해 주세요.

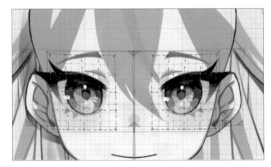
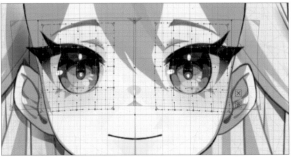

09 그렇게 4방면에 대해서 진행 완료 하셨다면 [네 모서리 폼을 자동 생성]을 선택해 주세요.

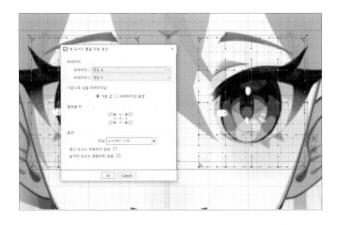

10 다음은 [눈 하이라이트] 아트메쉬만 따로 선택해서 새로운 워프 디포머를 생성해 주세요. 반대쪽 눈도 똑같이 진행합니다.

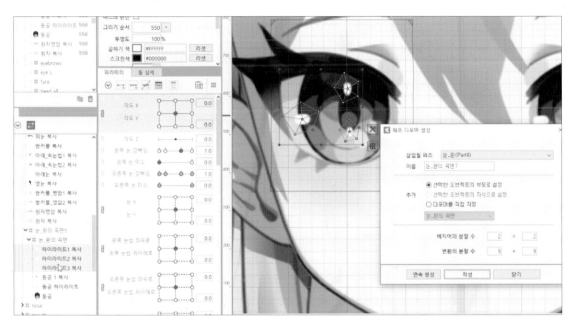

11 [눈 하이라이트]는 눈의 각막에 비춰지는 요소이기 때문에 오목한 효과보다는 볼록해보일 수 있도록 조정해주겠습니다. 먼저 각도XY 파라미터에 3키를 추가해 주세요.

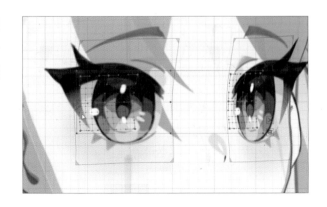

12 변환의 갯수를 줄이고 정점들을 활용해서 얼굴 중심의 바깥쪽을 향하도록 이동해 주세요.

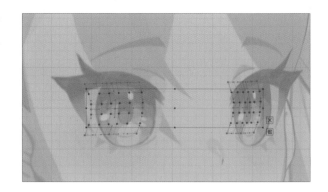

13 그리고 볼록한 느낌이 나도록 베지어 십자선을 활용해 주세요. 반대편의 눈 또한 동일합니다.

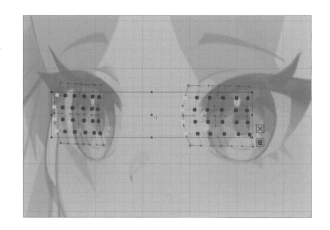

14 고개를 숙이거나 올릴 때도 볼록한 느낌을 살려주세요. 여기까지 마무리되셨으면 [네 모서리 폼을 자동 생성]을 선택해 줍니다.

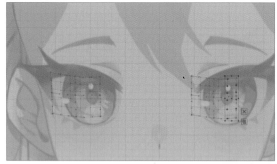

▲ 고개를 숙일 때

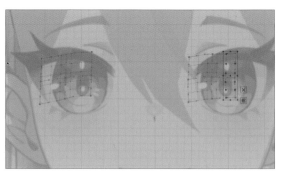

▲ 고개를 올릴 때

15 좌측 상단을 바라보는 모습에서는 형태감이 많이 일그러지는 것을 확인해 볼 수 있습니다.

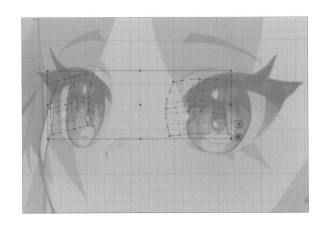

16 방향감에 맞게 형태감을 펴서 배치해 주세요.

17 다른 대각선 방면도 동일하게 작업해 주세요.

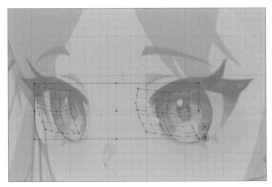 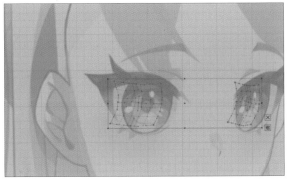

얼굴의 대각선 움직임에 대한 작업은 마무리가 되었습니다.

얼굴의 대각선 방면을 제작하는 것은 초심자들에게 아주 어려운 일입니다. 어려움이 있거나 하는 부분이 있다면 다음 모델에서는 어떻게 개선할지, 더 자연스럽고 이쁘게 만들지에 대해서 고민해보시는 것도 좋다고 생각합니다.

Chapter 02

머리카락

1. 머리카락 좌 우 : 앞 머리카락

01 [머리 X Y축] 이동에 맞춰서 [머리카락]이 붙어있게끔 배치해주도록 하겠습니다.

02 이전에 머리 움직임을 위해 비활성화했던 앞머리 폴더를 활성화해 주세요.

👁 ○	∨ 📁 앞머리		
👁 ○	앞머리1	730	
👁 ○	앞머리1_명암	730	
👁 ○	앞머리2	730	
👁 ○	▶📁 앞머리3		
👁 ○	앞머리4	700	

03 [앞 머리카락] 관련 워프 디포머를 선택해서 [각도 X] 파라미터에 3키 추가해 주세요.

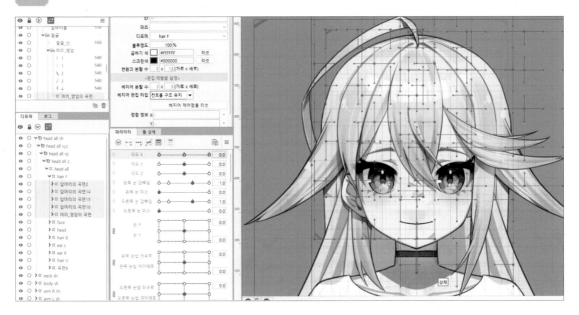

04 [앞 머리카락] 관련 워프 디포머가 각도 X Y 파라미터 외에 다른 파라미터에도 추가되어 있는지 해당 아이콘을 선택해서 확인해 줍니다. 만약 최상위 디포머에 [머리카락 흔들림] 관련 파라미터가 등록되어 있다면 새로운 상위 디포머를 생성하고 [각도 X]에 3키 추가해 줍니다.

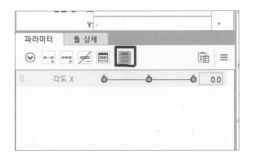

05 왼쪽 방면부터 진행하겠습니다. [각도 X]파라미터의 [-포인트]로 이동하면 머리카락은 그대로이고, 머릿통만 움직이는 것을 확인해 볼 수 있습니다.

06 앞머리 관련 디포머를 전부 선택한 상태에서 중앙 앞머리가 정면을 제작하는 것과 동일하게 눈 사이에 배치될 수 있도록 왼쪽으로 이동합니다.

07 [움직임 반전]을 선택하여 오른쪽 방향도 만들어주세요.

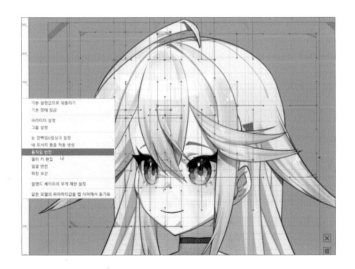

08 다시 왼쪽으로 돌아와서, 왼쪽 얼굴이 돌아가면서 좁혀지는 부분에 맞춰 중앙 머리를 변형시켜줍니다.

09 왼쪽 베지어 점을 활용해 좁혀줍니다.

10 그리고 두상은 둥글기 때문에 [위쪽 머리카락]도 두피에 붙어있게 안쪽으로 당겨주세요.

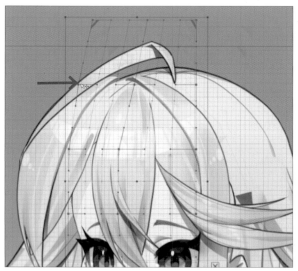 

11 눈썹쪽은 머리카락의 볼륨감을 위해 띄워주시고 머리카락 끝단은 다시 안쪽으로 말리는 형태로 둥글게 제작해 주세요. 진행이 완료되었다면 [움직임 반전]을 선택합니다. 우측 방면에서도 두피에 붙어있고 볼륨감을 살린 형태로 다듬어 주세요.

> **TIP**
> 중앙 앞머리는 워프 디포머가 모델의 중심에 위치하고 있기 때문에 [움직임 반전]을 선택할 수 있지만 다른 헤어는 중앙에 위치한 것이 아니기 때문에 [움직임 반전]을 사용하지 않고 좌,우 측을 제작해야 합니다.

2. 머리카락 좌우 : 옆 머리카락(왼쪽)

01 다음은 [옆 머리카락]입니다. 오른쪽을 바라볼 때의 [왼쪽 머리카락]은 더욱 많이 보여져야 하는 부분이기 때문에 사이즈를 늘려주는 방향으로 잡아갑니다.

02 따로 구레나루 용도로 배치되어 있는 머리 카락이 없기 때문에 해당 머리카락을 구레 나루 쪽에 배치해 주세요.

03 위쪽도 둥글게 말려보이기 위해 [중앙 앞머 리]와 [옆 머리카락] 간의 비율을 고려해서 적당히 간격을 두도록 합니다.

04 왼쪽을 바라볼 때의 [왼쪽 머리카락]은 머리 가 돌아갑니다. 그래서 보여져야 하는 영역 도 축소되어야 합니다.

가로 폭을 좁히고, 두상의 볼륨감에 맞춰서 둥글게 표현해 주세요.

06 오른쪽의 뿌리 부분도 두피에 붙어있을 수 있도록
당겨줍니다.

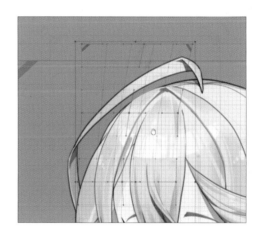

07 넘김머리 아트메쉬는 [중앙 앞머리]와 [구레나루 머리카락]의 연결부위를 고려해서 [앞 머리]간의 비
율에는 큰 영향이 없도록 진행해 주세요. 진행하시면서 베지어의 갯수를 조절하여 보다 편리하게 변
형하는 습관을 길들이시는 것도 좋습니다.

08 좌측 방면에서도 [좌우 머리카락]간의 간격을 고려해서 작업해 주세요

3. 머리카락 좌우 : 삐죽 머리카락

01 다음은 [삐죽 머리카락]입니다. [삐죽 머리카락]의 스타일은 살리되, 측면으로 돌아가는 만큼 가로 사이즈는 많이 생략되도록 진행해 주세요.

▲ 삐죽 머리카락의 가로 사이즈를 줄여주면 됩니다.

02 진행하시면서 현재의 베지어 위치로는 디테일한 변형을 가하기 힘들다고 판단될 경우, 갯수 조절을 해 주세요.

03 반대편도 동일한 기준으로 진행해 주세요.

4. 머리카락 좌우 : 옆 머리카락 2

01 다음은 오른쪽의 [옆 머리카락]입니다. 가로 폭을 줄이고 머리 쪽으로 붙여주세요.

02 위쪽의 뿌리 부분이 두상에 붙어있을 수 있도록 안으로 말아줍니다.

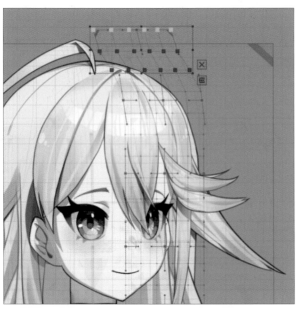

▲ 뿌리 부분은 두상에 잘 맞춰주시고, 전체적인 위치를 안쪽으로 잘 붙여줍니다.

03 반대편 방면도 [옆 머리카락]의 가로 사이즈를 늘리고 뿌리 부분을 신경써서 붙여주세요.

04 다음은 [넘긴 옆 머리카락]입니다. 새로 각도X 파라미터에 3키를 추가해 주시고 [귀 뒤]에 배치되어 있는 머리카락인 만큼 위치에 신경써서 진행해 줍니다.

넘긴 옆 머리카락

05 가로 사이즈를 줄이고 귀 뒤쪽에 있는 것처럼 뒤쪽으로 넘겨주세요.

▷ 귀의 뒤쪽으로 넘어가있어야 한다.

06 우측 방면은 귀에 영향을 받기보다 두피에 부착되어 있는 머리카락의 뿌리 위치를 고려해서 이동해 주세요.

5. 머리카락 좌우 : 삐죽 옆 머리카락

01 다음은 [삐죽 옆 머리카락]입니다. 해당 머리카락 워프 디포머도 각도X에 3키 추가하고 베지어, 변환 갯수를 늘려주세요.

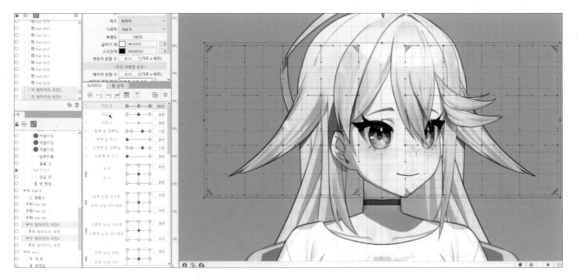

02 삐죽머리는 가운데서 보면 평면처럼 보이지만, 입체로 움직일 때는 원뿔에 가깝게 생각하고 만들어 주면 됩니다. 화면에서 가까운 부분은 크게 작은 부분은 작게 만들어 준다는 것을 생각하고 만들어줍 시다.

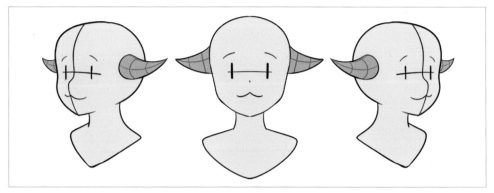

▲ [삐죽 옆 머리카락]을 입체적으로 표현한다면 예시와 같은 그림이 된다.

03 [옆 삐죽머리]는 양 옆으로 길게 뻗어있던 형태이기 때문에 측면으로 돌아갈 때는 많이 생략되어 보여 야 하고 앞머리에는 영향이 가지 않도록 조절해 주세요.

04 [반대편 머리카락 또한 가로 폭에 대해서 생각하며 두피에 부착해 주세요.

05 그리고 가로로 긴 머리카락인 만큼 가까이 올수록 커지고, 멀수록 작아지는 원근감을 기반으로 멀면 작게, 가까우면 크게 진행해 주세요.

▲ 287p의 예시그림을 참고하여 만들어 줍니다.

6. 머리카락 좌우 : 앞 머리카락 아트메쉬 정리

01 다음은 [앞 머리카락] 관련 워프 디포머를 포함하고 있는 [hair F] [앞 머리] 워프 디포머를 각도X 파라미터에 3키 추가해 줍니다.

해당 디포머를 활용해서 앞 머리의 XY축 움직임을 진행할 예정인데 그 이유는 모델의 중앙에 배치되어 있기 때문에 해당 워프 디포머로 우측의 상, 중, 하 방면을 제작하면 [움직임 반전]을 통해 반대편도 동일한 형태로 진행할 수 있기 때문입니다.

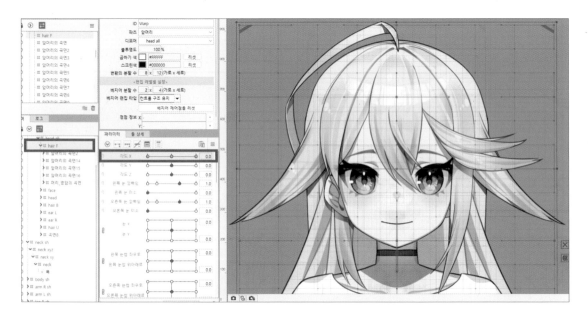

02 전체적인 레이어에 변형을 줄 수 있기 때문에 머리 두상에 맞게 윗면을 전체적으로 둥글게 표현하고 [움직임 반전]을 진행해 줍니다.

03 따로 허공에 떠보이는 느낌이 드는 구간은 더 머리 안쪽으로 부착되어 보일 수 있도록 조정해 줍니다. 그러면 [앞 머리카락] 아트메쉬의 X축 이동은 완료입니다.

7. 머리카락 좌우 : 옆 삐죽 머리카락(그림자)

01 [옆 삐죽 머리카락]의 그림자 영역이 좁아서 전체적인 그림자로 보여지지 않는 부분이 있는데 아트메쉬 자체의 사이즈를 키우려 하면 사용된 파라미터에도 영향이 가서 찍혀있는 포인트마다 사이즈를 키워줘야 합니다.

 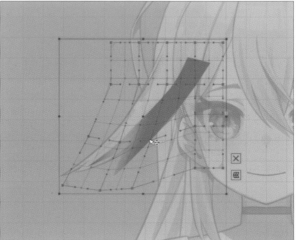

02 위와 같은 상황에서는 아트메쉬에 새로운 워프 디포머를 생성하고 워프 디포머의 사이즈를 길게 늘려주고 워프 디포머를 삭제하면 그림자의 사이즈가 늘어난 채로 변형이 일어나게 됩니다.

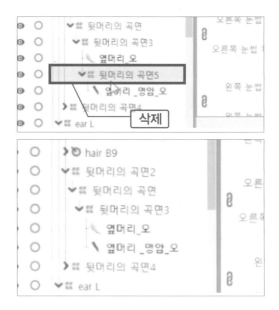

03 반대편도 동일하게 진행해 주세요.

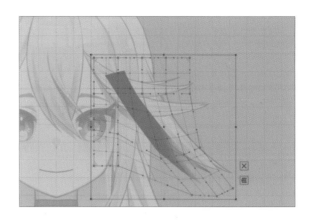

04 그러면 [삐죽 머리카락]의 그림자 부분이 늘어나 [뒷 머리카락]에 전체적으로 그림
자가 깔리게 됩니다.

05 [옆 삐죽 머리카락]의 그림자 영역도 마무리되었습니다.

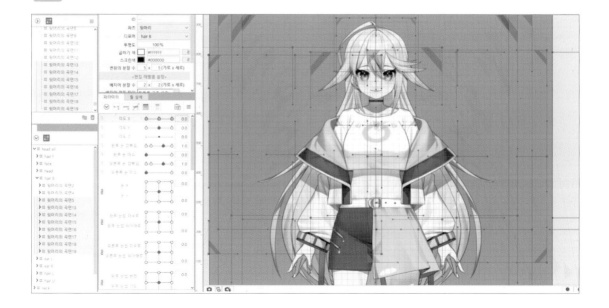

8. 머리카락 좌우 : 뒷 머리카락

01 다음은 뒷통수의 영역을 잡아줄 [뒷 머리카락]을 적용해 보도록 하겠습니다. 우선 [뒷 머리카락]은 전부 스키닝으로 진행되었을텐데 워프 디포머로 제대로 전환이 되었는지 확인해 보시고 최상위 디포머에 다른 파라미터에 키 삽입된 부분은 없는지, 만약 키가 지정되어 있다면 더 상위 디포머를 생성해서 각도X 파라미터에 3키 추가해 주세요.

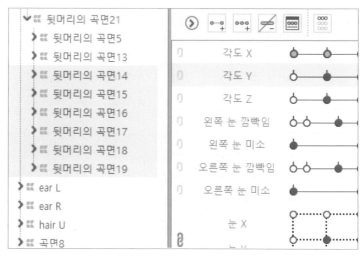

02 좌측 방면부터 진행하겠습니다.

▲ 화살표가 있는 부분(뒷통수)를 수정할 것입니다.

03 왼쪽부터 시작하겠습니다. 뒷통수의 볼록함을 표현하기 위해 전체적으로 오른쪽을 향해 이동을 해 주시고, [움직임 반전]을 선택해 주세요.

04 그리고 왼쪽 방면은 [뒷 머리카락] 또한 많이 가려지는 영역이기 때문에 변환, 베지어 갯수를 늘려 가려주세요.

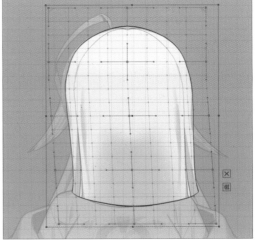

9. 머리카락 좌우 : 윗 머리카락

01 다음은 넘기는 [윗 머리카락]입니다. 뿌리는 중앙에 위치하면서 넘기는 위치는 뒤쪽으로 배치되어 있기 때문에 세밀한 조정이 필요하니 변환, 베지어 갯수를 늘려주세요.

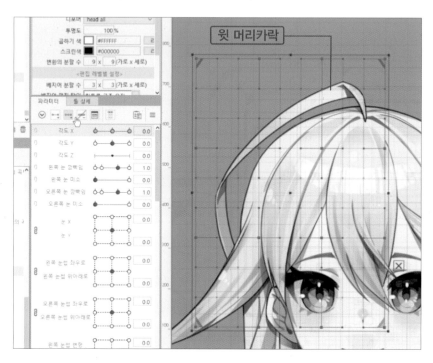

02 뿌리 부분은 머리 중앙에, 넘김머리는 뒤쪽으로 보여지도록 베지어를 조절해 변형시켜줍니다.

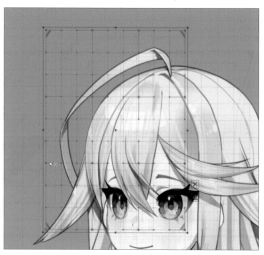 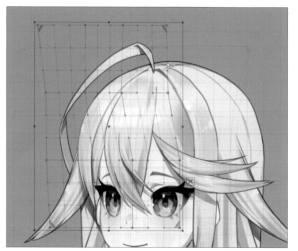

▲ 머리 중앙에 잘 붙어있을 수 있도록 옮겨줍니다.

03 [움직임 반전]을 하여 반대 방향도 만들어줍니다.

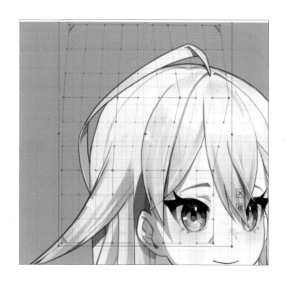

10. 머리카락 상하 : 앞 머리카락

01 다음은 고개 숙이는 모습에 대해서 진행해 보도록 하겠습니다.

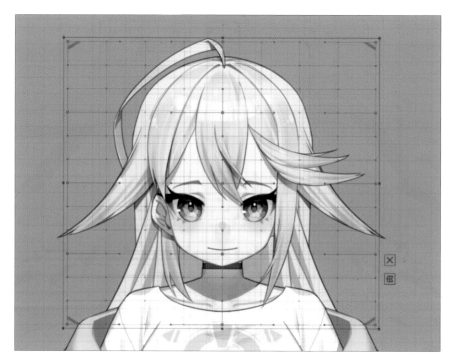

02 각도 X에 대해서 사용하던 워프 디포머에 각도 Y 파라미터 3키 추가해 주세요.

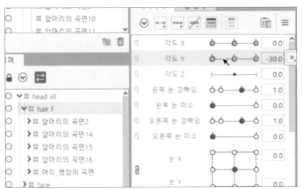
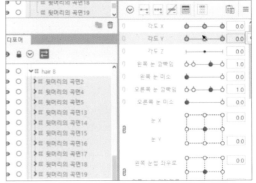

03 위, 아래 움직임에 맞춰서 기존 머리카락 위치를 변경해 주세요. 그리고 [네 모서리 폼을 자동 생성] 선택해 주세요. 디테일은 추후에 다듬도록 하겠습니다. 위치만 옮겨주세요.

04 그 다음 좌측 하단부터 시작하겠습니다.

05 고개를 숙이더라도 정면상의 비율대로 움직일 수 있게 머리카락 위치에 신경 써서 작업해 주세요.

06 고개 올리는 모습에서는 두피 부분쪽 머리카락이 눌려보이도록 진행해 주세요. 작업이 완료되셨다면 [움직임 반전]을 통해 우측의 상, 중, 하단도 적용해 주세요.

> TIP
> 주의할 점으로는 머리카락의 볼륨감을 항상 신경쓰면서 작업하셔야 합니다.

07 올려다 보는 모습은 좌우 상단과 비교해보면서 뿌리 부분의 위치를 조절해 주세요. 베지어를 활용하면 보다 편리하게 작업하실 수 있습니다.

08 고개 숙이는 모습도 좌 우 방면과 비교해가면서 배치해 주세요.

11. 머리카락 상하 : 뒤쪽 옆 머리카락

01 다음은 [뒤로 넘긴 옆 머리카락]입니다. 귀에 걸려 있으므로 조금만 내려오게 해주세요.

02 위로 올려다 보는 모습에서는따로 귀에 걸리는 것이 아니기 때문에 길게 내려주세요. 네 방면이 진행되었다면 [네 모서리 폼을 자동 생성]을 선택해 주세요.

03 측면에서도 귀 뒤에 배치되어 있는 것을 고
려해서 배치해 주세요.

04 우측 상단 바라보는 상태에서 구레나루 관련 아트메쉬가 없다보니 해당 부분은 조금 다듬어주세요.

12. 머리카락 상하 : 뒷 머리카락

01 다음은 [뒷 머리카락] 영역을
진행해 보도록 하겠습니다.

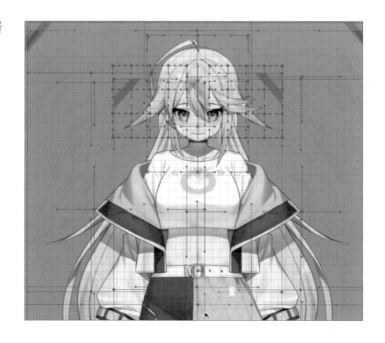

02 고개를 숙이거나 올릴 때에는 둘 다 [뒷 머리카락]의 위치가 내려가야 합니다. 고개 숙일 때에는 정수
리가 보여져야 하기 때문에 내려가면서 두상의 영역이 넓어져야 하며, 고개 올릴 때에는 머릿통이 뒤
쪽으로 멀어져 작아지는 만큼 사이즈를 줄여가며 작업해 주세요.

상하 작업이 완료되었다면 [네 모서리 폼을 자동 생성]을 선택해 주세요.

03 뒷통수 관련 워프 디포머를 선택해 주세요. 대각선 방향은 안면이 측면으로 틀어져 있습니다. 그에 맞는 뒷통수도 안면과 평행 해야하기 때문에 측면으로 틀어져 있어야 합니다.

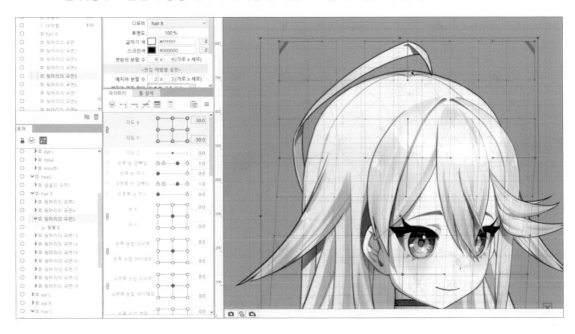

04 머리카락 우측 중단의 뒷통수와 귀의 거리감을 고려해서 우측 상/하단의 움직임 정도를 조정해 주세요.

13. 머리카락 상하 : 삐죽 머리카락

01 다음은 [삐죽 머리카락] 진행하
겠습니다.

삐죽 머리카락

02 위, 아래 볼 때에는 머리카락 결에 맞게 베지어를 조절해서 변형시켜 주세요.

03 반대편 모습도 동일하게 두피에 부착되어 있어 보이도록 진행해 주세요.

04 [정수리 머리카락]도 [각도 Y] 파라미터에 3키 추가해 주시고 위,아래 바라볼 때에 정수리에 머리카락이 부착될 수 있도록 조정해 주세요.

05 그리고 [네 모서리 폼을 자동 생성]을 진행해 주세요.

06 머리카락의 양 끝부분의 위치를 생각하며 배치해 주세요.

이상으로 얼굴의 XY축 움직임이 마무리되었습니다. 여기까지 입문용 모델을 진행해보셨다면 기본적인 프로그램의 사용법은 터득하셨으리라 생각합니다. 작업을 마무리했다면 진행해보면서 어려웠던 부분이나, 더 퀄리티 좋게 살릴 부분에 대해서 한번씩 생각해보는 시간을 가져보는 것을 추천드립니다.

Chapter 03

Z축 기울임 세팅

1. z축 기울임 세팅하기

01 다음은 머리의 Z축 움직임에 대해서 진행해보겠습니다. Z축은 Vtube studio에서 머리를 좌우상하로 바라보는 것이 아닌 양옆으로 기울이는 값에 해당됩니다.
모델의 고개를 양옆으로 기울이는 것으로 작업할 예정입니다.

02 [head all]워프 디포머 위에 회전 디포머를 하나 생성해 주세요.

03 회전 디포머의 중심을 Ctrl 누른 채로 선택해서 위쪽으로 올려주세요.

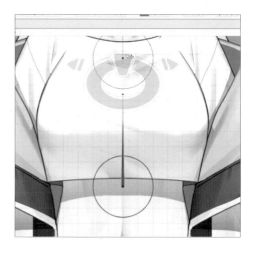

04 목의 중심에 배치하고 각도 Z 파라미터에 3키 추가해 주세요.

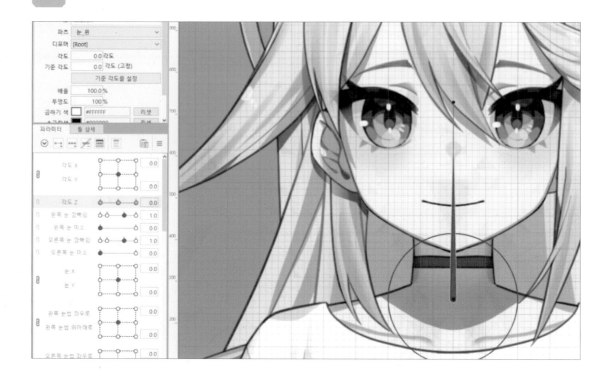

05 Z축 파라미터의 -포인트를 클릭하고 긴 방향 축을 선택해서 18~25도 정도 돌리고 [움직임 반전]을 선택해 주세요.

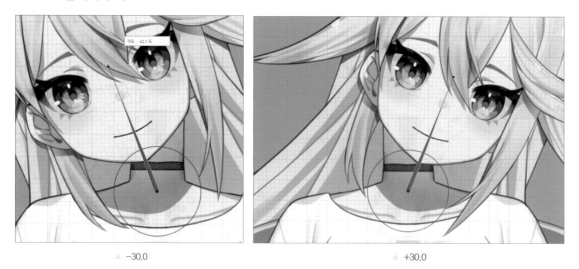

−30.0   +30.0

[목] 관련 파라미터도 각도 Z 파라미터에 3키 추가해 주세요.

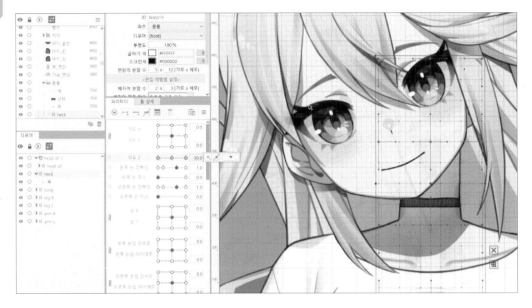

07 고개 기우는 정도에 맞춰서 [중심의 베지어]가 [코]에 위치하도록 기울여 주세요.

08 고개를 기울였을 경우, [뒷 머리카락] 이 같이 기울여져있는 것을 확인해 볼 수 있습니다.

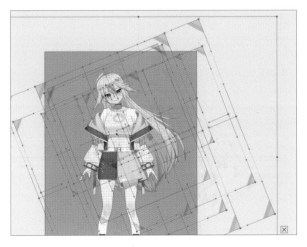

09 [뒷 머리카락]은 2가지 방법으로 해결할 수 있습니다.

첫 번째는, 기존에 사용하지 않았던던 머리카락 0번째 흔들림 파라미터를 활용해서 [물리 연산]의 각도를 이용해서 진행하는 방법이 있습니다. 해당 방법을 활용하면 머리를 기울이면서 머리카락이 흔들리도록 설정하는 것이 가능하지만 조율하는 작업이 반드시 필요합니다. 그리고 [물리 연산]에 대한 높은 숙련도를 요구하기 때문에 저희는 **두 번째 방법을 사용해 보도록 하겠습니다.**

두 번째 방법은 기존에 XY축 움직임을 반영하기 위한 워프 디포머를 사용했듯이 Z축 기울임에 반응하는 새로운 워프 디포머를 구축하는 것 입니다.

10 [뒷 머리카락] 워프 디포머에서 [옆 삐죽머리]를 제외한 [뒷 머리카락]을 새로운 워프 디포머에 포함해 줍니다. 변환의 갯수를 늘려주시고 각도 Z 파라미터에 3키 추가해 주세요.

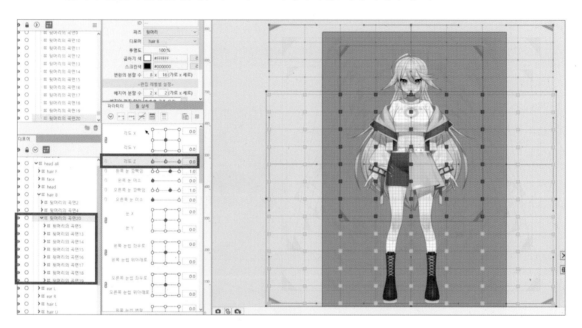

11 아래와 같이 가로 변환 선을 잡고 한 칸씩 기울여가며 고개가 기운 정도에 맞춰서 변형을 가해 줍니다.

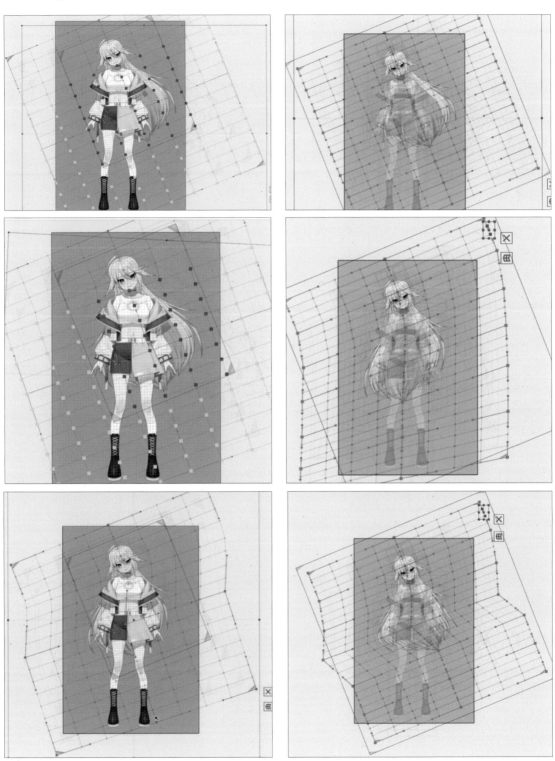

▲ 머리카락의 움직임을 직관적으로 볼 수 있도록 왼쪽의 캐릭터 이미지에 투명도를 적용하였다.

TIP

가운데 부분은 확대해서 두상의 형태감이 일그러지진 않았는
지 검토하는 작업도 필요합니다.

12 다음은 하단의 베지어 점을 선택해서 기울여주시고

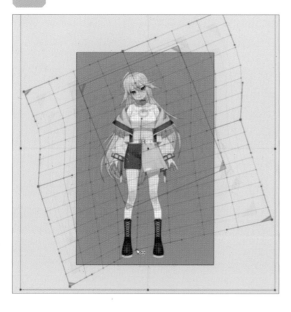

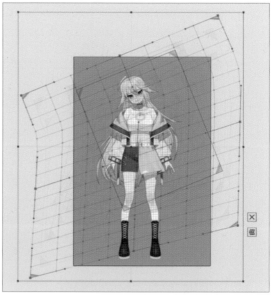

13 [움직임 반전]을 통해 우측도 진행해 주세요.

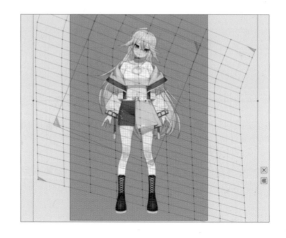

14 1차적으로 기울이는 작업이 완료되었으면 베지어 겟수를 늘려 디테일하게 머리카락의 기울어지는 정도를 조절해 줍니다.

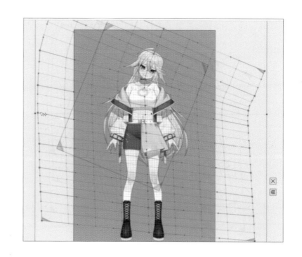

15 다음은 [확장 보간]을 선택해 주세요. 워프 디포머는 파라미터 간의 움직이는 과정에서 올바른 형태의 사각형이 마름모 형태로 변형이 일어나면 중간 과정이 자연스럽게 이어지지 않습니다. 그런 과정을 [확장 보간]을 통해 자연스럽게 이어질 수 있도록 보정해 주는 것입니다.

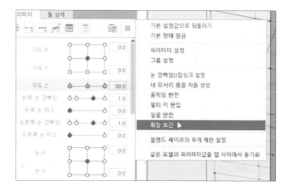

16 다음은 [옆 머리카락]과 [앞 머리카락]도 기울이는 정도에 맞게 기울여서 작업해 주세요.

17 그러면 고개 Z축 기울이는 작업을 마지막으로 얼굴 움직임에 대해서는 마무리가 되었습니다.

얼굴 움직임은 따로 정답이 있는 것이 아니라 캐릭터의 성향이나 생김새, 스타일 등을 살려서 진행하는 것이 좋기 때문에 최대한 많은 시도와 경험을 겪어보시면서 다양한 연출에 대해서 공부해보시면 좋을 것 같습니다.

개인적으로 얼굴의 움직임은 해당 리거의 가장 기본적인 실력이 돋보이는 구간이라 생각하기 때문에 실제 사람의 고개 돌아감이나 자연스러운 연출에 대해 자료를 많이 조사하시는 것을 추천드립니다.

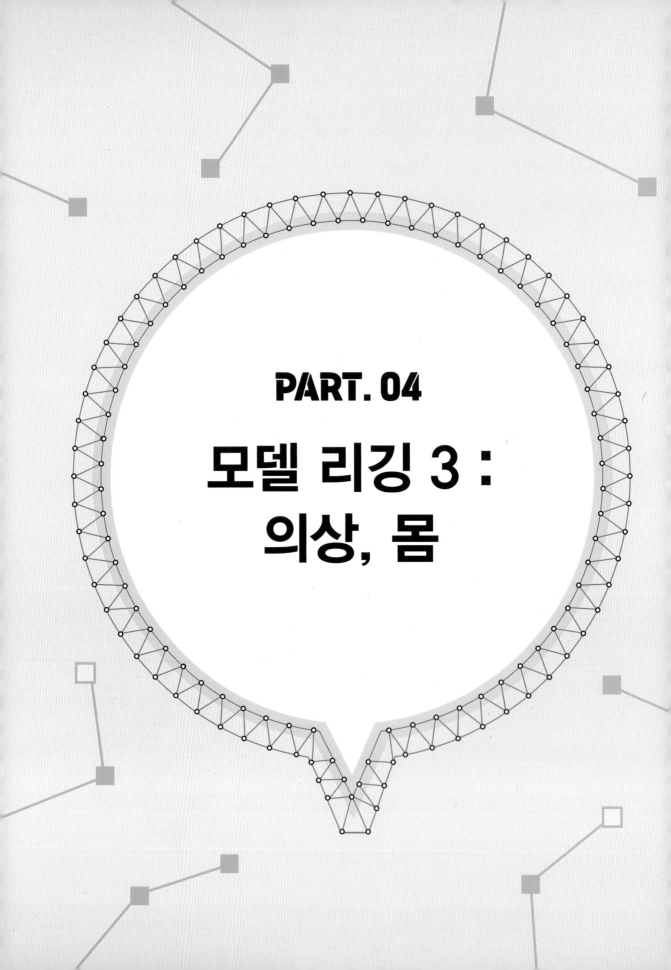

PART. 04

모델 리깅 3 : 의상, 몸

의상

머리카락의 흔들림을 진행해보시면서 파라미터 등록하는 방법은 익숙해지셨을까요?

다음으로는 머리카락 물리 제작 과정에서 사용했던 4가지 방법을 통해 의상 흔들림을 제작해 보도록 하겠습니다.

1. 상의

01 머리카락에서 각 덩어리마다 섹션을 나누던 것과 같이 의상 파츠도 섹션을 나누고 시작하겠습니다.

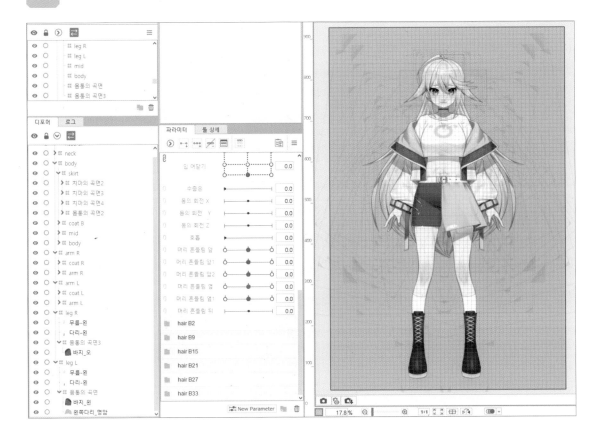

02 팔은 큰 부분으로 [팔]과 [코트]로 나눕니다. 외투는 [소매부분], [겉옷요소], [줄] 등으로 분할했습니다.

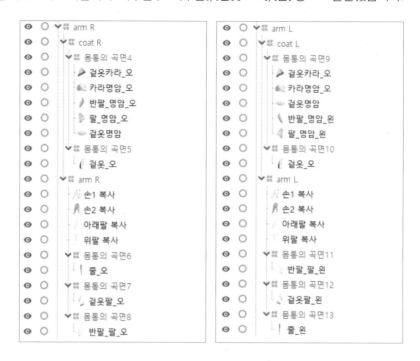

03 먼저 [겉옷 카라]부터 흔들림을 진행해 보도록 하겠습니다.

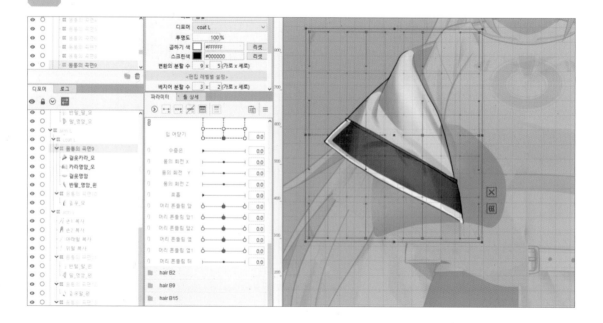

04 [머리 흔들림] 파라미터를 복제해서 몸 흔들림 1~4 파라미터를 제작해 주세요.

05 의상에서의 물리는 단계적인 흔들림이 발생한다고 봐야합 니다. 머리카락같은 경우에는 모두 두피 에서 시작되기에 첫 진자에 대해서는 크 게 생각할 부분이 많이 없으나, 의상의 경우에는 의상마다 불규칙한 형태를 띄 기 때문에 어디가 먼저 흔들리며, 그 흔 들림에 영향을 받아 어디가 추가적으로 흔들리게 되는지를 생각해봐야 합니다.

06 해당 외투에서는 전체적으로 1단계는 적용하되, 1단계에서 멈추는 요소와 2차적으로 더 흔들리는 요소를 생각해야 합니다.
오른쪽 의상에서는 카라의 끝 부분이 가 볍기 때문에 쉽게 영향을 받을 것으로 생각되어 포함하였고, 몸통부분의 의상 이 흔들리는 것이기 때문에 팔 부분 또 한 추가적인 영향을 받으리라 생각하여 2단계로 지정하였습니다.

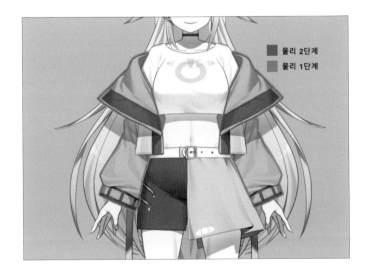

07 먼저 외투는 전체적으로 [몸 흔들림2]부터 시작하게끔 3키 추가해 주세요. [몸 흔들림1]파라미터는 몸 움직임에 가장 영향을 먼저 받게 되는 크롭티를 지정할 예정입니다.

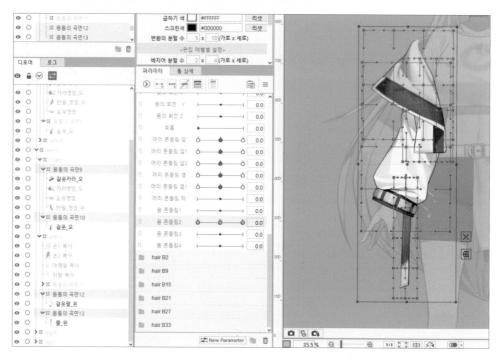

08 진행할 아트메쉬와 워프 디포머를 선택한 상태에서 [s]를 누르면 선택한 파츠만 선택이 가능하게 됩니다.

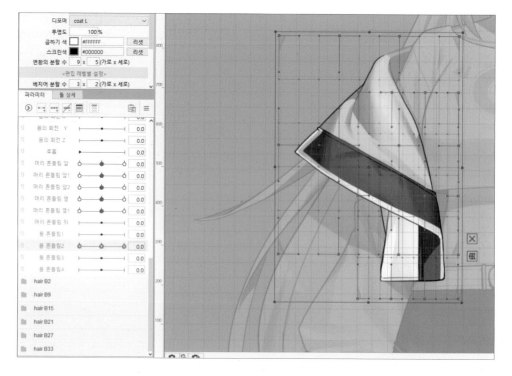

09 [-1.0] 포인트를 선택한 다음, [외투의 끝단]과 [전체적인 위치]를 왼쪽으로 흔들리는 형태로 잡아주세요.

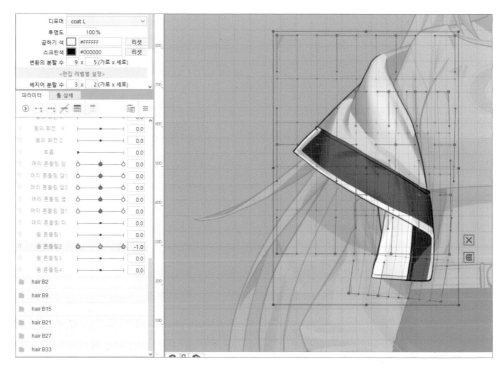

10 [+1.0] 포인트에서는 오른쪽으로 흔들리게 제작해 주세요. [몸통 부분의 겉옷]이 끝단만이 아니라 좌우로도 움직이게 하는 것이 중요하며, 그에 맞게 [카라 부분]도 마감부분이 잘 이어질 수 있도록 같이 움직여주세요.

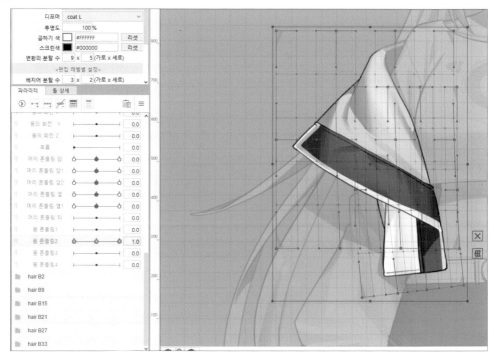

11 다음으로는 [카라 관련 워프 디포머]를 세번째 파라미터에도 3키 추가해 주세요. 3번째 파라미터에서는 카라의 튀어나온 끝단 부분이 흔들릴 수 있도록 지정합니다.

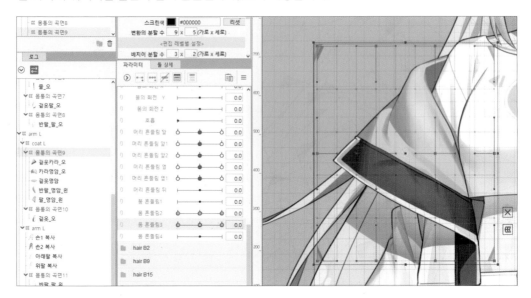

12 몸 흔들림 3파라미터의 [-1.0] 포인트에서는 아래로 내려간 듯한 느낌으로 제작해 주세요.

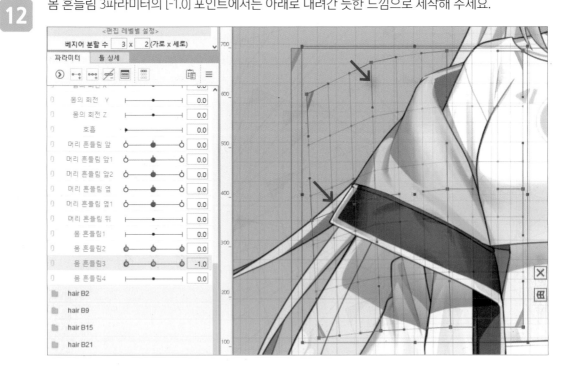

13 포인트에서는 위쪽으로 흔들린 듯한 느낌으로 제작해 주세요.

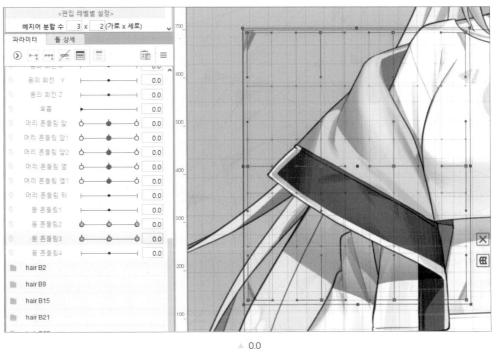

▲ 0.0

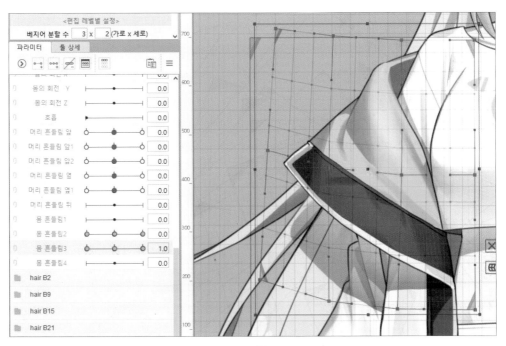

▲ 1.0

14 [눈XY]를 움직이게 했던 것과 동일하게 [네 모서리 폼을 자동 생성]을 클릭해 주세요.

15 다음은 세번째 파라미터에 3키를 추가해 주시고 다음과 같이 변형패스를 지정해 주세요.

이렇게 찍힌 변형 패스는 처음이실텐데 이렇게 생성한 이유는 옷이 하나의 재질로 이뤄진 것이 아닌, 소매 부분은 벨트도 포함되어 있어 무게감이 있다보니 위쪽과 흔들림이 다르게 개별적으로 적용해야 합니다.

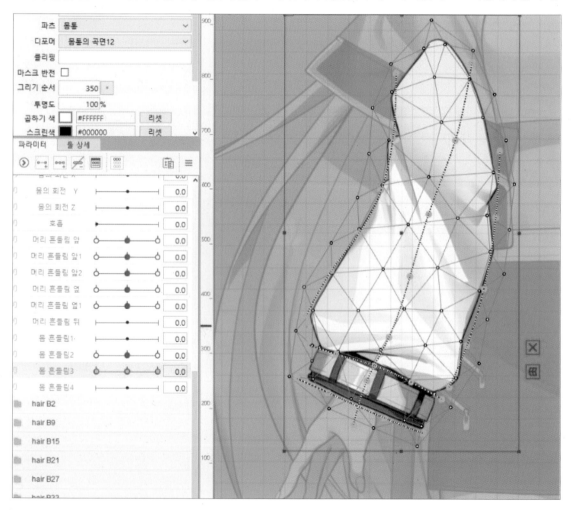

변형 패스를 제작 팁

14번의 이미지와 같이 라인을 끊고 다음 선을 잇고 싶을 때는 라인의 가운데 점을 선택하고 다른 위치를 클릭하면 새로운 라인을 시작할 수 있습니다.
소매 부분과 팔의 테두리선, 가운데 1자 선을 제작해 주세요.

16 소매가 넓은 의상이기 때문에 움직이면 큰 폭으로 움직여도 무방해 보입니다. 대략적인 움직임의 폭은 다음 이미지처럼 구성해 줍니다.

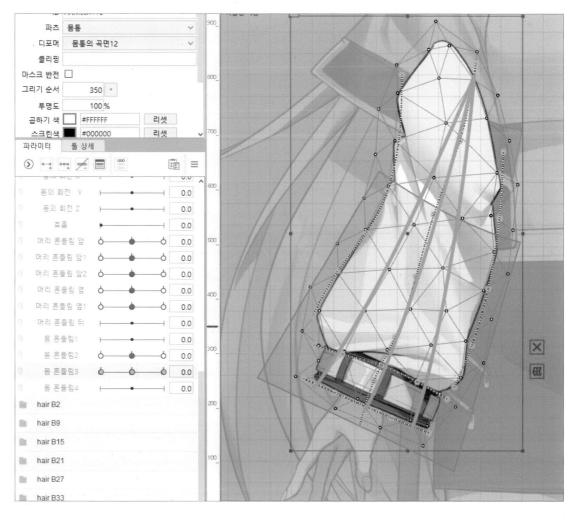

17 [-1.0]포인트에서 테두리선을 왼쪽 위로 올리며 가운데 변형 패스 선을 활용해 면 영역도 나풀거리게 흔들어 주세요.

[+1.0] 포인트에서는 오른쪽 아래를 향해 흔들리며 가운데 선은 오른쪽으로 흔들리게 적용해 주세요.

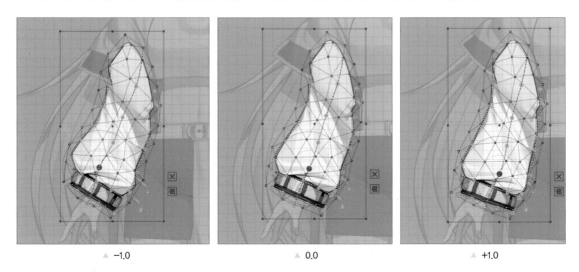

▲ -1.0　　　　　　　▲ 0.0　　　　　　　▲ +1.0

18 [다음은 소매의 부모 워프 디포머에 2번째 파라미터를 3키 추가해서 몸통부분 외투가 벌어지는 정도 에 맞춰서 팔부분 외투 또한 같이 영향받아 움직이게끔 튀어 나온 부분이 있으면 가려주세요.

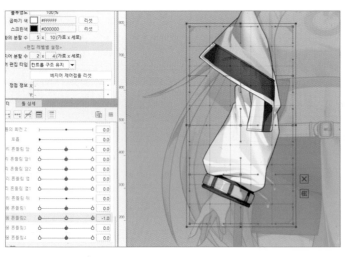 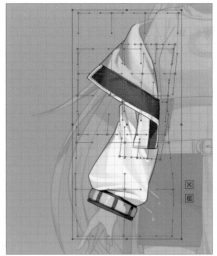

19 [+1.0] 포인트로 움직일 때에는 [몸통부분 외투]가 오른쪽으로 향하니 같이 오른쪽으로 딸려 이동 하는 느낌으로 제작해 주세요.

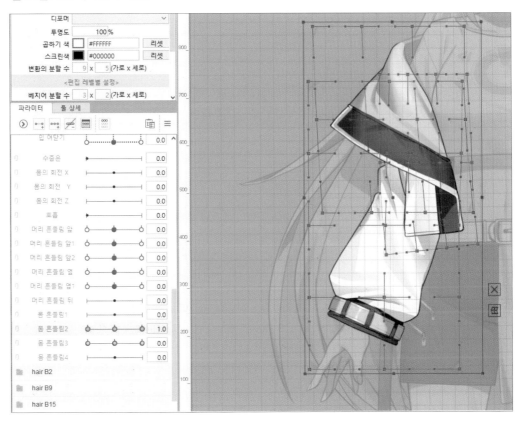

20 다음은 [줄] 부분을 진행하겠습니다. 몸통 부분 외투, 팔 부분 외투의 움직임에 반영되어 소매에 달려 있는 위치에 고정적으로 부착되어 있어야 합니다. 두 번째 파라미터에 3키를 추가해서 소매가 움직이는 만큼 원래 있던 위치에 고정되도록 이동해 주세요.

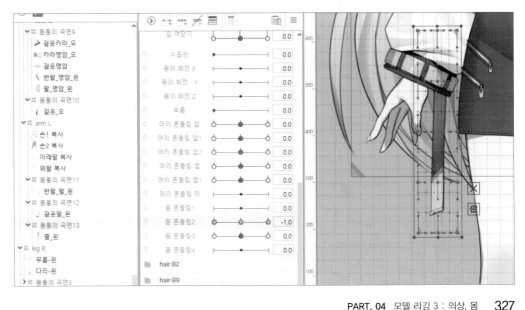

21 두 번째 파라미터에 부착되었다면 세 번째 파라미터에도 3키를 추가하여 고정시켜주세요.
진행이 완료되었다면 [네 모서리 폼을 자동 생성]을 선택해 주세요.

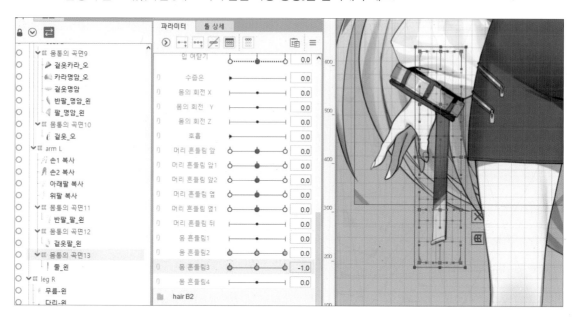

22 이렇게 제작한 의상 흔들림도 [물리 연산]창에서 제대로 흔들림이 적용되도록 추가해 줍니다.
[그룹 추가]를 클릭해서 [입력 프리셋]에는 [몸 입력], [물리 모델 프리셋]에는 [10단]을 추가해 주세요.

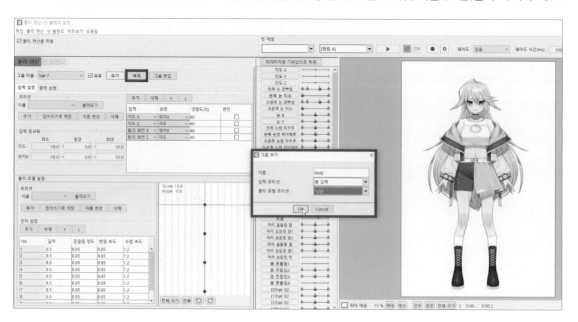

23 머리카락 물리를 설정했듯이 [출력 설정]에서 몸 흔들림1~4 추가, 출력 조정을 진행해 주세요.

나중에 입력 설정 및 진자 설정에 대해서 이해도가 생기시면 본인만의 스타일에 걸맞는 프리셋을 따로 제작하시는 것을 추천드립니다.

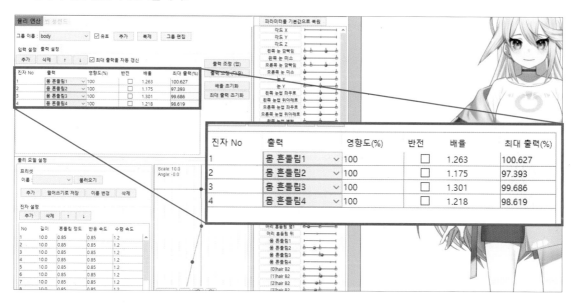

진자 No	출력	영향도(%)	반전	배율	최대 출력(%)
1	몸 흔들림1 ∨	100	☐	1.263	100.627
2	몸 흔들림2 ∨	100	☐	1.175	97.393
3	몸 흔들림3 ∨	100	☐	1.301	99.686
4	몸 흔들림4 ∨	100	☐	1.218	98.619

24 물리가 제대로 작동하는 것을 확인하셨다면 다음은 [줄]의 흔들림을 적용해 보도록 하겠습니다. [줄]은 이전에 뒷 머리카락 진행했던 것과 동일하게 [스키닝] 방법을 통해서 진행해 주세요.(201p 참조)

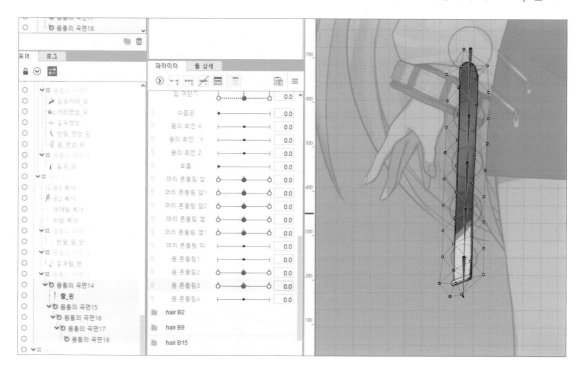

25 위 이미지를 보면 첫번째 디포머는 사용하지 않는 점을 고려해서 소매에 부착되어 있는 곳 까지는 흔들리지 않도록 길게 제작했습니다.

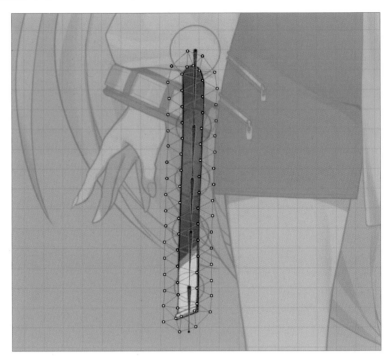

26 [스키닝]을 진행하게 되면 [뒷 머리카락]의 파라미터에 그대로 적용되는 것을 확인해 볼 수 있습니다. 이렇게 되는 이유는 개인적으로 프로그램 상의 오류라 생각하지만, 기존의 회전 디포머를 워프 디포머로 전환했기 때문에 발생하는 이슈라 생각해주시면 될 것 같습니다. 지금처럼 놔두면 머리카락 흔들림에 맞춰서 같이 흔들리기 때문에 따로 파라미터를 분할해 줄 필요가 있습니다.

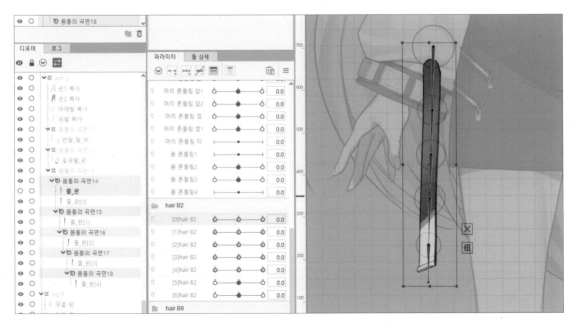

27 기존의 파라미터를 추가로 복제해서 [줄 전용의 파라미터]를 추가로 생성해 주세요.

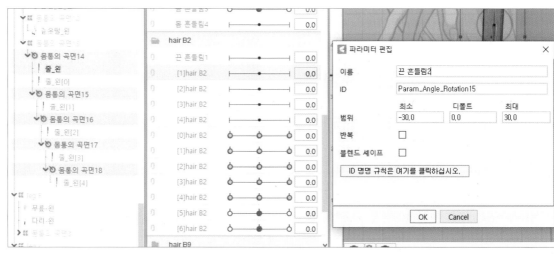

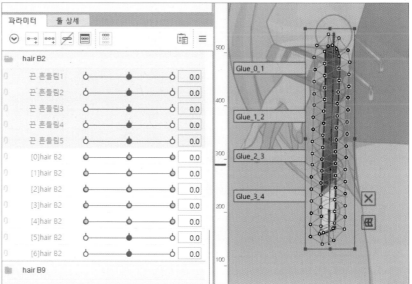

28 그리고 [뒷 머리카락]에 생성된 [끈] 파라미터의 숫자 부분을 클릭하시면 [키 추가], [키 삭제], [목록] 항목이 보여지는데 [변경]을 선택해서 순서에 맞게 [끈 흔들림 파라미터]로 변경해 주세요.

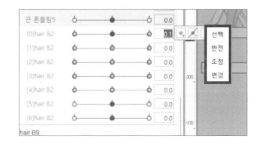

29 위 이미지처럼 [끈 파라미터]로 변경을 해주시면 독자적인 파라미터가 제작되었습니다.

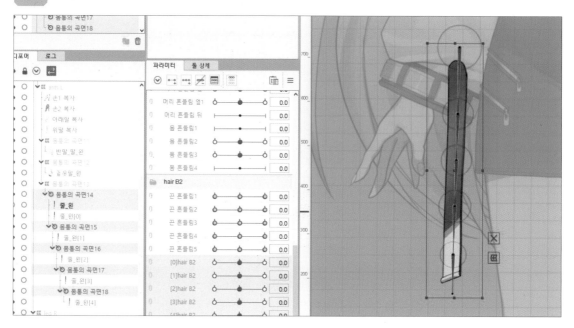

30 이렇게 생성한 파라미터는 [물리 연산] - [출력설정] - [몸 흔들림]에 추가해 주세요.

[끈 흔들림]의 진자 순번이 4부터 시작하는 이유는 소매가 2~3 순번에서 흔들리기 때문입니다. [끈]은 [소매]보다 먼저 흔들리는 것이 아니라, [소매]다음으로 흔들려야 되는 요소이기 때문에 그렇게 진행하게 되었습니다.

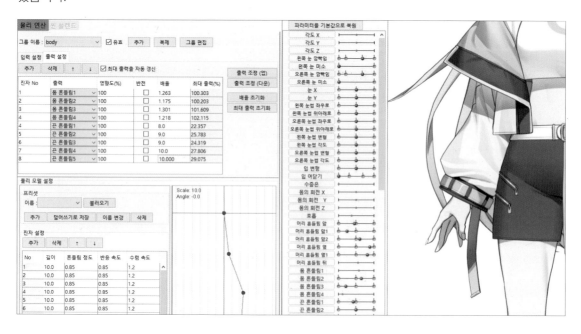

31 다음은 [크롭티의 소매 부분]을 진행하겠습니다. [소매] 또한 외투 소매처럼 [테두리선]과 [마감선], [가운데 선] 3종류로 생성해 주세요.

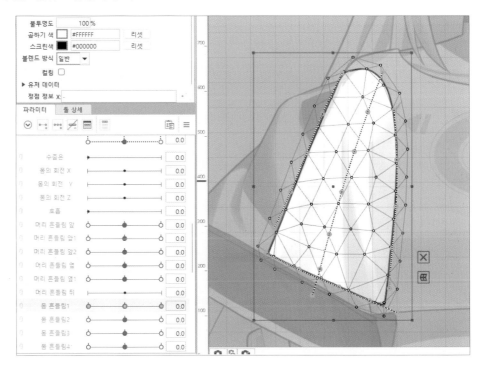

32 [어깨 마감선] 부분을 제외한 테두리선을 오른쪽으로 이동시켜주세요.
- 포인트 구간도 우측과 동일하게 전체적으로 왼쪽을 향하도록 이동시켜 주세요.

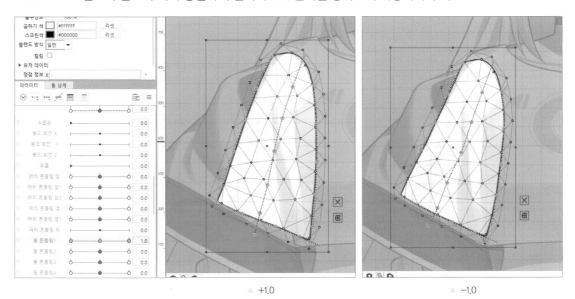

+1.0   -1.0

33 그리고 두 번째 파라미터에 3키 추가해서 밑단과 가운데 선을 활용해 끝부분만 왼쪽을 향해 흔들리도록 제작해 주세요.

두 번째 파라미터의 + 포인트 구간도 왼쪽과 동일하게 제작해 주시고 완료되었다면 [네 모서리 폼을 자동 생성]을 선택해 주세요. 이것으로 왼팔에 대한 물리 제작은 마무리가 되었습니다.

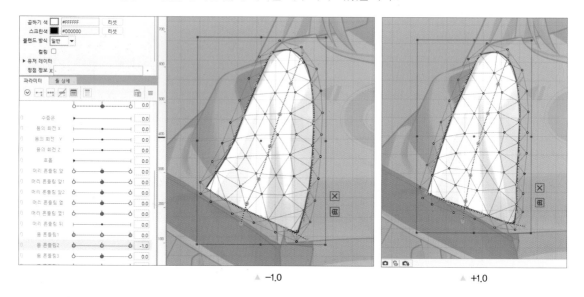

▲ −1.0　　　　　　　　　　　　　　　▲ +1.0

34 왼팔과 관련된 모든 아트메쉬, 디포머, 글루를 선택해 주세요. [글루]를 포함해서 선택하지 않으면 줄이 흔들릴 때 중간부분이 끊겨 보여지게 됩니다.

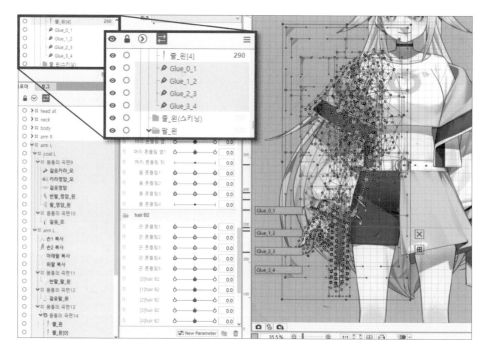

35 선택한 상태에서 Ctrl + C , Ctrl + V
를 통해 왼팔을 하나 더 복제해 주
세요.

36 복제한 [왼팔]의 최상위 디포머인
[arm L] 디포머만 선택한 상태에서
회전 디포머를 생성해 주세요.

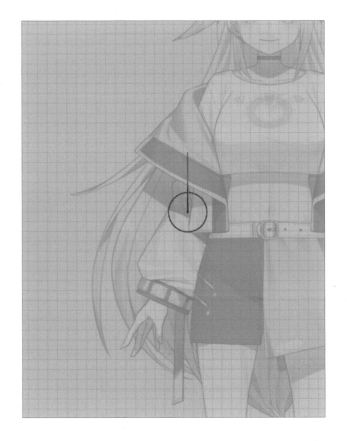

37 회전 디포머의 가운데 부분에 마우스를 올린 상태에서 [Ctrl]을 누르고 이동하면 회전 디포머의 중심 축을 이동시킬 수 있습니다.

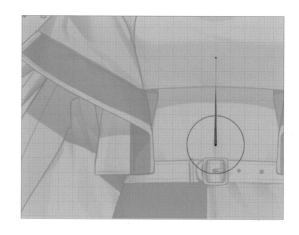

38 확대해서 정확히 중앙선에 맞는지 확인하시는 것을 추천드립니다.

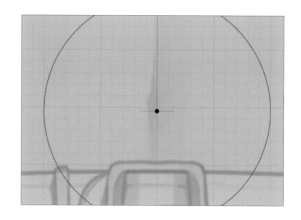

39 위치를 맞추셨으면 우클릭해서 [반전]을 클릭해 주세요.

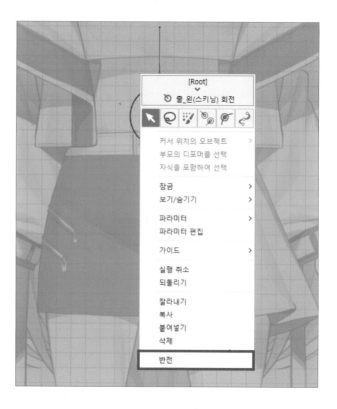

40 그러면 위와 같이 팔이 반전된 것을 확인할 수 있습니다. 그동안 진행했던 팔의 파라미터 값 또한 좌우 반전이 되었기 때문에 파라미터들의 값을 전부 [반전]시켜주세요.

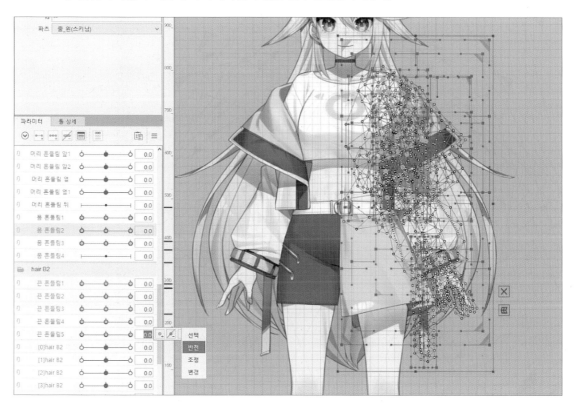

주의사항

파츠를 복제하게 되면 파츠의 순서가 위쪽으로 이동됩니다. A - B - C 순이었던 상태에서 A, C를 복제하면 A - C - A - B - C로 최상위의 A, C가 생기게 되는 것이지요. 그렇게 되면 C가 B보다 앞으로 오게되어 최적화 작업이 필요해지는데 해당 모델에서는 바로 좌우반전을 해도 파츠 순서에 따른 변화가 없어 보입니다.

그 이유는 작업 이전에 그리기 순서를 맞춰뒀기 때문인데 그리기 순서를 정돈하는 작업이 번거롭긴 해도 이렇게 순서가 정해져있으면 간편한 부분들도 있으니 참고하시면 좋을 것 같습니다.

41 왼쪽과 오른쪽의 [외투 흔들림] 작업이 완료되었다면 [외투 뒷면 파츠]도 같이 흔들릴 수 있게 진행해 주세요.

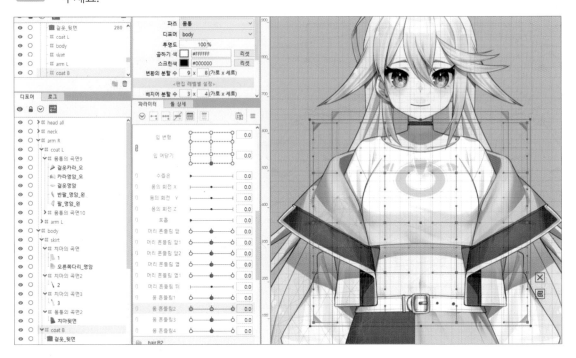

42 그러면 [외투 흔들림] 제작은 이것으로 완료입니다.

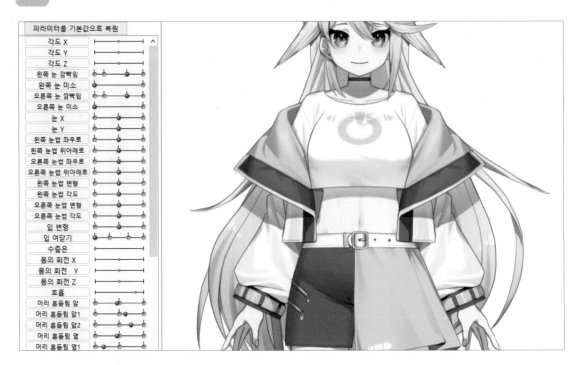

2. 하의

01 [바지]는 [크롭티]와 동일하게 몸의 움직임에 직접적으로 흔들림을 받는 요소입니다. [몸 흔들림1] 파라미터에 3키 추가해서 밑단만 살짝 흔들릴 수 있도록 진행해 주세요.

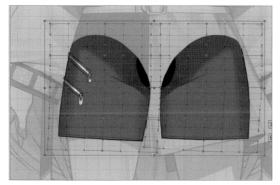

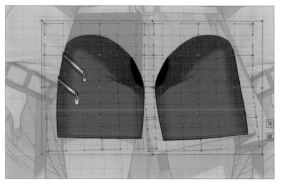

02 다음은 반치마 부분입니다. 하나의 모델로 바지의 요소와 치마의 요소를 전부 설명드리고 싶어서 위와 같은 감성적인 의상 디자인이 채택되었습니다.

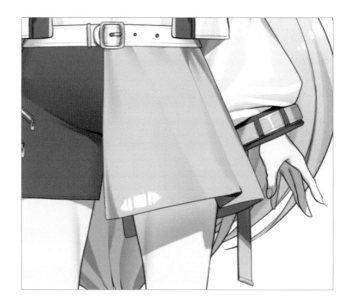

03 치마의 흔들림을 진행하기에 앞서 고려해야 할 부분들이 있습니다. 먼저, 흔들림이란 것은 하나의 흔들림이 발생했을 경우 좌우의 흔들리는 힘이 동일해야 한다고 생각합니다. 이것이 동일하지 않은 경우는 어딘가에 가로막혀서 저항이 발생한 부분이겠죠. 하지만 치마같이 천으로 되어있는 의상에는 가로막히는 것이 아니면 좌우의 흔들림 정도가 동일하게 진행되어야 합니다.

[치마]와 [허벅지] 간의 간격이 [파란색 선] 정도이니 그 범위 안에서는 저항을 받지 않

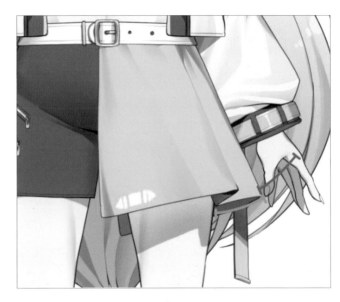

습니다. 그러니 최대한 펄럭이는 정도도 [보라색 선] 정도로 생각하고 진행하겠습니다.

04 [치마]는 [바지] 다음으로 흔들리는 요소이니 두 번째 파라미터 [몸 흔들림2]에 3키를 추가해 주세요.

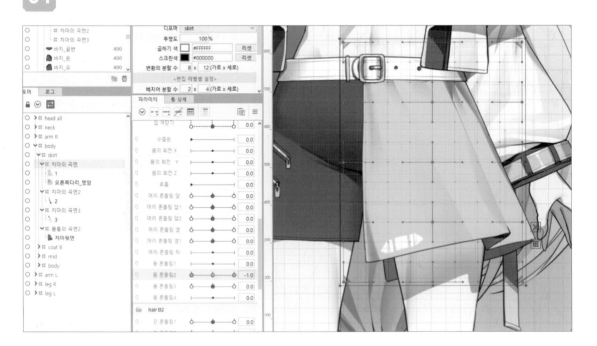

05 옆면으로 겹쳐지는 부분은 [면]이 중첩되어 무게감이 있는 반면 [면]의 시작부분은 가벼우니 그쪽을 우선적으로 진행합니다. [-1.0]포인트는 안쪽으로 흔들리는 느낌으로 진행해 주세요.
[+1.0]포인트에서는 바깥쪽으로 흔들리게 진행해 주세요.

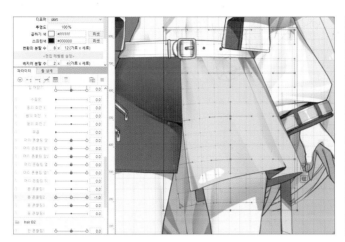

06 그 다음 세 번째 파라미터 [몸 흔들림3]에도 3키를 추가해 주시고 전체적인 덩어리를 좌우 흔들림에 맞게 만들어 주세요. 이 때 접히는 부분과는 떨어지더라도 추후에 다시 붙일 예정이니 걱정하지 않으셔도 됩니다.

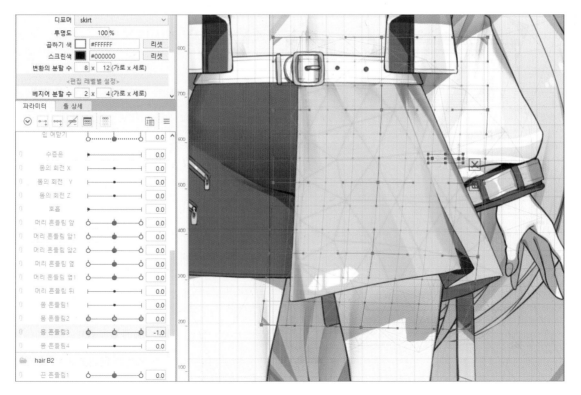

07 이미지를 살펴보시면 빨간 박스의 점을 복수 선택함으로서 따로 빼둔 것이 확인되실겁니다. 이렇게 따로 빨간 박스를 빼지 않으면 가운데 베지어 점을 선택하기 어렵다보니 이런 활용도 해보시면 보다 수월한 작업이 가능합니다.

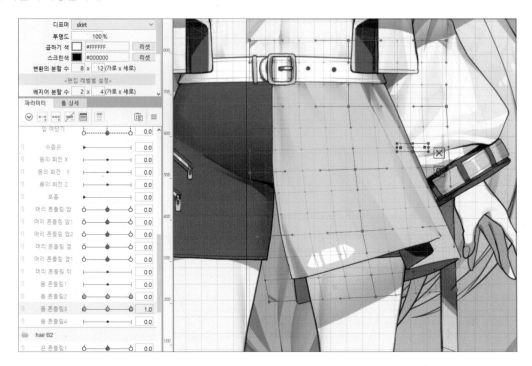

08 다음으로는 중간에 보이는 면 또한 세 번째 파라미터에 3키 추가하여 좌우 움직임을 진행해 주세요.

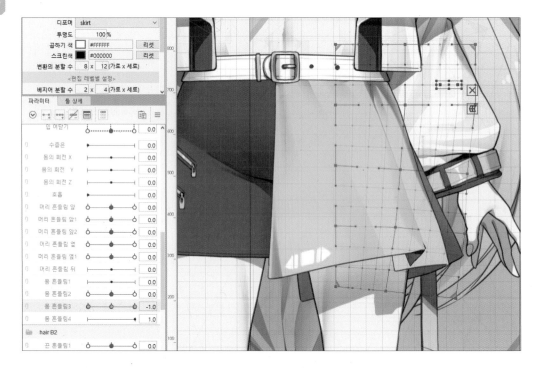

09 세 번째 파라미터의 작업이 완료되었다면 네 번째 파라미터 [몸 흔들림4]에 3키 추가해서 밑단만 흔들릴 수 있게 작업해 주세요.

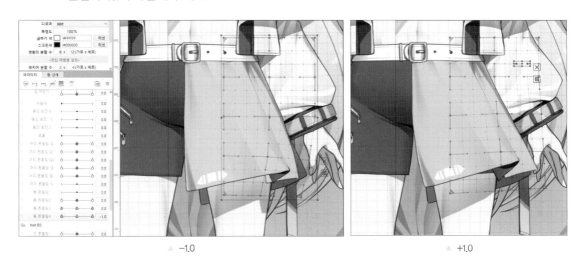

▲ −1.0   ▲ +1.0

10 좌우 흔들림이 진행되었다면 [네 모서리 폼 자동 생성]을 선택해 주세요.

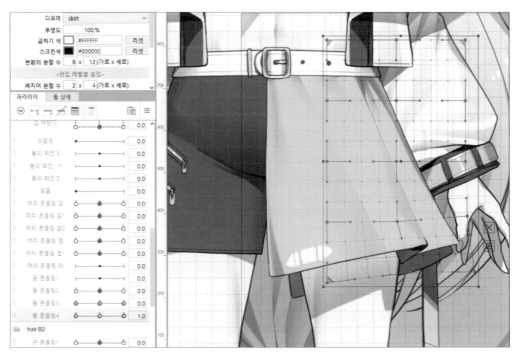

11 그렇게 앞면으로 보여지는 두 면에 대해서 작업이 마무리되었다면 뒷면에 해당하는 아트메쉬도 마감부가 겹쳐지게끔 작업해 주세요.

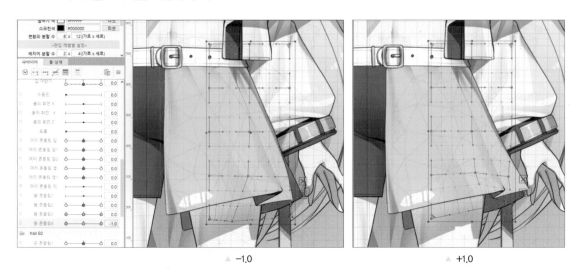

▲ −1.0   ▲ +1.0

12 그리고 가장 뒤쪽에 위치한 [뒷면 치마]도 좌우 폭의 비율은 그대로 가져가되 마감부만 알맞게 이어지도록 따라가줍니다.

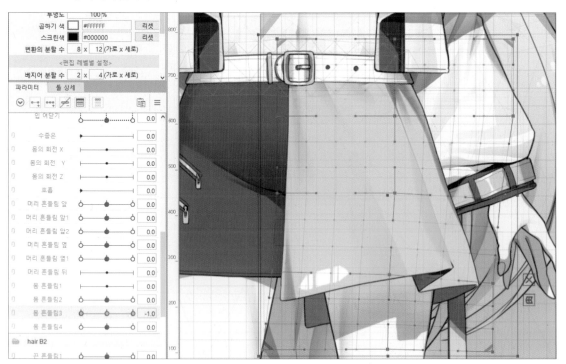

13 그렇게 따라가게 제작이 되었다면 네 번째 파라미터에서는 뒤쪽의 가벼운 천 부분이 펄럭일 수 있게 좌우 흔들림을 제작해 줍니다.

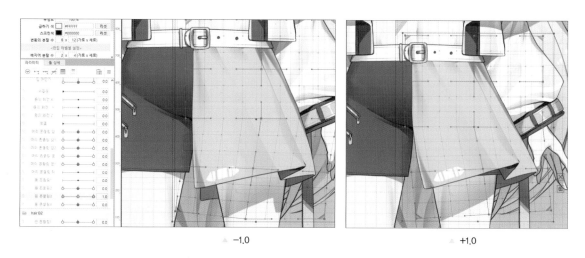

▲ −1.0   ▲ +1.0

14 그렇게 진행하시면 하의 흔들림도 마무리가 되었습니다.

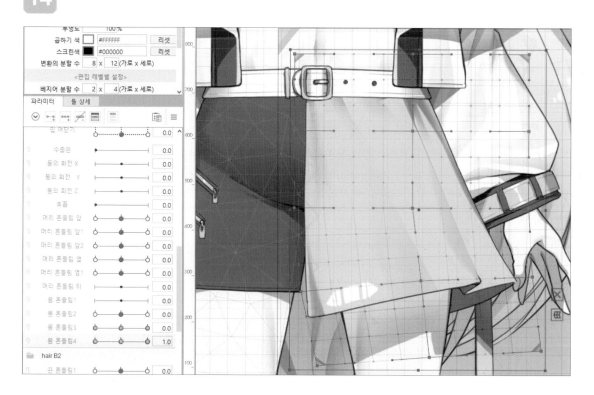

추가로 [허벅지]의 흔들림도 진행하고 싶으신 분은 [팔쪽 외투]를 작업했던 방식과 동일하게 변형 패스로 [테두리 선]과 [가운데 선]을 생성한 다음 [테두리 선]은 첫 번째 파라미터, [가운데 선]은 두 번째 파라미터로 등록해서 진행하시면 됩니다. 다만 허벅지살 흔들림을 할 때에는 메쉬가 더 촘촘하게 형성되어 있는 편이 좋습니다.

3. 가슴

01 다음은 [가슴] 흔들림 입니다. 진행하기에 앞서 변환 수와 베지어 수를 늘려주세요. [가슴]은 양 옆으로 덩어리감이 있기 때문에 비율을 고려해서 작업해야 합니다.

[가슴 흔들림 x1,2]의 파라미터를 생성해 주세요. 그리고 [x1] 파라미터에 3키를 추가해 주세요.

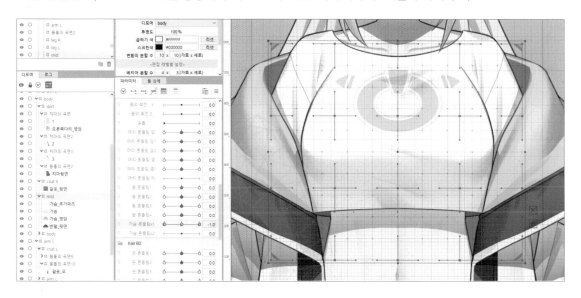

02 [-1.0]포인트에서는 가운데 베지어 점 6개를 활용해서 왼쪽 방면으로 움직일 수 있도록 해줍니다. 그리고 가장 바깥쪽에 있는 베지어 또한 동일한 방면으로 조금씩 이동시켜줍니다.

왼쪽을 진행했다면 [움직임 반전]을 통해 [오른쪽](+1.0포인트)에도 동일하게 전환시켜주세요.

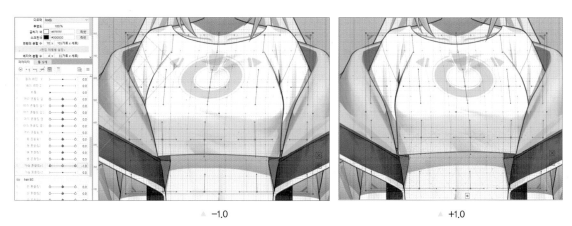

▲ −1.0　　　　　　　　　　　　　　　　▲ +1.0

03 그리고 [x2] 파라미터에도 3키 추가해서 그늘진 아랫단 부분이 더 흔들릴 수 있도록 진행해 주세요. 오른쪽도 [움직임 반전]을 통해 반전시켜주시고 [네 모서리 폼을 자동 생성]을 선택해 주세요.

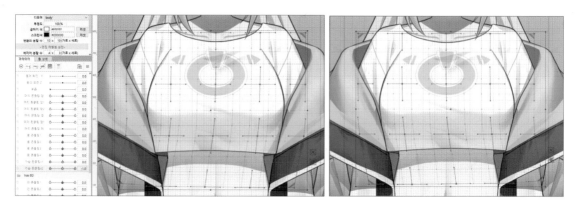

04 [좌우 움직임]이 마무리되었다면 새로운 상위 워프 디포머를 생성하고 [가슴 흔들림 y1, 2] 파라미터를 생성해 주세요.

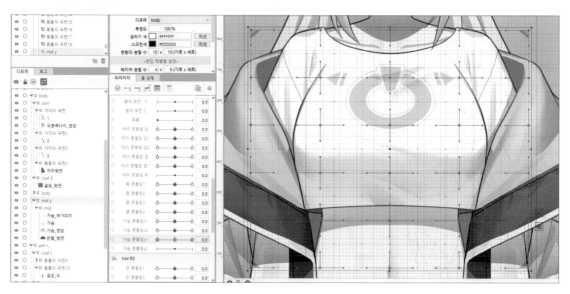

05 해당 워프 디포머는 가슴을 위아래 움직이게 적용하더라도 영향을 받지 않아야 할 영역을 구분하기 위해 베지어의 갯수가 유난히 많은 것을 확인할 수 있습니다.

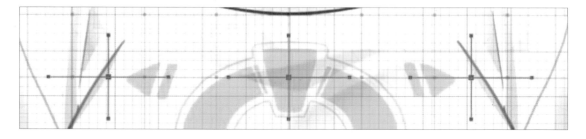

06 [y1] 파라미터에 3키를 추가해 주시고 [-1.0]포인트에서는 가운데의 베지어 9개를 좌우로 퍼지면서 아래를 향해 움직이도록 해 주세요.

[+포인트]에서는 가운데 베지어 9개를 위로 올리며 가운데로 살짝 모이게끔 진행해 주세요.

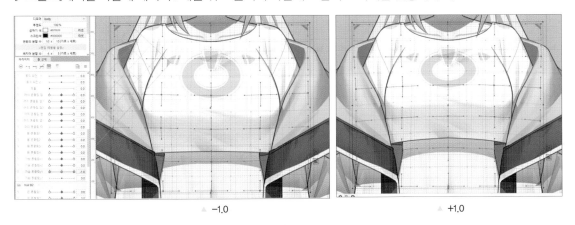

▲ -1.0   ▲ +1.0

TIP

[y1]파라미터의 -1.0포인트를 좌우로 퍼지게 진행하는 이유는 가슴은 이미 중력으로 인해 내려가 있는 상태인데 흔들림으로 인해 더 내려간다면 [흉통]과 맞닿아 퍼지게 되어 좌우로 늘려줘야 합니다.

[y1]파라미터 +1.0 포인트를 가운데로 모아서 만드는 이유는 가슴은 브레지어로 인해 좌우로는 퍼지지 않게 저항을 주기 때문에 위로 올라가거나 모이는 방식으로 흔들리게 만들어줍니다. 의상에 따라 다르니 모델마다 진행하기 전에 분석해보는 것을 추천합니다.

07 [y2] 파라미터에도 3키 추가하여 가슴의 가운데 부분과 밑단만 위 아래로 조금씩 조정하고 완료되었다면 [네 모서리 폼 자동 생성]을 선택해 주세요.

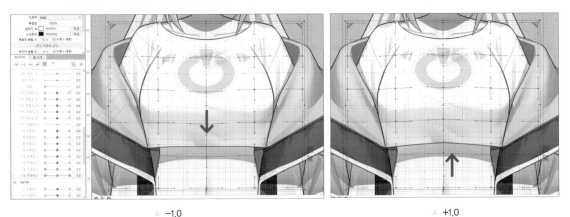

▲ -1.0   ▲ +1.0

08 가슴의 앞면이 완성되었다면 뒷면도 같이 붙어있게끔 적용해 보도록 하겠습니다.

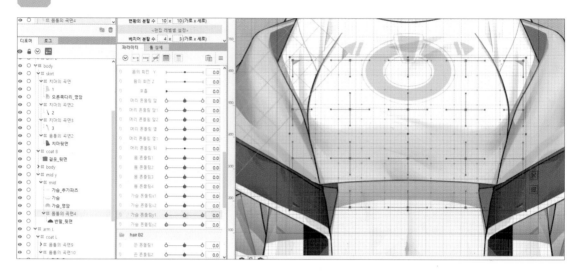

09 앞면이 아래로 내려간다면 뒷면은 위로, 앞면이 위로 올라간다면 뒷면은 아래로 움직이는 방식으로 입체감을 살려주세요.

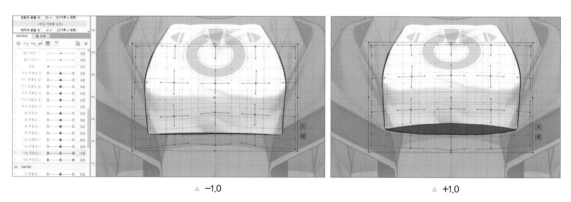

▲ −1.0   ▲ +1.0

10 [y2] 파라미터 또한 [끝 마감지점]과 [입체감]을 생각해서 진행해 주세요.

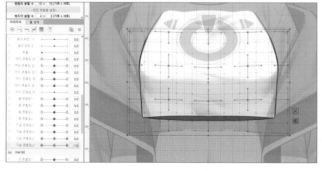   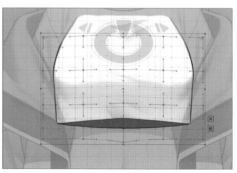

▲ −1.0   ▲ +1.0

11 그럼 이렇게 제작된 [가슴 흔들림]을 [물리 연산]창에서 등록하겠습니다.

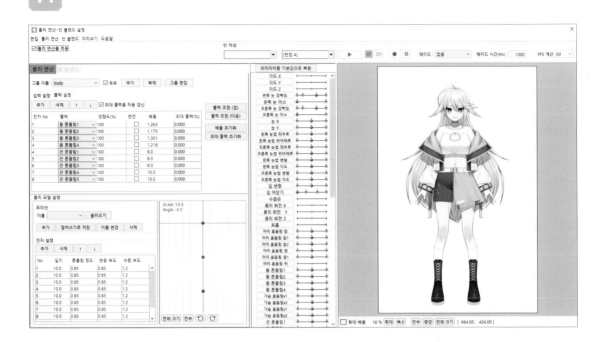

12 [가슴 흔들림]은 [입력 설정]- [위치X]-
[몸의 회전 X]의 영향도를 100%으로
지정해 주세요.

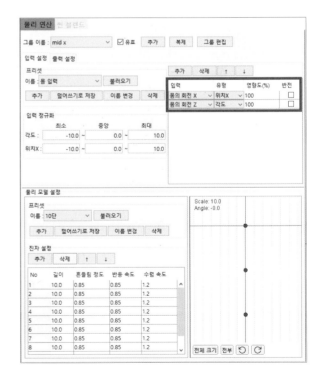

13 [가슴의 상하]움직임도 제작하기 위해 해당 그룹을 복제해 주세요.

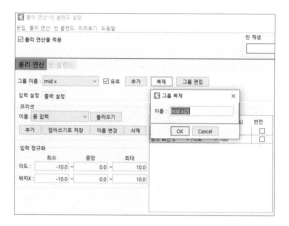

14 복제된 그룹의 입력은 [몸의 회전 Y]만 적용시켜주세요.

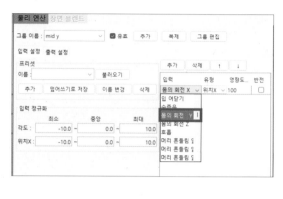

15 [가슴의 좌우 흔들림]은 [mid x 그룹]에 포함해 주시고, [상하 흔들림]은 [mid y 그룹]에 포함해 주세요.

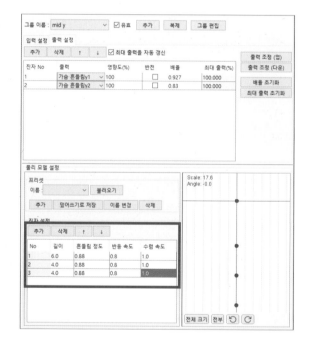

16 이상으로 의상 관련 물리 제작이 마무리가 되었습니다.

지금까지 진행했던 물리 연산 제작 방법은 모든 모델에서 사용되기 때문에 적응을 잘 하시길 바라겠습니다.

몸

얼굴의 움직임은 기본기 베이스의 작업이면, 몸의 움직임은 캐릭터의 특성을 살릴 수 있는 구간이라고 생각합니다. 해당 모델에서는 기본적인 움직임으로 진행하겠지만 골반을 활용하거나 몸의 움직임에 따라서 캐릭터의 성격이 달라보이니 나중에 익숙해지셨을 때 다양한 시도를 해보시는 것을 추천드립니다.

1. 몸: 좌우

01 기존의 [head all], [neck] 워프 디포머는 각도Z 파라미터에 사용되었으니 새로운 워프 디포머를 생성해 주세요.

02 [몸의 회전XY] 파라미터에 3 키 추가해 주세요.

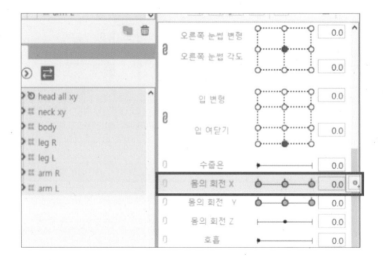

03 진행하기에 앞서 변형할 워프 디포머의 변환, 베지어의 갯수를 늘려주세요.

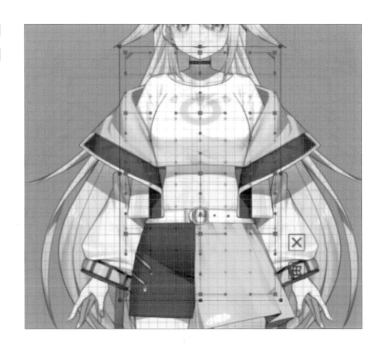

04 [다리]는 [무릎 관절], [발목 관절] 부분에 걸쳐지도록 변환 갯수를 늘려주세요.

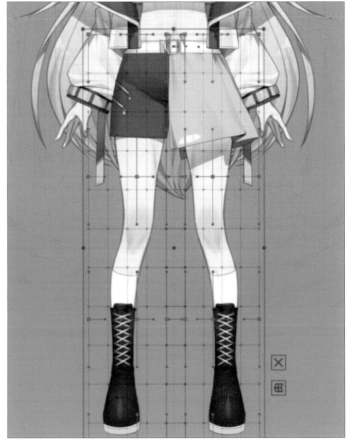

05 [팔]은 [팔뚝]과 [팔목] 사이의 관절부분에 맞춰서 변환, 베지어 갯수를 늘려주세요.

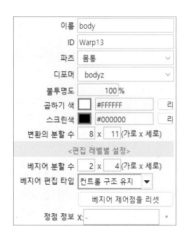

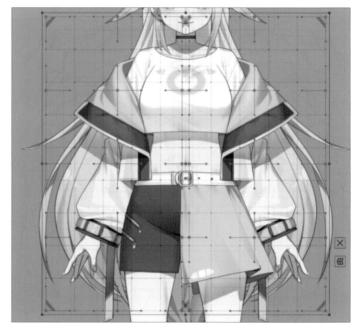

06 변환의 갯수 조정이 마무리되었으면 [X축] [-포인트] 부터 진행하겠습니다.

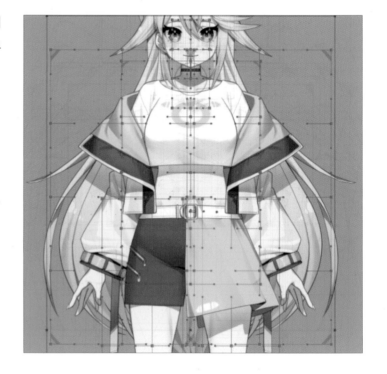

07 [다리]를 제외한 디포머를 선택한 상태에서 왼쪽으로 이동해 주세요.

08 움직이는 정도는 움직인 방향 쪽의 [다리의 축]보다 많이 나가게 되면 몸이 안정적이지 않게 보일 수 있기 때문에 이 점 유의해 주세요.

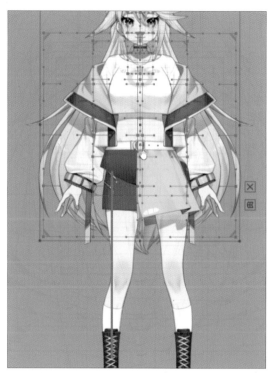

09 베지어의 갯수를 조절해서 몸이 앞쪽을 향하도록 조정해 주세요.

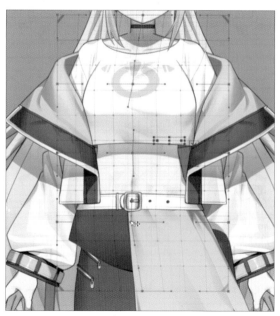

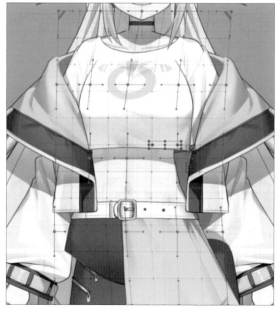

10 [가슴] 부분은 새로운 워프 디포머를 생성해서 [몸의 회전 X] 파라미터에 3키 추가해 주세요.

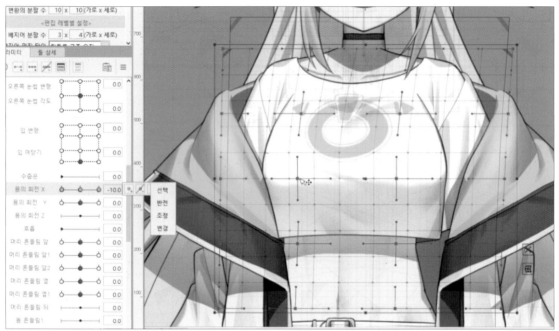

11 [몸]의 방향에 맞게 [가슴]이 [몸]보다 돌출되었다는 느낌이 들도록 조정해 줍니다. [몸]과 [가슴] 디포머의 변형이 완료되었다면 [움직임 반전]을 진행해 주세요.

12 [몸]이 변형된 만큼 [목]과 [머리]의 위치를 조정해 주시고 [움직임 반전]을 선택해 주세요.

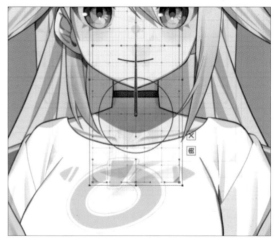

13 [몸]의 움직임에 맞춰서 [팔]의 연결부위들도 맞춰주세요.

 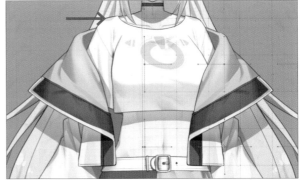

14 다음은 [다리]를 진행해 보도록 하겠습니다.

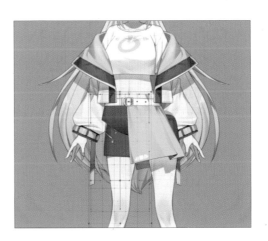

15 [발목 위쪽]이 [골반]에 붙어있게끔 결합해 주세요.

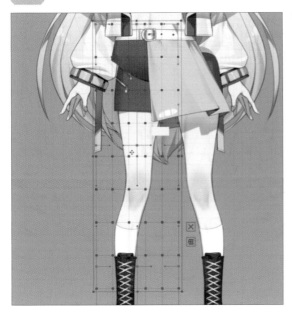 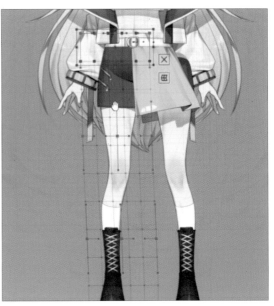

16 [오른쪽 다리]는 따로 치마를 비활성화 하고 결합해 주세요.

17 반대 방면도 동일하게 진행해 주세요.

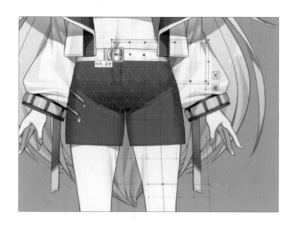

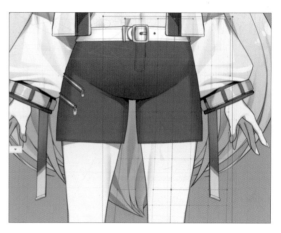

18 그리고 따로 [무릎]과 [발끝]이 돌아가 보이도록 조정해 주세요.

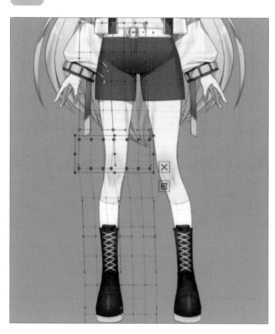

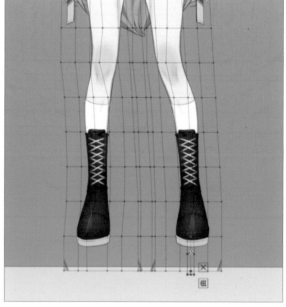

19 우측 방면을 바라볼 때에 [코트] 디포머를 제외한 [팔] 디포머만 따로 더 벌어지도록 적용해 주세요.

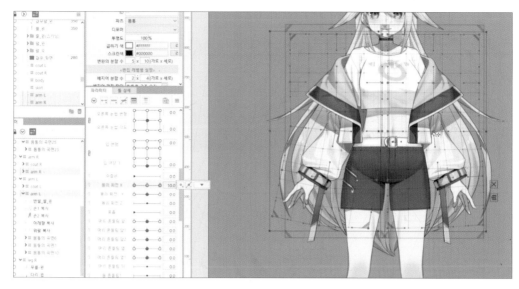

20 반대편도 동일합니다.

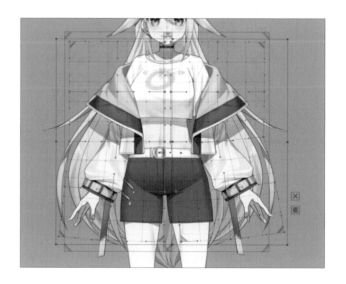

21 [코트] 부분도 따로 변환, 베지어 갯수를 늘려서 몸 돌림에 맞춰서 수정해 줍니다.

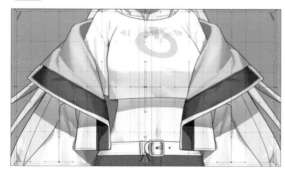
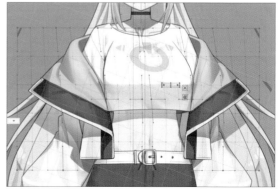

22 [줄] 디포머 위에 회전 디포머를 생성해서 [각도 X]의 움직임에도 수직으로 떨어져 보이도록 수정해 주세요.

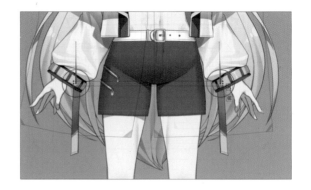

23 이렇게 진행하시면 각도 X축의 움직임이 제작되었습니다.

2. 몸: 상하

01 다음은 Y 파라미터 움직임을 적용해 보겠습니다. [다리]를 제외한 디포머를 선택하여 위, 아래로 이동시켜주세요.

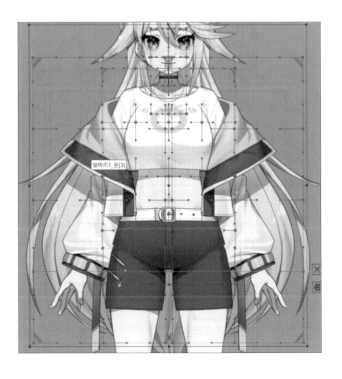

02 [몸체]만 선택해서 새로운 워프 디포머를 생성해 주세요. 그리고 [복부]와 [골반] 부분의 세로 면적을 좁혀서 살짝 숙이는 듯한 느낌을 살려주세요.

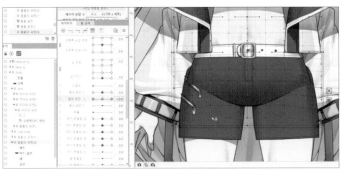
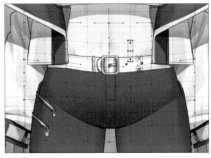

03 위로 올릴 때에는 위쪽을 향하도록 변형해 주세요.

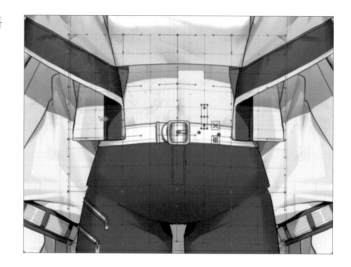

04 [가슴] 관련 천과 명암 아트메쉬를 포함하여 워프 디포머를 생성해 주세요.

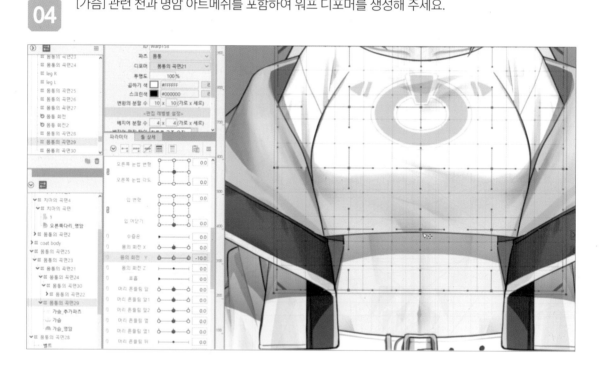

05 위, 아래 움직임에 맞춰서 [가슴]도 올라가고 내려가기 때문에 의상 부분에서도 수정이 필요합니다. 위로 올릴 때에는 [뒷면 의상]이 많이 보이게 진행해 주시고, 아래로 내릴 때에는 [뒷면 의상]이 보이지 않게 진행해 주세요.

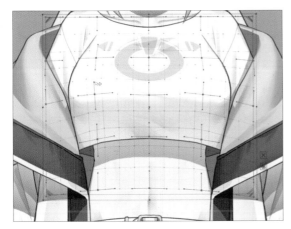
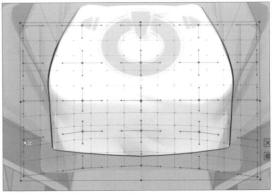
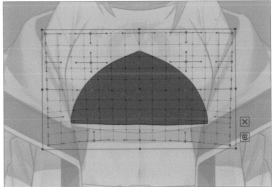

▶ 아래로 내릴 때 [뒷면 의상]의 모습

06 그러면 위 아래로 흔들릴 때에 위와 같이 보여지게 됩니다.

07 [다리]는 아래로 숙일 때 [발목 위쪽]의 전체적인 세로 길이를 줄이고 가운데로 오므리는 형태로 제작해 주세요.

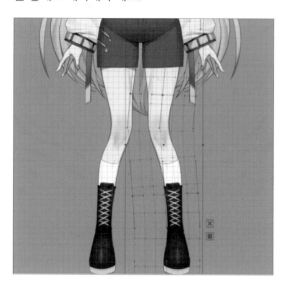

08 위로 이동할 때에는 [무릎]을 더 피면서 올려 주세요.

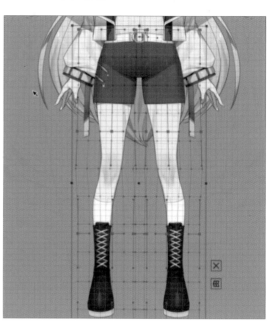

> TIP
> 해당 모델의 [신발]은 부츠여서 표현방법이 몇몇 생략되었는데 차후 뒷꿈치가 구현된 모델을 진행하시게 된다면 [발]의 앞뒤 구분을 두면서 까치발 모양도 진행해보셨으면 좋겠습니다.

09 위 아래 움직일 때 [팔]은 더 좁혀지고, 벌려질 수 있도록 제작해 주세요.
진행하실 때에 [팔] 부분의 외투가 [몸통] 부분의 외투와 떨어지지 않도록 신경 써주세요.

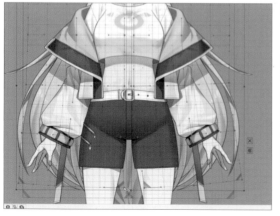

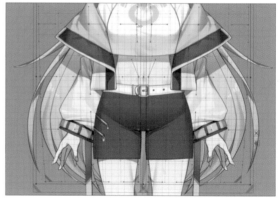

10 여기까지 진행하셨으면 [몸] 움직임 관련 디포머 전부 선택해서 [네 모서리 폼을 자동 생성]을 선택해 주세요.

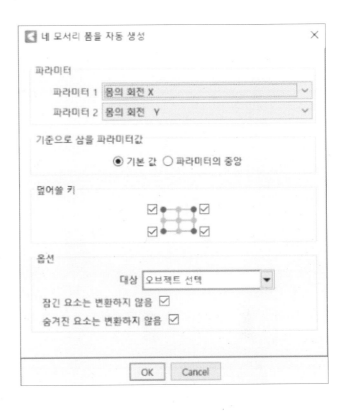

11 그러면 다음과 같이 움직여지게 됩니다.

12 각 8방면을 전환해 보면서 다음과 같이 [코트]의 그림자 영역이 더 넓게 보여지는 경우, [팔] 디포머의 그림자 아트메쉬를 조절해 주세요.

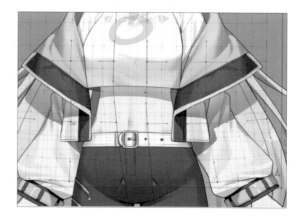

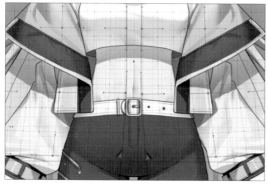

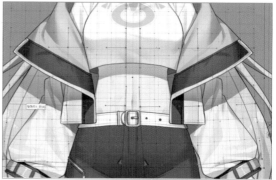

13 각 방면마다 줄이 아래를 향하도록 수정해 줍니다.

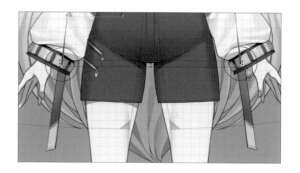

3. 몸: 대각선

01 다음은 대각선 방면의 [몸] 움직임을 더 매끄럽게 수정해 보도록 하겠습니다. 위 이미지와 같이 정직한 정면 구도가 아닌 측면으로 틀어주겠습니다.

02 상체를 앞쪽으로 기울게 하고 베지어의 왼쪽은 위로, 오른쪽은 아래를 향하도록 해서 틀어진 형태로 수정해 주세요.

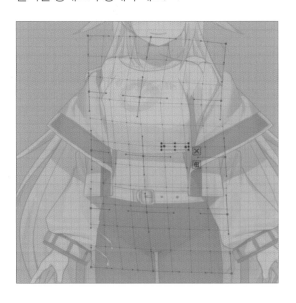

03 좌측 상단은 상체를 뒤로 당긴다는 느낌으로 펴주시고 좌측의 움직임을 [움직임 반전]을 통해 우측에도 동일하게 옮겨주세요.

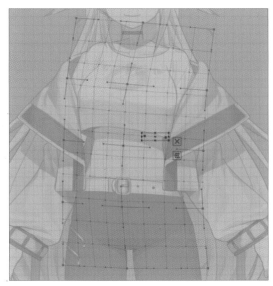

04 [몸]의 측면 각도와 맞게 [목]과 [얼굴]의 위치도 수정해 주세요.

  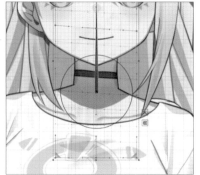

05 [몸]의 측면 각도에 맞춰 [목]의 위치가 잘 수정되어있는지 확인합니다.

06 그리고 [몸의 움직임]으로 인해 떨어지게된 [팔]과 [다리] 파츠도 마감부분 위치 생각해서 결합해 주세요.

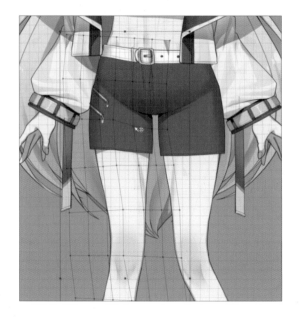

07 그러면 [몸 X Y]축 움직임의 제작이 마무리되었습니다.

[반치마]는 호흡 단계까지 마무리되고 다시 추가할 예정입니다. 다음은 [몸 Z축] 움직임 입니다.

4. 몸: Z축 움직임 세팅

Z축의 움직임은 고개 기울임처럼 몸의 기울이는 방식을 제작하는 파라미터입니다. 저는 몸의 Z축 움직임이 캐릭터의 활발한 정도를 담당한다고 생각합니다.

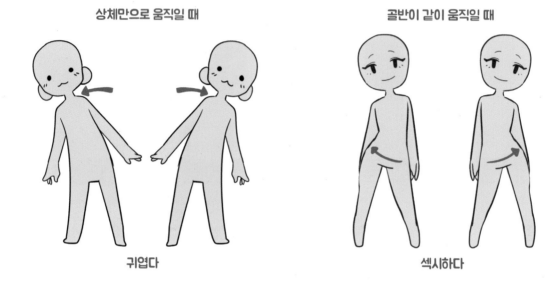

상체만으로 움직일 때 · 귀엽다 / 골반이 같이 움직일 때 · 섹시하다

상체보다는 골반을 활용해 움직이게 되면 활동범위는 적어지지만 섹시한 듯한 느낌을 주고, 골반보다는 어깨와 허리가 움직이게 만들면 활동범위가 넓어져 활발해보이는 느낌을 줍니다. 그만큼 Z축은 모델의 성향을 고려해서 작업하시는 것을 추천드립니다.

해당 모델에서는 상체를 기울이는 기본적인 방법을 채택했습니다.

01 [X Y축] 파라미터에서 사용했던 디포머의 상위 디포머[head all xyz]를 하나 생성해 주세요.

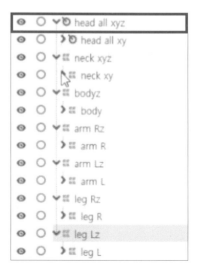

02 [하체]를 제외한 Z축 관련 디포머를 선택해 줍니다.

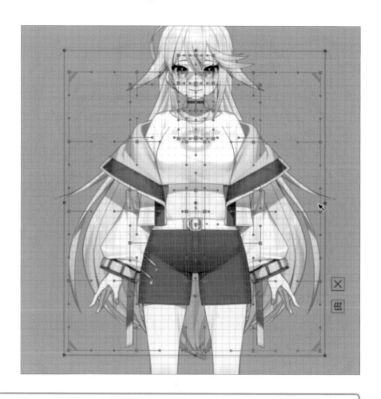

꼭 알고 가자!

지금부터 몸을 기울이는 작업을 할 예정인데 복수의 디포머를 기울이고, 그것을 반대편에도 동일하게 [움직임 반전]을 사용할 수 없어서 좌우가 동일하게 기울여지도록 적용하려면 움직인 값을 기억해야 합니다.

03 [z축]파라미터 -1.0 포인트 구간에서 그리드 표시 - 큰 격자선을 기준으로 3칸 위로 올려줍니다.

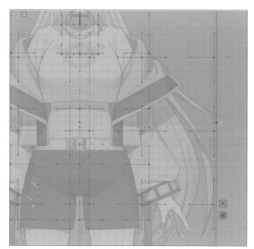 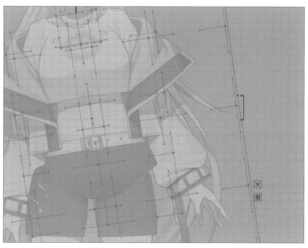

04 [Z축] 파라미터 [+1.0]포인트 구간에도 3칸 아래로 내려주세요.

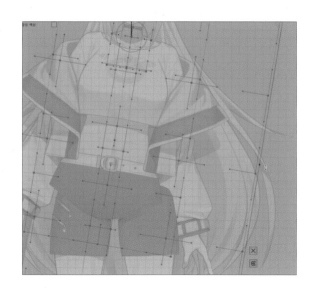

05 중앙선 기준으로 오른쪽으로 2칸 이동해 주세요. 반대편도 동일합니다.

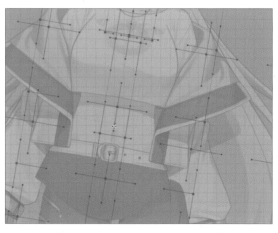 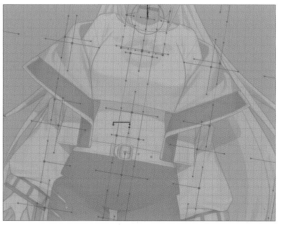

06 [머리]도 중앙 베지어선을 기준으로 동일하게 기울여 주세요.

07 [다리]를 [골반] 위치에 맞게 변형해 주세요.

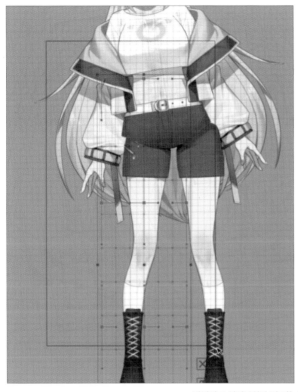 

▲ 반대편도 연결부위가 잘 맞는지 꼭 확인해야 합니다.

08 팔도 기울어질 때 살짝 더 벌어지도록 진행해 줍니다.

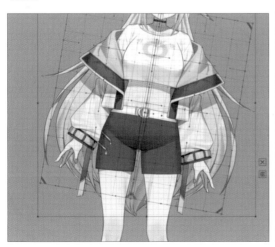 

▲ 좌우가 기울임 동작이 동일하도록 확인하여 팔을 조금 더 벌려줍시다.

09 [팔]이 기울어지는 만큼 각도도 조절해 주세요.

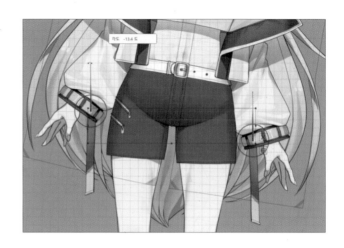

10 여기까지 작업이 완료되셨다면 [다리] 파츠의 X,Y,Z 파라미터가 동시에 움직일 경우 접합부가 제대로 호환되어 있지 않은 부분이 확인되실겁니다.

11 [Z축] 파라미터에 등록되어있던 [다리] 디포머를 XY축에도 3키 추가하여 각 구간마다 마감부분이 연결될 수 있도록 수정해 줍니다.

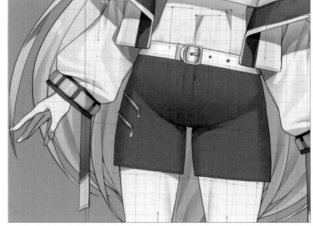

12 다음은 [뒷 머리카락]이 [몸]의 기운 정도와 같이 기울어지도록 수정해 주세요.

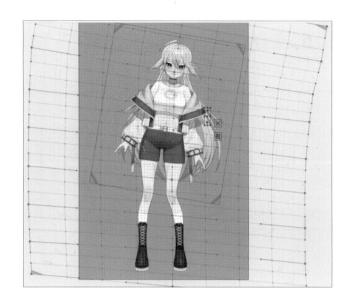

이상으로 몸 Z축 움직임까지 마무리가 되었습니다.

다음은 모델링의 마지막 작업인 호흡을 진행해 보도록 하겠습니다.

5. 호흡

01 호흡은 [물리 연산]창에서 자동으로 반복 움직임이 지정되어 있어 제작한 것을 바로 확인해볼 수 있습니다. 송출 프로그램 [vtube studio]에서도 자동반복이 지정되어 있어 흉통이 살짝 올라가는 것을 작업해주면 됩니다.

02 각 파라미터에 'sh'를 붙여 호흡을 위한 상위 디포머를 생성했습니다. 생성한 디포머는 전부 호흡에 2키 추가해 주시고 1포인트를 선택해 주세요.

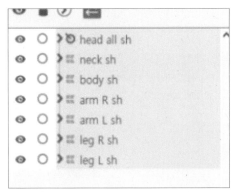

03 [몸통] 부분부터 진행하겠습니다.

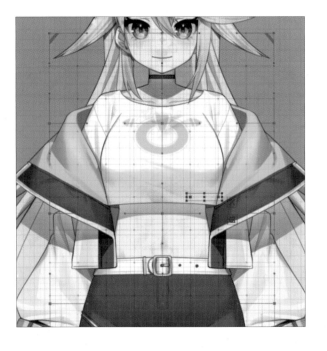

04 가운데 베지어를 기준으로 [흉통]을 살짝만 위로 올려주세요. 호흡은 계속 반복하며 움직이는 파라미터이기 때문에 큰 폭으로 움직이면 숨이 가파보일 수 있습니다.

05 [팔]도 살짝 벌어지도록 진행해 주세요.

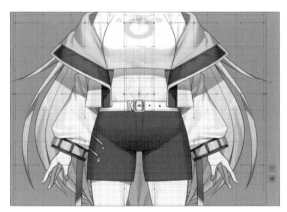 

06 들숨할 때에 손이 좀 더 벌어질 수 있도록 진행해 주세요.

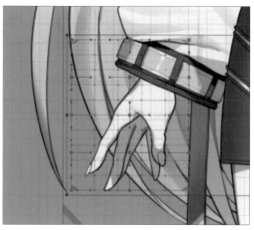
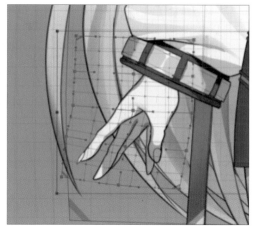

07 흉통이 올라감에 맞춰서 목이 제대로 붙을 수 있도록 진행해 주세요.

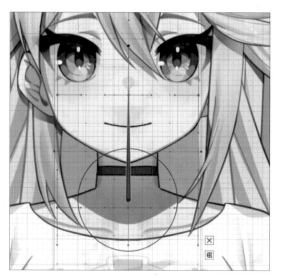

08 [호흡, X,Y,Z]파라미터를 복합적으로 사용하면 위 이미지와 같이 어깨의 마감부가 제대로 맞지 않은 것을 확인해 볼 수 있습니다.

09 [팔] 디포머를 [XYZ, 호흡] 파라미터에 전부 3키 추가해서 각 구간마다 [팔]이 어긋난 부분을 수정해 주세요.

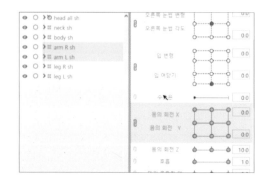

10 다음은 반치마를 활성화하고 변환 갯수를 늘려주세요. [몸의 회전 XY] 파라미터에 3키 추가해 주세요.

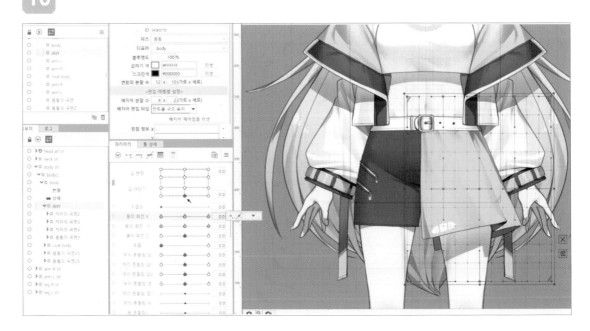

11 X축 파라미터를 제작하고 [네 모서리 폼을 자동 생성] 선택해 주세요.

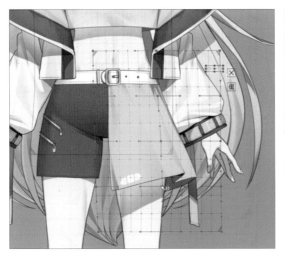
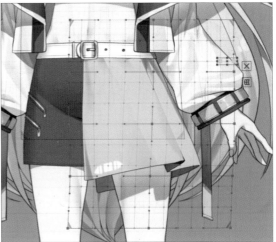

12 8방면 움직임에서도 일그러지는 부분이
없도록 조절해 주세요.

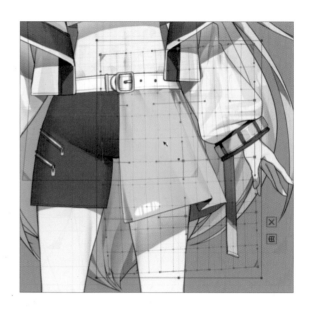

13 z축 파라미터를 담당할 [치마] 상위 디포머를 생성해 주세요.

14 [몸] 기울기에 맞춰서 [치마]도 기울어지
게 제작해 주세요.

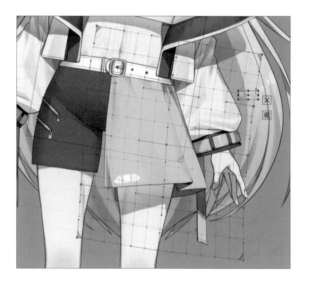

15 이렇게 진행하시면 기본적
인 캐릭터 모델링은 마무리
가 되었습니다.

▲ 모델링의 모든 부분이 움직인다.

지금 상태로도 파일 추출해서 vtube studio 프로그램에서 구동이 가능한 단계이지만, 차후 추가되는 신규
파츠에 대한 적용 방법과 제작 방법에 대해서도 설명드리도록 하겠습니다.

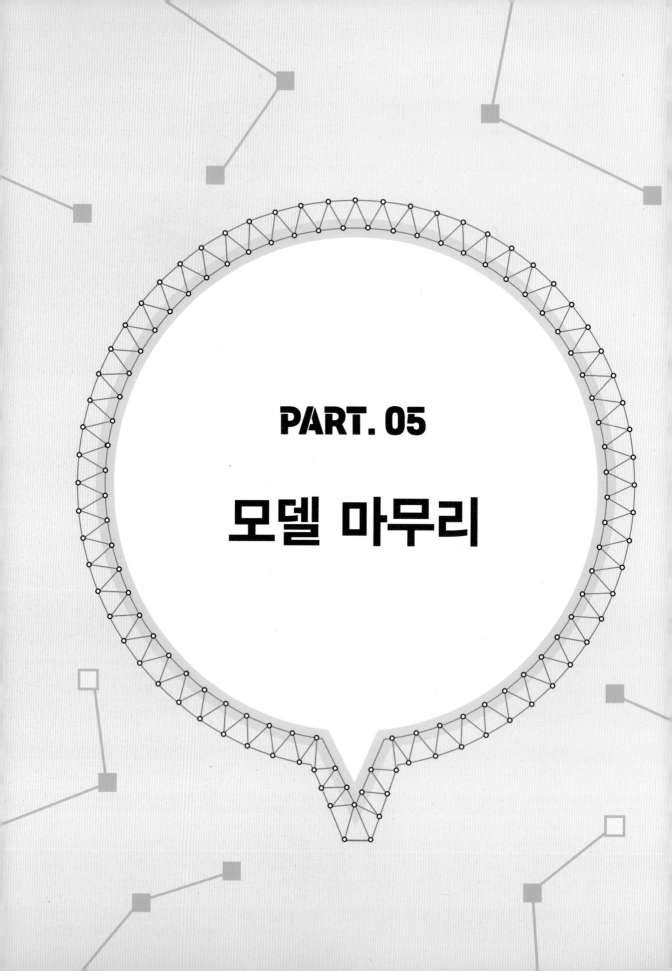

PART. 05

모델 마무리

Chapter 01

추가 파츠 불러오기와 밑작업

1. 추가 파츠 불러오기와 밑작업

01 기존 psd파일에 [동물 귀], [안경], [눈 반짝임 이펙트] 이미지 파일을 추가 적용하는 방법에 대해서 설명드리겠습니다.

02 기존 작업화면에 새로운 psd파일을 드래그하거나 [파일] - [파일 열기] - [추가파츠 psd파일]을 선택하는 방식으로 화면에 띄워주세요.

03 그러면 위와 같이 [모델 설정]팝업창이 생성됩니다. 원고 모델 (모델)을 선택해 주세요.

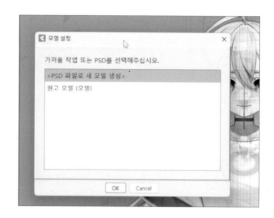

04 저는 '캐릭터 수정3.psd'로 보여지는데 책을 보고 진행하시는 분들께서는 [원고 모델.psd를 교체]를 선택해 주세요. 로딩이 끝나면 레이어 순서에 맞는 파츠가 추가되게 됩니다.

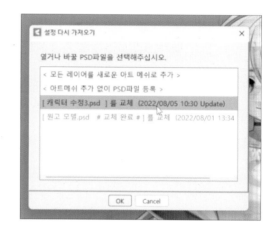

꼭 알고 가자!

추가 파츠를 등록할 때는 기존 psd파일과 동일한 레이어가 있어야 합니다.

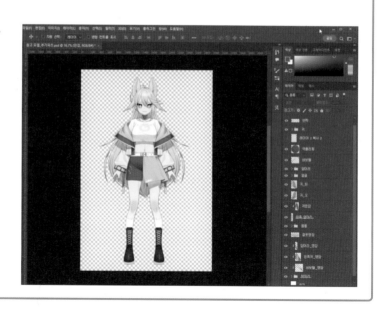

05 추가된 파츠는 그리기 순서가 맞지않아 psd파일과는 다르게 보여지게 됩니다. 우선 이 부분부터 수정해 주도록 하겠습니다.

06 [앞 머리카락]의 그리기 순서가 730이므로 [안경]은 750으로 수정해 줍니다.

07 [동공]의 그리기 순서는 550이므로 [눈 반짝임]도 550으로 수정해 주시고 흰자에 클리핑해 주세요.

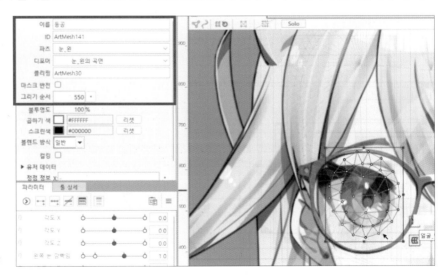

08 [동물귀]는 그리기 순서 500이여도 무방합니다. 그리기 순서를 조절하셨으면 위와 같이 보이게 됩니다.

09 추가된 아트메쉬도 메쉬를 수정해 주시고 눈반짝과 [동물귀]는 좌우를 분할해 주세요.

분할은 기존의 아트메쉬를 복제하여 기존 아트메쉬는 왼쪽, 복제본은 오른쪽의 아트메쉬를 삭제해서 좌우를 나눠줍니다.

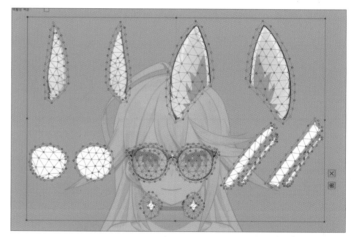

10 [눈 반짝] 아트메쉬는 눈 가운데로 배치해 주시고, [안경]은 얼굴의 가운데에 배치될 수 있도록 수정해 주세요.

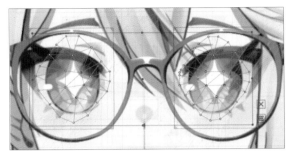

11 [눈 반짝] 아트메쉬는 동공이 있는 디포머로 이동해 주시고, [안경]과 [동물귀]는 [head all] 워프 디포머에 포함시켜주세요.

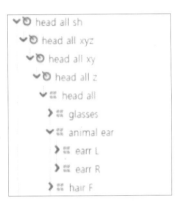

12 각 추가 파츠를 불러오긴 했지만 XY축의 머릿통 움직임과 연동되어 있지 않습니다. XY축의 움직임에 맞게 반영해 보도록 하겠습니다.

2. 눈 반짝임 이펙트

01 [눈 반짝임] 아트메쉬를 [눈 깜박임] 파라미터에 지정되어 움직이는 [동공]과 동일하게 움직일 수 있도록 반영해 주세요.

02 1.5포인트일땐 축소하며 동공의 위치에 맞추고, 0.0일땐 감은 눈의 동공 위치에 맞춰주세요.
미소짓는 버전도 맞게 수정해주셔야 합니다.

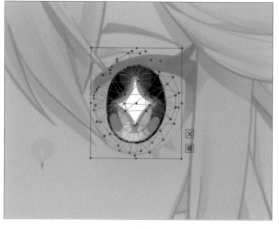

▲ 1.5

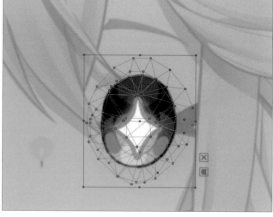

▲ 0.0

03 동공 움직임에 맞춰서 반영해주셨다면
[눈 반짝]은 마무리가 되었습니다.

3. 동물귀

01 [왼쪽 귀], [오른쪽 귀]를 따로 워프 디포머로 분할하여 각도X에 3키 추가해 주세요.

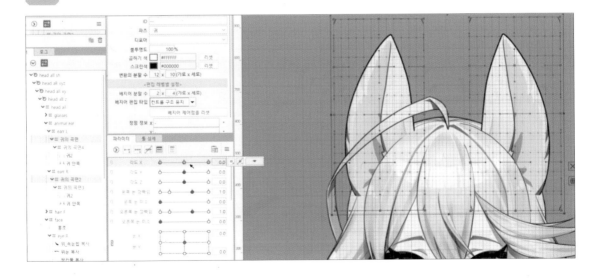

02 대략적인 위치만을 맞춰주신 상태에서 각 아트메쉬만의 워프 디포머를 생성해서 각도 X에 3키 추가해 주세요.

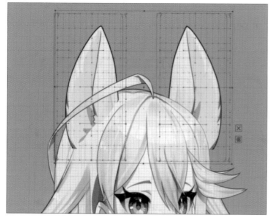

03 측면으로 돌아가면서 생략되거나 더욱 많이 보여져야 하는 부분들을 고려해서 제작해 주세요.

04 다음은 [각도Y] 파라미터에도 3키 추가하여 위, 아래 제작해 주세요.

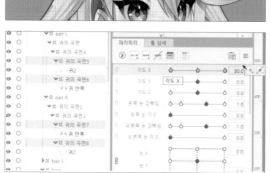

05 다음은 [변형 브러쉬 툴]을 활용해서 대각선 방면을 제작해 주세요. [B]를 누른 상태에서 클릭한 다음 화면을 좌우로 드래그하면 브러쉬의 사이즈가 조절됩니다.

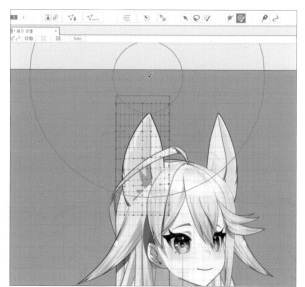

06 턱을 들어올리는 상단 방면은 귀 또한 뒤쪽으로 올라가도록 수정해 주세요.

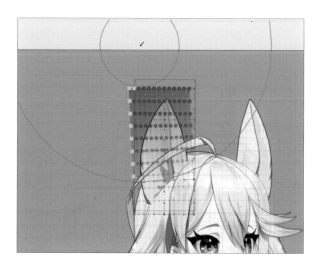

07 고개를 숙일 때에는 아래로 내려주세요.

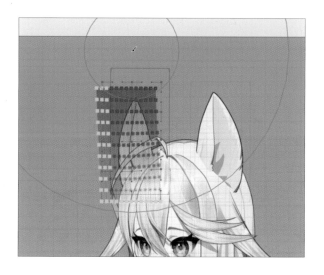

08 위 이미지와 같이 8방면에 대한 움직임을 제작해 주세요.

09 [귀]는 딱딱한 물질로 이뤄진 것이 아닌 연골, 살, 털로 이뤄져있기 때문에 [머리카락 흔들림]과 동일 하게 [머리]를 흔들면 흔들릴 수 있도록 제작해 줍니다.

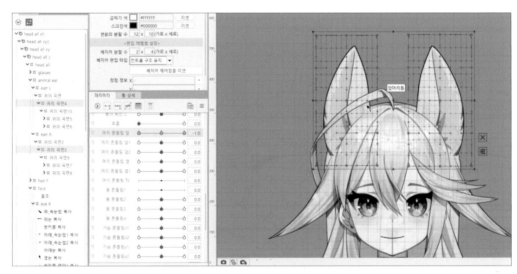

10 다음은 머리카락 흔들림 첫 번째 파라미터에는 전체적으로 흔들리게 적용해 주세요.

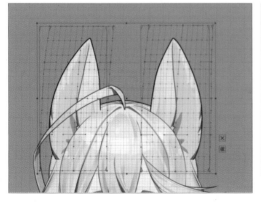 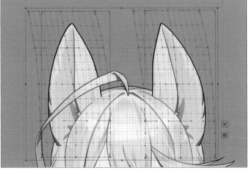

11 [머리카락 흔들림] 두 번째 파라미터에는 [귀의 윗단]과 [귀의 앞면]이 팔랑거리게 적용해 주세요.

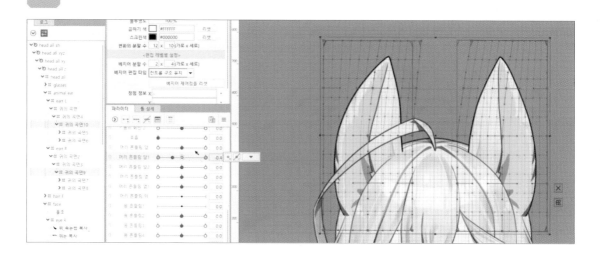

동물 귀는 머리카락의 흔들림 외에도, 눈썹에 연동시켜 시무룩하거나 쫑긋하는 방법, 눈깜박임에 맞춰서 흔들거리는 방법 등을 추가로 접목시키면 보다 생동감있는 동물 귀가 됩니다.

4. 안경

01 다음은 안경을 진행해 보도록 하겠습니다.

02 고개 돌아간 정도에 맞춰서 안경도 비슷한 각도로 돌려주시고 [움직임 반전]을 통해 우측 방면도 제작해 주세요.

03 고개숙이는 모습은 [일시 변형]을 활용해 줍니다.

04 빨간 워프 디포머 아이콘을 선택해 주세요.

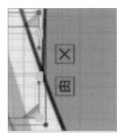

05 [변형 방법] - [자유 변형]을 활용해서 아래로 내려갈수록 좁혀지도록 진행해 줍니다.

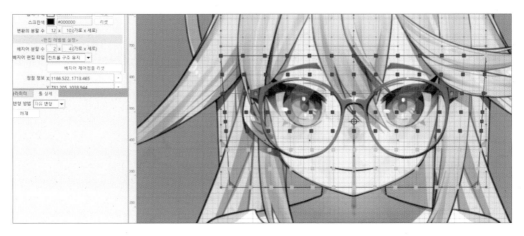

06 고개를 들어올릴 때는 위쪽으로 모여지도록 진행해 주세요.

07 일시 변형의 [자유 변형]은 측면을 제작할 때에도 유용하게 사용됩니다. 이러한 방법으로 8방면 움직임을 제작해 주세요.

08 8방면이 완료되셨다면 [안경빛] 아트메쉬에 디포머를 하나 생성해서 각도 X 파라미터에 3키 추가해 주세요.

TIP

+포인트 지점에서 빛 관련 디포머는 왼쪽으로 이동시켜주세요. 우측 방면도 동일합니다.
이렇게 진행하시게 되면 고개를 좌우로 움직일 때 안경의 빛 반사가 각도에 따라 달리 보이게 됩니다.

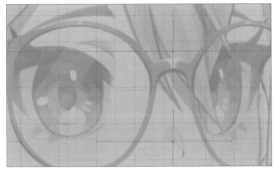
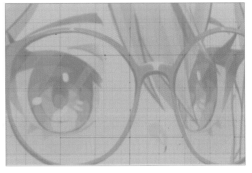

5. 머리카락 색상 바꾸기

01 다음으로 마무리하기 전에 Live2D Cubism Editor 프로그램이 4.2로 업그레이드되면서 추가된 기능 하나에 대해서 설명드리고자 합니다.

02 [머리카락] 관련 워프 디포머의 상위 디포머를 하나 생성하고 임시로 어느 파라미터든 3키를 추가해 주세요

03 작업하시다 보면 [인스펙터] 팔레트의 곱하기 색, 스크린 색 항목을 보신 적이 있으실 겁니다. 해당 색을 조절해서 아트메쉬의 색상을 조절할 수 있습니다.

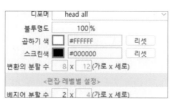

04 [곱하기 색]을 선택하시고 빨간색에 근접하도록 삼각형 포인트를 이동시켜주세요.

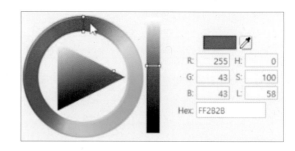

05 그럼 위와 같이 보여지게 되는데 이러한 곱하기 색 정보는 디포머의 움직임 및 변형 처럼 파라미터에 지정해서 사용할 수 있습니다.

06 그럼 위와 같이 보여지게 되는데 이러한 곱하기 색 정보는 디포머의 움직임 및 변형 처럼 파라미터에 지정해서 사용할 수 있습니다.

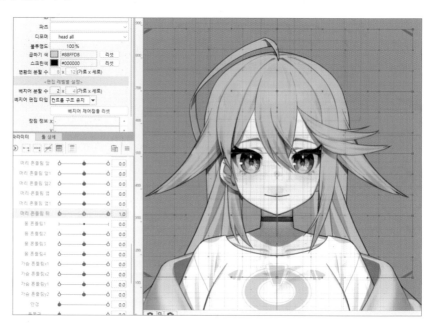

TIP

이렇게 색이 변경되는 이유는 [곱하기]라는 블랜드효과에 있습니다.

[곱하기]란, 포토샵같은 드로잉 및 편집 프로그램에서 주로 사용되는 기능인데 무채색이 아닌 유색을 밑바탕이 되는 곳에 덮어씌우는 개념을 갖고 있어서 밑바탕이 해당 모델처럼 채도가 옅은 색상에는 잘 적용이 되지만 밑바탕의 채도가 높을 경우 색이 혼합되어 탁하게 보여집니다. 색이 덮어지는 개념이다 보니 기존의 밑바탕보다는 어두워질 수밖에 없습니다. 그에 반해 '스크린'은 밑바탕에 자신의 명도의 밝기와 색상만큼 더 밝게 시켜주는 효과가 있습니다.

07 [스크린]은 밑바탕의 밀도감은 무시하고 전체적으로 밝게 만들어주기 때문에 파츠에 직접적으로 사용하기는 부적합하고 특정 하이라이트같은 곳에 간혹 사용합니다.

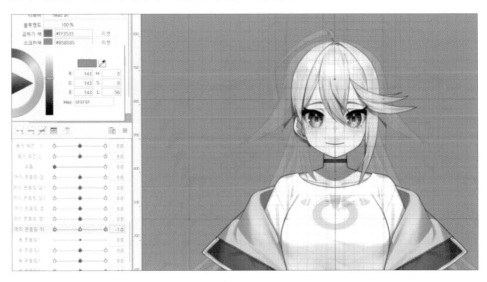

08 [곱하기]는 색을 적용하는 기능 외에도 사용할 만한 방법이 무궁무진합니다.

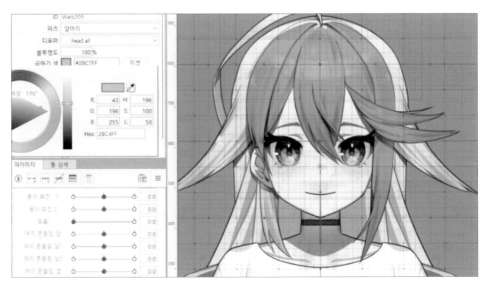

09 예를 들어 위 이미지와 같이 기존의 옆머리를 복제하고 색을 어둡게 만들어 머리카락의 옆면과 같이 보여지게 할 수 있습니다.

10 그럼 이것으로 추가 파츠 및 표정 추가는 마무리가 되었습니다.

다음은 제작한 파일을 추출해서 vtube studio에서 움직이게 하는 작업을 해 보도록 하겠습니다.

파일 추출하기

01 모델의 제작이 마무리 되었다면 [모델링] - [텍스쳐] - [텍스쳐 아틀라스 편집]을 선택해 주세요.

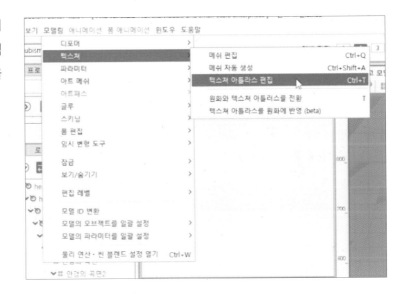

02 버츄얼 모델같은 경우, 1920x1080 화면의 흉상 부분까지만 보이도록 확대되는 경우가 많기 때문에 파일의 크기도 크게 작업되곤 합니다. 그래서 파일의 사이즈나 파츠의 갯수에 따라서 사이즈의 차이는 있지만 LD 전신의 모델이 아니라면 4096px로 진행하고, LD전신 모델에 사이즈가 크면 8192px를 사용하는 것이 좋습니다.

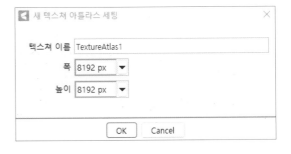

그 이상의 16384px는 레이어의 갯수가 800개 이상이 되는 것이 아니면 사용하지 않습니다.

사이즈는 8192 × 8192로 생성해 주세요.

03 생성하게 되면 위와 같이 보여지게 되는데 우측의 아트메쉬를 하나 클릭하고 Ctrl + A를 입력하시면 전체 선택이 됩니다. 전체 선택한 상태에서 우클릭하여 [선택 요소를 텍스쳐 아틀라스에 배치]를 선택 해 주세요.

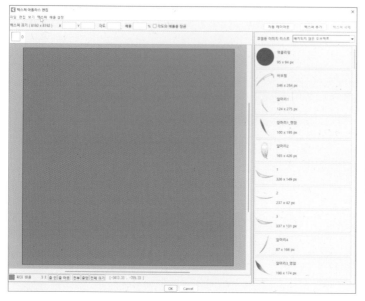
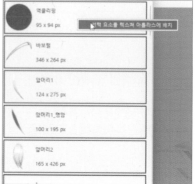

04 우측 상단의 [자동 레이아웃]을 선택해 주세요.

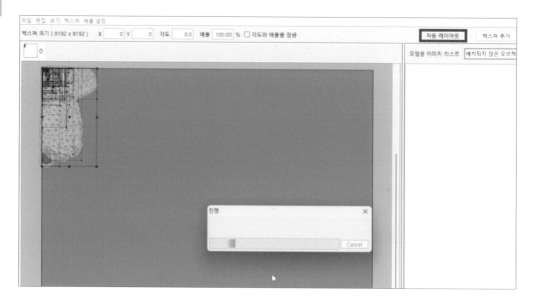

05 그러면 위와 같이 정사각형 형태로 아트메쉬들이 밀집되게 됩니다.

06 전체를 선택해서 사이즈를 키워주세요.

✔ 꼭 알고 가자!

텍스쳐 아틀라스를 제작하는 과정에서 텍스쳐 파일의 사이즈가 작으면 원본의 일러스트 파일이 크게 제작되었더라도 해상도가 낮아보일 수 있습니다. 왜냐하면 버츄얼 모델은 텍스쳐 파일에서 파츠 좌표값을 가져와 모델이 보여지도록 하는 시스템이니까요. 그래서 기존 사이즈보다 축소하여 화질을 낮추는 것이 아니라 사이즈를 원본보다 확대하여 고해상도를 유지하는 것 입니다.

07 그리고 위에서 말했듯이 텍스쳐 파일의 아트메쉬 좌표값을 가져와 보여지도록 하는 것인데 아트메쉬가 설정되어 있지 않아 [자동 레이아웃]에서 지정했던 대로 간격이 좁아져 다른 아트메쉬 위에 덮어지는 경우에는 텍스쳐 아틀라스의 배치를 수정해야 합니다.

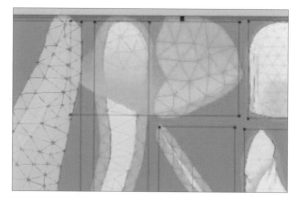

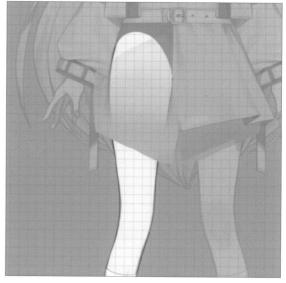

08 메쉬가 형성되어 있지 않은 부분이 다른 아트메쉬와 겹쳐지지 않도록 전체적으로 검토를 해주어야 합니다.

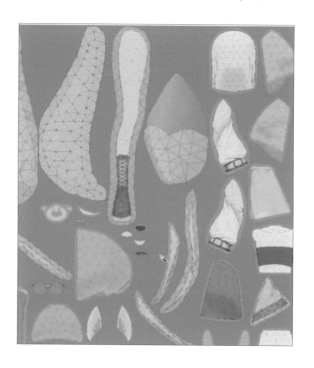

09 텍스쳐 아틀라스가 생성되었으면 다음은 구현용 파일을 생성하는 방법을 설명드리겠습니다.

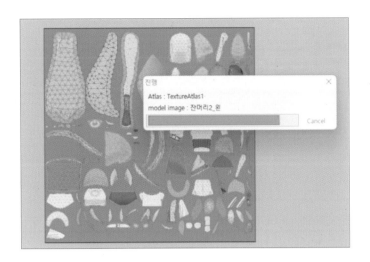

10 [파일] - [구현용 파일 내보내기] - [moc3파일 내보내기]를 선택해 주세요.

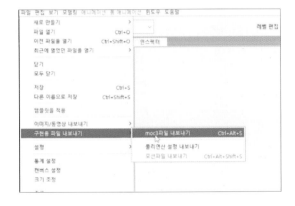

11 내보내기 버전에서 [SDK의 버전]을 선택할 수 있습니다. SDK는 vtube studio나 unity, after effect같이 해당 파일을 리소스적으로 사용하는 프로그램에서 대응가능한 버전을 선택할 수 있습니다. 저희는 VTube Studio에서만 사용할 예정이니 [SDK 4.2]로 납두신 상태에서 [OK]를 선택해 주세요.
* 4.2는 책 발간 당시의 버전을 의미하는 것으로 크게 의미두지 않으셔도 됩니다.

12 파일 생성이 완료되었다면 위와 같이 5개의 파일이 생성되셨을 겁니다.

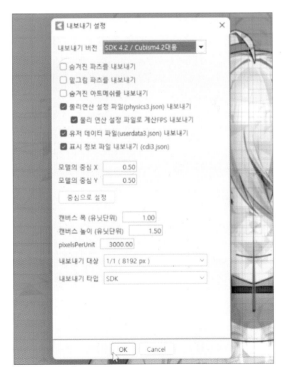

Chapter 03

단축키 설정

01 여기서부터는 지금껏 제작한 추가 파츠에 대한 단축키를 제작해 보도록 하겠습니다. 이미지의 파일 중에서 '원고 모델.moc3'파일을 실행시켜주세요. 그러면 위와 같이 캐릭터를 움직일 수 있는 시뮬레이터 창이 나오게 됩니다.

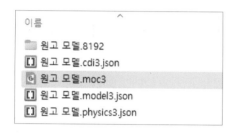

02 [파일] - [추가] - [표정]을 선택해 주세요.

03 파일명은 이해하기 쉽도록 설정해주고 OK 를 선택해 주세요.

04 생성한 파일은 expressions 폴더에 생성되게 됩니다. [눈 반짝임], [안경], [동물귀]에 대한 표정 파일을 제작해 주세요.

05 [eye effect]파일을 선택하고 하단에 드래그하여 [눈반짝] 파라미터를 활성화해서 1.0 포인트로 지정해 주면 다음 이미지와 같이 [눈 반짝임]이 활성화됩니다.

06 이러한 방법으로 각 파일에 맞는 파라미터들을 활성화하고 저장(Ctrl + S)을 눌러주세요. 그러면 그림과 같이 폴더 안에 3개의 exp3.json 파일이 생성된 것을 확인해볼 수 있습니다.

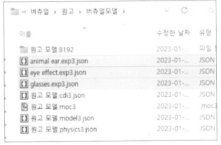

이로써 구현을 위한 준비는 마무리가 되었습니다. 다음은 vtube studio 적용방법에 대해서 설명드리겠습니다.

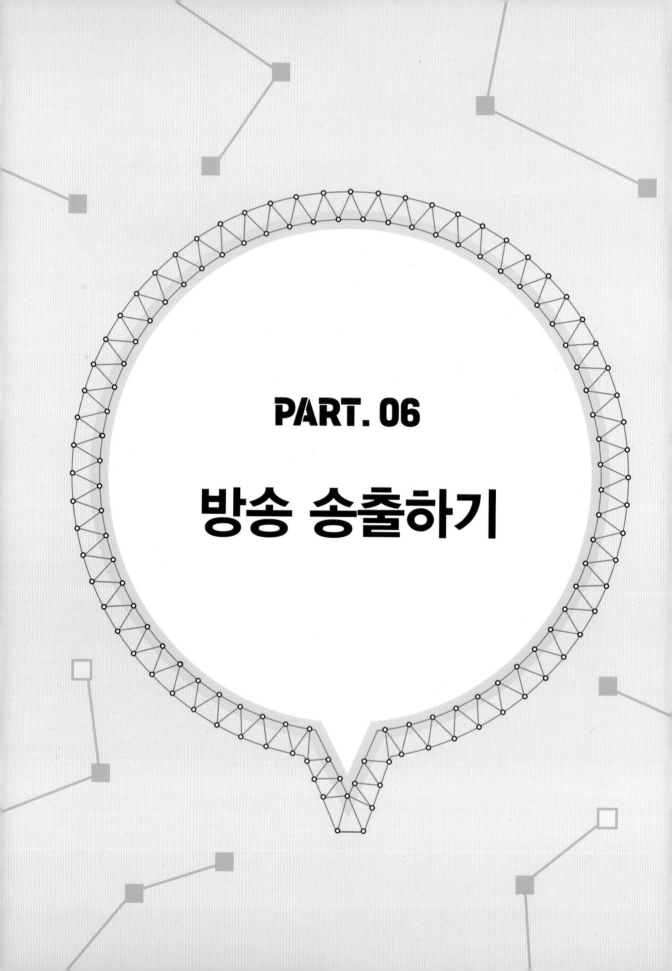

PART. 06

방송 송출하기

Chapter 01

VTube Studio

1. 캐릭터 가져오기

01 Live2D 버츄얼 모델을 구동하기 위해서는 'vtube studio' 프로그램이 설치가 되어있어야 합니다.

해당 프로그램을 설치하기 위해서는 'Steam'이라는 프로그램을 우선적으로 설치해야 합니다. 'steam'은 디지털 패키지 게임을 유통하는 프로그램으로, 그 안에는 다양한 게임을 판매하고 있습니다.

02 steam 프로그램에서 'vtube studio'를 검색하면 위와 같은 프로그램이 보여지게 됩니다.
프로그램 자체는 무상으로 이용할 수 있으므로 [설치] 해 주세요.

03 설치가 완료되어 실행하면 위
와 같은 UI가 보여지게 됩니다.
*처음 실행하면 위 모델이 아니라 Vtube
studio 기본 모델이 보여집니다.

이제 지금까지 제작한 모델을 불러와보도록 하겠습니다.

04 좌측의 첫번째 아이콘을 선택
해 주세요. 그러면 아래에 사용
가능한 모델 아이콘이 보여지는데, [원하
는 모델 가져오기]를 선택해 주세요.

05 위와 같은 팝업창이 떴다면 [폴더 열기]를 선택해 주세요.

06 제작한 버츄얼모델을 생성된 폴더 안으로 이동해 주세요.

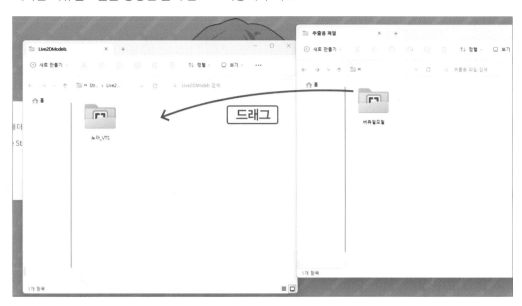

07 다시 들어가게 되면 위와 같이 모델 아이콘이 생성되었습니다. 원고 모델을 클릭해 주세요.

08 추가로 생성된 팝업 창에서는 [자동 설정]을 클릭해 주세요.

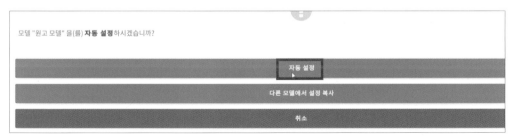

09 그럼 위와 같이 모델이 생성되
게 됩니다. 프로그램의 이해를
위해 왼쪽 아이콘을 위에서부터 설명드
리겠습니다.

2. 배경 바꾸기, 캐릭터 이동하기, 아이탬 추가하기, 캐릭터 잠금

01 위에서 첫 번째 아이콘은 모델을 불러오기 위한 모델 목록 아이콘이고, 두 번째 이미지 아이콘은 배경
을 변경할 수 있습니다. 아래로 드래그하면 더욱 다양한 배경화면이 있습니다.

02 캐릭터는 [마우스 좌 클릭]으로 이동할 수 있으며, [휠]을 통해 축소/ 확대 가 가능합니다.

03 그리고 [Ctrl] + 휠]을 사용하면 캐 릭터를 회전시킬 수 있습니다.

04 다음은 이미지 아이 콘의 오른쪽에 있는 별 아이콘 입니다. 별 아이콘은 아이템을 추가하여 모델에 부 착해서 사용하거나 오브젝트 로 사용할 수 있습니다.

05 예시로 [ANIM_headpat] 아이템을 선택해보 겠습니다.

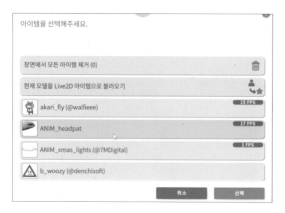

06 [아이템 위치]란, 0은 모델의 위치이고 1이면 모델보다 앞에 배치하겠다는 의미입니다.

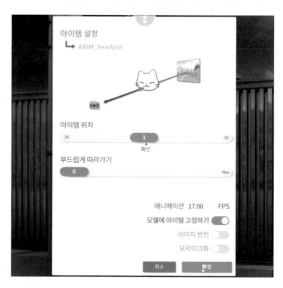

07 그러면 위와 같이 생성되는데 모델 위로 드래그하여 놔둔 위치의 아트메쉬에 부착되어 모델과 함께 움직일 수 있게 됩니다.

08 다음은 [게이밍의자]입니다. 아이템 위치를 모델보다 뒤로 배치해 주시고 [모델에 아이템 고정하기]는 비활성화해 주세요.

09 [아이템]을 활용하면 따로 리깅작업을 하지 않더라도 모델을 더욱 재밌게 사용할 수 있습니다.

10 아이템의 삭제 방법은 아이템을 우측 하단으로 드래그하면 휴지통 아이콘이 생성됩니다. 그 아이콘에 올린 뒤 마우스를 떼면 삭제됩니다.

11 다음 세 번째 아이콘은 [잠금 아이콘]입니다. 왼쪽의 큰 아이콘은 모델이 움직여지지 않도록 고정하는 것이며, 오른쪽의 작은 아이콘은 아이템을 고정하는 기능입니다.

3. 설정(서버, 플러그인, 입출력, 마이크, 트위치)

01 다음은 왼쪽 위 탭의 첫 번째 아이콘인 '설정'입니다. VTS (VTube Studio)는 사용자에 맞게 모델을 최적화해야하는 작업이 필요하기 때문에 다음은 왼쪽 위 탭의 첫 번째 아이콘인 '설정'입니다.

* 설정에 대한 내용은 책을 집필하는 기간의 설정 내용을 서술한 것이며, 향후 업데이트를 통해 변경될 수 있습니다.

02 [서버 설정(WIFI)], [USB 설정]은 캠이 아닌 아이폰의 카메라를 사용하려 할 때 사용됩니다.

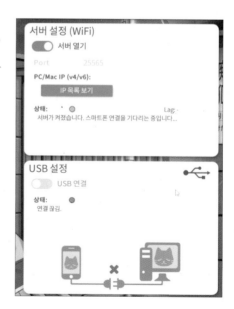

꼭 알고 가자

[서버 설정]은 PC와 아이폰 간의 유선 연결방식이 아닌, WIFI를 활용해서 연결하는 방식입니다. 두 매체를 WIFI로 연결하기 위해서는 환경요소가 맞춰져 있어야 가능한데 가정집 – 랜선 – 공유기 – 랜선 – PC 방식으로 묶여서 PC와 공유기가 맞물려있거나, PC에 WIFI를 위한 동글이 연결되어 있어야 합니다.

[USB 설정]은 말 그대로 PC와 아이폰 간의 USB 케이블을 통해 연결하는 방식이며, 해당 방식을 사용할 때에는 PC에 아이튠즈가 설치되어야 합니다.

두 방식에 대해 성능의 차이는 거의 없으나 향후 Vbridger라는 일종의 페이셜 플러그인을 사용하려면 WIFI 연결방식으로 되어 있어야 가능합니다.

03 오른쪽에서 언급한 Vbridger 플러그인 외에도 VTS는 다양한 플러그인을 지원합니다. 그러한 플러그인을 사용하기 위한 항목으로, 플러그인을 사용할 예정이라면 API 시작은 활성화해두시는 것이 좋습니다.

04 [입출력 파라미터]를 조정하는 단계에서 마우스 포지션의 값을 사용할 때 필요한 항목입니다.

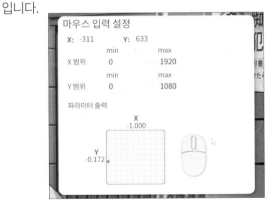

05 마우스 입력 설정과 동일하게 입출력 파라미터 조절 단계에서 사용될 수 있는 항목입니다.

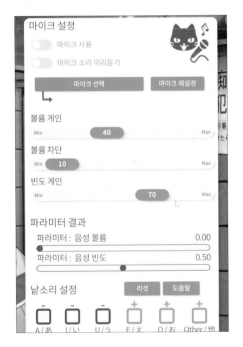

06 트위치 설정은 버츄얼 모델을 활용해서 스트리밍을 하게 될 때에 연동하면 트위치 사이트와 모델을 연동해서 사용할 수 있습니다.

07 책을 집필하는 시기에는 [트위치 이모티콘 드로퍼]만 있기 때문에 해당 항목만 설명드리겠습니다.

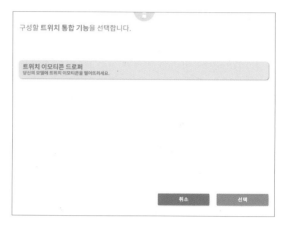

08 드로퍼는 트위치 스트리밍 중에 채팅창에서 사용된 이모티콘이 모델 위에 쏟아지는 기능입니다. 설정에서 상세 값을 조절할 수 있습니다.

4. 웹 캠 세팅(트래킹 세팅), 화면 조명

01 두 번째 아이콘은 '웹 캠 세팅'입니다.

02 [Webcam 트래킹] 항목은 '설정'에서 아이폰으로 카메라를 사용하지 않는 분들이 사용해야 하는 카메라 송출 관련 항목입니다. [카메라 선택]에서 본인이 사용하는 캠의 가장 좋은 화질로 선택해 주세요.

03 [트래킹 품질]은 기본적으로 캠, 컴퓨터 사양이 많이 안좋은 것이 아니면 Level 5를 사용하며, 그래픽 카드가 RTX GPU를 지원하면 [RTX ON]을 선택하시는 것이 좋습니다.

04 [트래킹 타입]은 손 트래킹과 얼굴 트래킹 중 사용하고자 하는 항목을 선택할 수 있습니다.

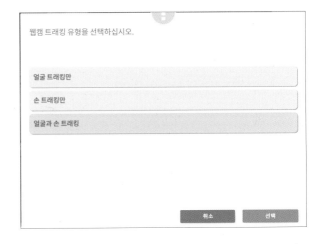

05 그 하단의 [카메라 ON]을 선택해 주시면 위 이미지와 같이 [얼굴]과 [손] 트래킹을 위한 창이 활성화 됩니다.

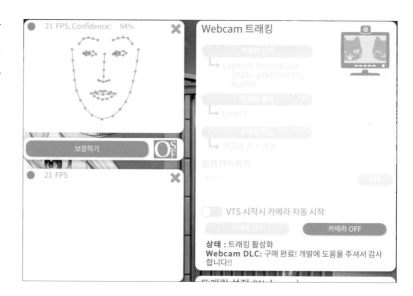

06 [손 트래킹]은 손가락의 펴져있는 정도를 파악하여 세밀한 움직임 값을 활용할 수 있습니다.

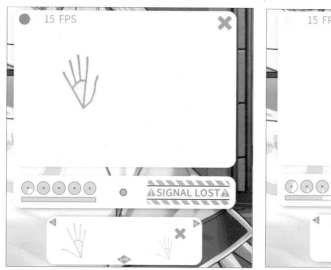

> TIP
> [손 트래킹]을 사용하지 않는 모델에 [손 트래킹] 설정을 추가하면 프레임 저하를 유발할 수 있기 때문에 [얼굴 트래킹]만 활성화 하시는 것을 추천드립니다.

07 주 모니터의 화면 가운데를 바라보신 상태에서 [보정하기]를 선택해서 사용자의 정면이 모델의 정면이 될 수 있도록 보정해 줍니다.

08 [트래킹 설정]은 웹캠을 사용할 때 트래킹 되는 방식에 대한 항목입니다. 사람마다 눈, 입의 크기나 형태가 다르기 때문에 그에 대한 최적화 하는 작업을 감도 부분에서 조절할 수 있습니다. 감도는 세 번째 카테고리에서 파라미터 값 조절을 한 뒤에 조절하시는 것을 추천드립니다.

09 [품질 및 효과]에서 30FPS, 60FPS을 설정할 수 있습니다. 프레임에 따라 CPU 점유율이 달라지므로 컴퓨터 사양에 따라 조절하시면 될 것 같습니다.

10 [화면 조명] 항목은 디스플레이 화면의 색상이 모델에 오버레이되어 배경과 모델의 톤을 비슷하게 맞춰주는 기능입니다.

11 연결된 모니터 갯수 만큼 숫자가 보여지는데 저는 모니터가 2개여서 1번과 2번만 활성화가 된 모습입니다.

12 밝기와 오버레이로 색상을 조절하고, 부드러움은 화면의 색상전환에 따라 모델에 비춰진 색상이 전환되는 속도를 의미합니다.

5. Virtual Webcam 설정, Live2D 애니메이션 녹화

01   [Virtual Webcam 설정]은 외부 프로그램에서 카메라 옵션으로 버츄얼 모델을 사용할 수 있게 되는 기능입니다.

02   [Live2D 애니메이션 녹화]는 모델의 움직임을 녹화하여 파라미터 이동값을 저장하거나 물리 파라미터의 흔들리는 정도를 알 수 있습니다.

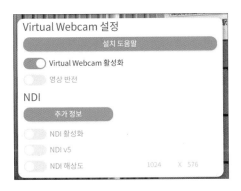

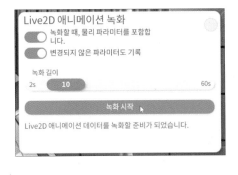

03   녹화하면서 머리를 좌우로 흔들고 머리카락 흔들림 파라미터를 선택하면 값이 어떤 폭으로 흔들렸는지 확인할 수 있습니다.

6. 모델 입출력 파라미터 설정

01   다음은 세 번째 카테고리 입니다. 이곳에서는 모델의 입출력 파라미터를 조절하여 사용자의 환경에 맞게 최적화하는 카테고리입니다.

02 [움직임 설정]은 보정하기를 진행했던 카메라 기준 얼굴의 위치가 가로, 세로, 앞뒤의 움직임에 따라 모델을 움직이게 하는 항목입니다.

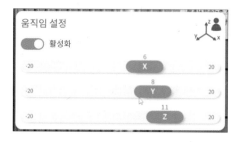

03 [물리 설정]은 작업 프로그램 [물리 연산]창에서 등록한 물리 파라미터를 사용 유무를 선택하고 강도를 조절하는 항목입니다.

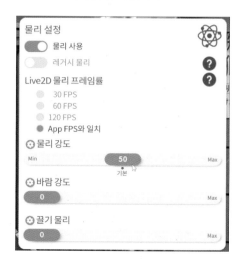

꼭 알고 가자!

[물리 강도]는 기본 50으로 설정되어 있고, 이를 낮추거나 높임으로서 물리 파라미터의 강도를 조절할 수 있습니다. 이전 두 번째 카테고리에서 Live2D 녹화를 통해 머리카락 흔들림의 정도가 95~100사이가 되도록 물리 강도를 조절해 줍니다. 해당 모델에서는 기본값으로도 문제가 없었기에 50으로 유지합니다.

[바람 강도]는 모델이 가만히 있어도 자동적으로 물리 파라미터를 흔들어주는 항목입니다.

[끌기 물리]는 모델을 선택해서 드래그할 때 물리 파라미터가 움직이게 되는 항목입니다.

04 해당 항목부터는 파라미터의 입출력을 설정하고, 실 사용자의 움직이는 정도에 맞춰서 최적화 작업이 필요합니다.

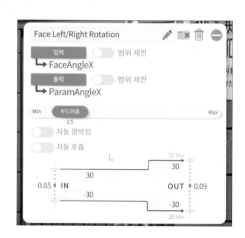

꼭 알고 가자!

카메라를 통해 받은 [입력]값을 [출력]에서 지정된 파라미터에 전달하는 방식입니다. [부드러움]은 입력값의 수치변화에 따라 출력값이 변동하게 되는데 그 변동되는 속도를 의미합니다. 값이 낮을 경우 출력값이 입력값에 대해 딜레이없이 반영되고, 값이 높을 경우 입력값이 바뀌어도 지정된 부드러움 값만큼 천천히 출력값이 적용되게 됩니다. 입이나 눈, 눈썹같은 요소는 부드러움 값이 낮은 편에 속해야 사용자의 트래킹을 신속히 반영할 수 있습니다.

05 제 캠을 활용해 고개를 좌우로 움직였을 때 IN의 값이 최대 31까지 올라가게 됩니다. 하지만 최대가 31이고 평범하게 돌릴 경우에는 28~9에 머물기 때문에 해당 값은 30에서 유지하도록 하겠습니다.

06 [고개 기울임(FaceAngleZ)]에서는 입력값이 30을 초과하고 42까지 잡히기 때문에 입력값의 최대 폭을 30에서 40으로 변경했습니다.

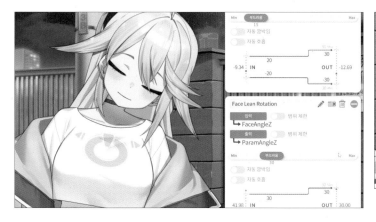
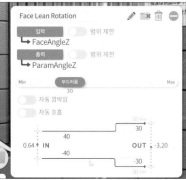

07 [눈 열림] 항목에서는 OUT값을 제작한 허용범위는 1.50이지만 설정된 값으로는 1.9로 등록되어 있습니다. OUT값이 지정된 값보다 클 경우, IN값의 빨간 점의 퍼센트에 따라 OUT에도 동일한 비율로 반영되는 것이기 때문에 더욱 민감하게 반영되게 됩니다.

08 모델링 작업 당시 [눈 깜박임] 파라미터의 1.0 지점이 기본값이고, 1.5 지점이 크게 뜬 눈으로 제작했던 것을 기억하며, 평상시의 [뜬 눈]이 OUT값의 1.0에 근접하게 제작되어야 합니다. 만약 1.0에 근접하지 않았다면 IN의 1값을 조절하여 맞춰주세요. 여기서 진행한 값은 [Eye Open Right] 항목에도 적용해 주세요.

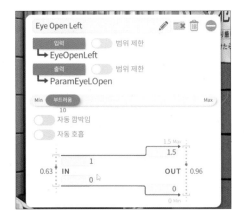

09 [눈 미소] 항목에서는 IN의 하한값이 0.0이 아닌 0.5가 되도록 수정해 주세요. [Eye Smile Right] 항목에도 동일하게 적용해 주세요.

10 사용자가 바라보는 기준 왼눈이 IN 하한값 0.5인 상태, 오른눈이 IN 하한값 0.0인 상태 입니다.

11 하한값이 0.5로 잡혀있어야 OUT의 기본값 이 0으로 잡히기 때문에 조절해 주셔야 합니다.

12 눈썹 움직임의 입력값을 확인해보시면 전 부 Brows 로 통일되어 있습니다.

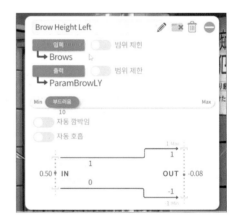

13 [입력]란을 선택해서 [BrowLeftY]파라미터 를 선택해 주세요.

14 [왼 눈썹]은 왼쪽, [오른 눈썹]은 오른쪽으로 맞춰주세요. [Brow Height] 뿐만 아니라 [Brow form]에도 동일하게 맞춰주세요.

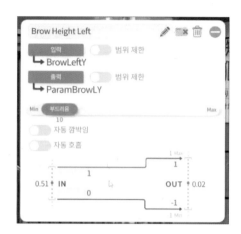

15 입 관련 (Mouth Open, Mouth Smile)의 부드러움값은 1을 추천드립니다. 0은 아예 IN값과 OUT값 간의 딜레이없이 다이렉트로 적용되기 때문에 프레임별 떨림이 그대로 보여지는데 부드러움값이 1이면 그런 떨림효과가 많이 잦아들기 때문입니다.

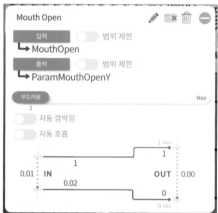

16 그리고 [IN]의 하한값은 입을 다물고 있어도 적용되는 값 만큼 지정해 주세요

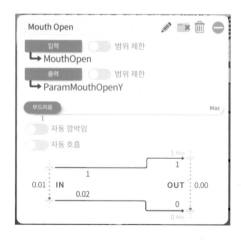

17 [머리 기울임]과 동일하게 [몸 기울임]도 IN값을 40으로 조정해 주세요.

이상으로 최적화 작업은 마무리가 되었는데 IN과 OUT의 상반관계, 부드러움 수치 조절에 대해서는 공부해두시는 것이 좋습니다.

7. 단축키 설정

01 다음은 네 번째 카테고리입니다. 여기서는 단축키를 관리 할 수 있습니다.

02 [키보드 단축키 사용]을 활성화 하고, [+]아이콘을 선 택해 주세요.

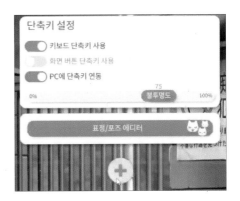

03 [단축키 동작]을 선택해 주세요.

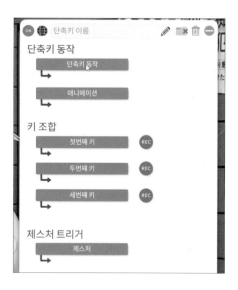

04 해당 팝업창에서는 선택지가 많이 나와있습니다. 이 중에서 [모든 표정/포즈 지우기], [표정/포즈를 껐다 킵니다. (exp3)]을 우선적으로 사용하겠습니다.

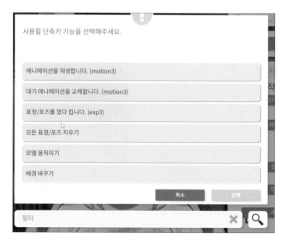

05 [모든 표정/ 포즈 지우기]를 선택하시고 첫번째 키의 우측에 [REC]버튼을 클릭해서 넘버패드 0번을 입력해 주세요. 입력한 값이 해당 옵션의 단축키가 되는데 단축키는 편한 키로 사용하셔도 무방합니다.

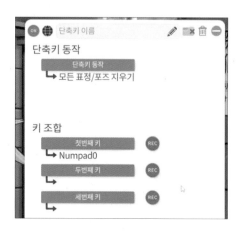

06 하단의 [+]아이콘을 클릭하여 새로운 단축키 동작을 생성해 주세요. 여기서는 [표정/포즈를 껐다 킵니다.(exp3)]을 선택해 주세요.

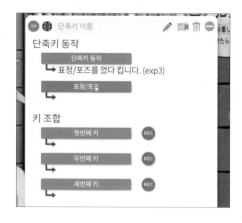

07 기존에 제작해두었던 exp3파일 3종을 새로운 [단축키 동작]페이지를 만들어서 등록해 주세요.

08 [키 조합]도 마저 등록하시면 위와 같이 단축키를 사용할 수 있게 됩니다. [키 조합]은 첫 번째, 두 번째를 지정하게 되면 두 키를 함께 눌러야 사용할 수 있게 됩니다.

09 나머지 안경과 동물 귀도 단축키 지정해서 위와 같이 사용할 수 있습니다. 그리고 처음에 추가했던 모든 효과 제거(넘버패드 0번)을 사용하면 활성화 중인 효과가 제거되게 됩니다.

이로서 Vtube Studio의 설정은 마무리가 되었습니다.

다음은 이렇게 트래킹되는 모델을 녹화 프로그램에 적용해 보도록 하겠습니다.

Chapter 02

OBS(Open Broadcaster Software)에 모델링 연동하기

01 네이버에 OBS를 검색해서 해당 사이트를 클릭해 주세요.

02 컴퓨터 OS에 맞는 클라이언트 파일을 다운받아주세요.
다운로드 링크: https://obsproject.com/ko

03 설치가 완료되면 위와 같은 OBS의 UI가 보여지게 됩니다. 장면 목록에서 [+]를 눌러 새로운 장면을 생성해 주세요.

04 소스 목록에서 [+]를 눌러 [게임 캡쳐]를 선택해 주세요.

05 [방식] - [특정 창을 캡쳐], [윈도우] - [VTS 프로그램], 투명도 허용을 선택해 주세요.

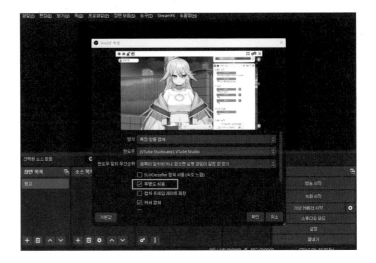

06 그러면 위와 같이 화면에 모델을 씌워서 사용할 수 있게 되었습니다. 여기서 배경을 투명화하여 모델만 보이도록 진행하겠습니다.

07 좌측 아이콘에서 배경 아이콘을 선택한 다음, 최하단에 [ColorPicker]를 선택해 주세요.

08 배경은 블랙으로 지정해 주시고, [투명하게 캡쳐하기]를 활성화 해주신 다음 X를 선택해 주세요.

09 그러면 OBS에서도 이렇게 배경이 검정인 채로 보여질 텐데 지금 배경이 투명화가 된 상태입니다.

10 여기서 뒤에 배경으로 깔 소스를 가져와보겠습니다. [+]에서 [윈도우 캡쳐]를 선택해 주세요.

11 Live2D Cubism Editor 프로그램을 선택해 주세요.
* 굳이 해당 프로그램일 필요는 없으며 켜져있는 윈도우창 아무거나 지정하셔도 무방합니다.

12 생성된 작업화면 윈도우 소
스를 게임캡쳐 소스보다 뒤
로 배치해주시면 Vtube studio의 배경
이 투명화가 되었다는 점을 확인해 볼
수 있습니다.

이것으로 Live2D 버츄얼 모델 리깅하는 과정이 모두 마무리가 되었습니다.

감사합니다.

1판 1쇄 인쇄 2023년 7월 1일
1판 1쇄 발행 2023년 7월 5일

―

지 은 이 노아님 · 까마귀찹쌀떡
발 행 인 이미옥
발 행 처 디지털북스
정　　가 35,000원
등 록 일 1999년 9월 3일
등록번호 220-90-18139
주　　소 (03979) 서울 마포구 성미산로 23길 72 (연남동)
전화번호 (02)447-3157~8
팩스번호 (02)447-3159
ISBN 978-89-6088-429-8 (93000)
D-23-06

Copyright ⓒ 2023 Digital Books Publishing Co., Ltd

DIGITAL BOOKS
디지털북스